Altenpflege aktuell
Herausgeber:
Grüneberg, Hauser

Johanna Kik/Olaf Sinner-Schmedemann

Aktivierung

Grundzüge für die Altenpflege-ausbildung

1. Auflage

Bestellnummer 5984

Bildungsverlag EINS – Stam

Unveränderter Nachdruck der 1. Auflage 1997

www.bildungsverlag1.de

Gehlen, Kieser und Stam sind unter dem Dach des Bildungsverlages EINS zusammengeführt.

Bildungsverlag EINS
Sieglarer Straße 2, 53842 Troisdorf

ISBN 3-8237-**5984**-4

Vorwort

Mit manchen Büchern ist es wie mit Erdbeeren: Sie vermehren sich durch Ableger. So entstand auch das vorliegende Werk für Altenpflegeschüler. Grundlage war das von uns zuerst geschaffene, umfangreiche Handbuch zur Aktivierung. Um Schülern der Altenpflegeschulen einen leichtfaßlichen, preiswürdigen Leitfaden an die Hand zu geben, haben wir in sehr gestraffter Form die Inhalte aller Aktivierungsmöglichkeiten zusammengefaßt. Eine direkte Aufgabenstellung konnte im vorliegenden Buch entfallen, da je nach Unterrichtsgestaltung sich die Aufgaben individuell ergeben.

Zum Gelingen unserer Arbeit haben viele Menschen beigetragen, deren Unterstützung uns willkommene Hilfe war. An allererster Stelle Erika Heinz, die mit Akribie, Können, Geschmack und unermüdlichem Fleiß alle grafischen Zeichnungen geschaffen hat. Dafür sind wir Frau Heinz zu besonders herzlichem Dank verpflichtet. Im musikalischen Bereich hat uns Eberhard Rex mit seinem fachlichen Ratschlag in musikwissenschaftlicher und musikpädagogischer Hinsicht wesentlich weitergeholfen. Dem Pianisten Karl Werner Röber verdanken wir aufgrund seiner Konzerttätigkeit auch in Altenheimen wichtige Einsichten in die Musikempfindungen alter Menschen. Zahlreiche Anregungen hat Dr. Wolfram von Hauff beigesteuert, der den Abschluß des Manuskriptes leider nicht mehr erlebte. Mit seiner pädagogischen Erfahrungsbreite und manchem persönlichen Verzicht begleitete Herbert Kik diese Arbeit. Lutz Grüneberg und Paul Hauser danken wir für die fachkritische Aufmerksamkeit. Dank gilt auch für die freundlich gewährte bürotechnische Unterstützung durch M.E.P., Gesellschaft für Unternehmenskommunikation, Stuttgart, und die Kreissparkasse Calw.

Für die Altenpflegeschüler selbst wünschen wir uns einen weiteren Erdbeereffekt: Die erlernte Aktivierung soll reiche Früchte tragen für die Betagten.

Johanna Kik
Olaf Sinner-Schmedemann
Calw/Neuhengstett im Frühjahr 1997

Aktivierende Pflege

– Einleitende Hinweise –

Aktivierung und Rehabilitation sind notwendiger Bestandteil einer Altenpflege, die sich zum Ziel gesetzt hat, die Würde des Menschen zu bewahren. Deshalb muß das Lernfach Aktivierung und Rehabilitation ein **ganzheitliches Menschenbild** als Grundlage haben. Dies kann nur erreicht werden, wenn Altenpflegeschüler sich **umfassend** und **eindringlich** mit der Lebenssituation des Alters auseinandersetzen. Neben biologischen und psychologischen Grundkenntnissen müssen eine ganze Reihe weiterer Fähigkeiten, Techniken und Wissensgebiete vermittelt werden, damit überhaupt eine praxisorientierte Aktivierung angewandt und entwickelt werden kann. Aktivierung und Rehabilitation sind ein **eigenständiger, unverzichtbarer Teil der Altenpflege**. Mit dem vorliegenden Buch wird ein grundlegender Abriß aller Aktivierungsmöglichkeiten gegeben, die als integraler Bestandteil einer modernen Altenpflege erforderlich sind. **Im Vordergrund stehen dabei immer Persönlichkeit und Lebensfeld der alten Menschen.**

Erfolgreiche Aktivierung muß darauf abzielen, Gedächtnisleistung und Phantasie der Betagten zu beleben. Ob kulturelles Leben, Spiel, Werken und bildnerisches Gestalten, Musik, tänzerische Bewegungsspiele oder Fest- und Feiergestaltung: All das muß überlegt und eingeübt werden. Neben rein technischer und gedanklicher Beherrschung von Aktivierung und Rehabilitation müssen weitere wichtige Bestandteile in die Ausbildung integriert werden: **Die Fähigkeit zu organisatorischer Planung und konstruktiver Teamarbeit.**

Weithin wird der Begriff Aktivierung völlig zu Unrecht gleichgesetzt mit Aktionismus. Der Nutzen von Aktivierung jedoch liegt großenteils nicht darin, den Betagten eine Strukturierungsmöglichkeit ihrer verbleibenden Lebenszeit anzudienen, sondern darin, mit Aktivierung als selbstverständlichem Bestandteil einer verantworteten Pflege **die elementaren seelischen und geistigen Grundbedürfnisse** des Menschseins **wachzuhalten und zu bewahren**. Jeder Pflegende, der Aktivitäten vorbereitet, begleitet und betreut, hat daher die Aufgabe eines **Aktivierungsbetreuers**. Gerade deshalb muß sich auch sprachlich ausdrücken, was Personen sind, die aktivierende Pflege in irgendeiner Form ausüben: **Aktivierungsbetreuer**. In diesem Sinne werden im vorliegenden Buch stets die Begriffe „Aktivierungsbetreuerin“ und „Aktivierungsbetreuer“ verwendet.

Praxis für die Altenpflegeausbildung

Methodische Anleitungen, Übungsanleitungen, Gebrauchsanweisungen oder Betriebsanleitungen sind gut und notwendig. Praxis, gleich welchen Gebiets, kann nur durch Selbsterfahrung gelernt werden.
Praxiserprobt sind sämtliche hier vorliegenden Aktivierungsprogramme. Sie funktionieren auf der Grundlage methodisch-didaktischer Planung.

Inhaltsverzeichnis

1 Grundlagen der Aktivierung

Ohne Lernen, ohne Aneignen von theoretischem Hintergrund und praxiserprobtem Können wird nicht viel Sinn- und Wirkungsvolles entstehen können. Aktivierung umfaßt den gesamten Menschen und fast alle seine Erfahrungsbereiche.

Grundlagen der Aktivierung sind:

- **geistige Aufnahmebereitschaft**
- **professioneller Ehrgeiz**
- **handwerkliche Solidität**
- **psychische Belastbarkeit**
- **emotionelle Ausgewogenheit**
- **intellektuelle Neugier**
- **mentale Beweglichkeit**
- **naturwissenschaftliches Interesse**
- **kulturelle Aufgeschlossenheit**
- **soziales Engagement**
- **sprachliche Sicherheit**
- **Toleranz aus Überzeugung**
- **ökonomischer Sachverstand**
- **Organisationstalent**
- **Kommunikationsfähigkeit**
- **Beobachtungsgabe**
- **musische Kenntnisse und/oder Neigungen**
- **medizinisch-biologisches Grundwissen**
- **sozial- und individualpsychologische Einblicke**
- **Vorurteilslosigkeit**
- **technisches Verständnis**
- **kulturhistorische Übersicht**
- **Freude am Beruf**
- **Liebe zum Menschen**

1.1 Alter und Gesellschaft

Wenn es gelingt, dem Einzelmenschen klarzumachen, daß er selbst höchstwahrscheinlich auch alt wird, selbst auf Hilfe angewiesen sein wird, selbst noch in seiner persönlichen Integrität und Würde anerkannt sein will, wenn es gelingt, den Alterungsprozeß als natürlichen Lebensbestandteil und nicht als beschämendes und schuldhaft verursachtes Schicksal anzusehen, dann ist auch eine Gesellschaft insgesamt befähigt, Alter und Altern richtig einzuschätzen. Die humanen Qualitäten einer Gesellschaft und damit von jedem einzelnen sind daran zu messen, wo und wie diese Gesellschaft ihre Alten eingliedert.

1.1.1 Historischer Abriß der Altenpflege

Weil Altern über Jahrtausende hinweg auf der ganzen Welt als Krankheit begriffen wurde, richteten sich einerseits die medizinischen Bemühungen auf eine Verhinderung, andererseits auf eine für möglich gehaltene Verjüngung. Eine Altenpflege im heutigen Sinne entstand nicht.
Wohl wurde versucht, dem Altern vorzubeugen (sogar mit Gold) oder die altersbedingten Ausfallserscheinungen zu lindern (analog der heutigen Geriatrie), doch systematische, altersbezogene Pflegekonzepte sind erst um die Mitte des 20. Jahrhunderts entstanden. Erst durch die enormen Verbesserungen im medizinischen Bereich und bei der Ernährungslage sind die Betagtenzahlen so explosionsartig angestiegen, daß die Schaffung einer professionell ausgerichteten Geriatrie und die sie begleitende Altenpflege unumgänglich war. Ebenfalls eine sehr moderne Wissenschaft ist die Gerontologie.

1.1.2 Integration Betagter in die Gesellschaft

Allein durch die zahlenmäßige Zunahme an Betagten vermindert sich im selben Umfang deren soziale Wertschätzung durch die Allgemeinheit, zusätzlich verstärkt von dem Gesellschaftsideal, das seit Ende des Ersten Weltkriegs maßgebend ist und dem Jungsein absoluten Vorrang einräumt. Diese einseitige Bevorzugung führt dazu, ältere und vor allem betagte Menschen als lästig und nutzlos, wenn nicht gar manchmal als überflüssig einzustufen. Erst wenn in sämtlichen Bevölkerungskreisen begriffen wird, daß ältere Menschen keine unerwünschten Mitesser sind, sondern sozial wertvolle Komponente einer humanen Gesellschaft, erst dann ist eine wirkliche Integration Betagter möglich.

1.1.3 Betagte als ökonomischer Faktor

„Biology will have a greater effect on marketing than any single social trend"
Bruce Meyers, BBDO New York

Wer sich auf einer Fachmesse für Altenpflege umsieht, bekommt eine Ahnung von der Vielzahl an Produkten, die eigens für Betagte hergestellt werden. Doch das Gesamtvolumen der geldwerten Leistungen für Betagte wird nur zum geringeren Teil von den Messeausstellern beansprucht. Große Beträge müssen auch anderweitig aufgewendet werden.

Aufgabe:

Stellen Sie zusammen, wer sonst noch an den Betagten verdient. Denken Sie auch an Aktivitäten für Senioren.

Bereits jetzt, und in naher Zukunft erst recht, sind die Alten und pflegebedürftigen Betagten ein immer mächtiger werdender Wirtschaftsfaktor. **Im Jahr 2030 wird die Hälfte der bundesdeutschen Bevölkerung über 50 Jahre oder älter sein.**

1.1.4 Betagte als ästhetischer Faktor

In den westlichen Industrieländern gilt seit einigen Jahrzehnten der Maßstab: Jung, fit, dynamisch, makellos. Weil nun Altsein samt allen Erscheinungsformen so gar nicht zur derzeitigen ästhetischen Kulturnorm passen will, wird auch von Betagten versucht, wenigstens vom Optischen her das Lebensalter zu kaschieren. Grundsätzlich sollte das ästhetische Bestreben der Betagten mit ermunternden Ratschlägen unterstützt und damit das Selbstwertgefühl erhalten und verstärkt werden. Mit Lob, Zuspruch und Beratung kann der Betagte unmerklich geleitet werden, sich vorteilhaft zu verändern: In der Kleidung flotte Schnitte für die stärkere Figur; für Frauen auch lange Hosen, die früher nicht üblich waren. Auch Haarschnitt, Schuhwerk, Handpflege, eventuell korrigierende Kosmetika, Schmuck oder ein schickeres Brillenmodell können für die Betagten sehr hilfreich sein, ein freudigeres Lebensgefühl zu bewahren.

Wichtiger Hinweis:

Der Wert stimmungsaufhellender, frischer Farbwahl in puncto Kleidung gilt nicht nur für die Betagten, sondern vor allem auch für Pflegepersonal und Aktivierungsbetreuer selbst. Persönliche oder modisch bedingte Vorlieben für dunkle Kleidung, womöglich schwarz, sollten nur im Privatleben gepflegt werden, keinesfalls aber bei der professionellen Arbeit!

1.1.5 Betagte als sozialer Faktor

Vor allem das gefühlmäßige Verhältnis der jüngeren zu ihren älteren Mitbürgern bestimmt den sozialen Stellenwert, der Betagten in einem Staat eingeräumt wird. Dabei können z. B. Diskussionen um Rentenzahlungen, Pflegeversicherungsbeiträge u. ä. sich ausgesprochen nachteilig auf den sozialen Status Betagter auswirken. In einer Gesellschaft, die den Wert eines Menschen fast ausschließlich nach dem augenblicklichen ökonomischen Nutzen als Konsument bestimmt, wird sich nur schwerlich so etwas wie soziale Achtung, geschweige denn Respekt vor einer inzwischen abgeschlossenen Lebensleistung entwickeln können.

1.1.6 Gegenseitige Einschränkung der Interaktion

Als Interaktion wird das aufeinander bezogene Handeln zweier oder mehrerer Personen bezeichnet und die Wechselbeziehung zwischen den Handlungspartnern. Interaktionen sind entweder geprägt vom gemeinsamen oder auch einseitigen Interesse der Beteiligten an Kommunikation, von den Wünschen, die der eine an den anderen stellt, oder aber geprägt von der Notwendigkeit, gemeinsam etwas zu bewerkstelligen und/oder sich vom anderen dabei helfen zu lassen. Interaktionen können sowohl sprachlich als auch nichtsprachlich ablaufen: Wortwahl, Mimik und Gestik spielen dabei eine große Rolle, aber auch Inhalt, Sprachmelodie und Formulierung des Gesagten und manchmal auch das Verschwiegene, das von den anderen Personen geahnt oder vermutet wird. Geistige, psychische und physische Einschränkungen der Betagten sind der Interaktion hinderlich. Hemmend wirkt sich auch für viele Betagte aus, nicht mehr zwei Dinge gleichzeitig tun zu können. Sowohl im häuslichen Bereich mit Angehörigen als auch auf der Pflegestation kann die eingeschränkte Interaktion oft zu Mißverständnissen und Mißstimmungen führen.

1.1.7 Interventionsgerontologie

Die Altersforscherin, Prof. Ursula Lehr, definiert die Aufgaben der Interventionsgerontologie folgendermaßen:
Intervention ist der Inbegriff der Maßnahmen zur Sicherung eines psychophysischen und psychosozialen Wohlbefindens im höheren Alter (vgl. Lehr – Herausgeber – Interventionsgerontologie)
Bei Lehr ist die Intervention in vier Bereiche unterteilt:

1. Optimierung
2. Geroprophylaxe
3. Rehabilitation, Therapie, Restauration, Korrektur
4. Management. „Contain conditions"

1.2 Der alte pflegebedürftige Mensch

Durch einsetzende Pflegebedürftigkeit verändern sich für den betagten Menschen nahezu alle gewohnten und bisher gepflegten Lebensformen. Verbindet sich mit der Pflegebedürftigkeit ein Umfeldwechsel, zum Beispiel ins Pflegeheim, dann verändern sich die Lebensumstände noch radikaler: Institutionale Versorgung in einem fremden Haus bei und mit fremden Menschen.

1.2.1 Die biologische Veränderung

Wenn Betagte betreuungs- und pflegebedürftig werden, haben bereits biologische Veränderungen stattgefunden. Menschliche Alterungsprozesse sind – wie bei allen Lebewesen – genetisch gesteuert. Durch Altern kann sich die gewohnte Lebensweise eines Menschen erheblich wandeln, bis hin zur Pflegebedürftigkeit. Deren Definition ist in allen Lehrbüchern der Alten- und Krankenpflege enthalten. Durch einen Umfeldwechsel können sich beim betreffenden Betagten biologische Veränderungen rasant beschleunigen. Dabei kann auch der Ernährungszustand anteilig eine große Rolle spielen.

1.2.2 Die psychische Veränderung

In der Begegnung mit pflegebedürftigen Betagten wird das Personal mit fast allen psychischen Veränderungen konfrontiert. Neurobiologische Ursachen bedingen hauptsächlich psychische Veränderungen. Daneben sind biologische Veränderungen des eigenen Körpers zumeist offensichtlich und werden bewußt wahrgenommen. Bei vielen Menschen ist das ästhetische Empfinden und das daraus resultierende Einschätzen der eigenen Person grundlegender Bestandteil des Selbstwertgefühls und der Selbstidentifikation. Dies wird durch physisch bedingte Veränderungen nachhaltig gestört und beeinträchtigt und führt damit auch zu psychischen Veränderungen.

Durch Gebrechlichkeiten entwickeln die Betroffenen oft eine andere Vorstellung und sogar falsche Einschätzungen der Außenwelt. Da viele betagte Menschen mit Mehrfachbehinderungen leben müssen, summieren sich dadurch auch die Mißstimmungen.

Beispiel
Über Frau P wird immer wieder berichtet, daß sie während der Körperpflege aggressiv sei. Frau P ist beidseitig beinamputiert, halbseitengelähmt, hat ein Auge verloren und ist Diabetikerin. Frau P ist geistig jedoch völlig fit und sich ihrer Lebenslage gänzlich bewußt.

1.2.3 Die soziale Veränderung

Hohes Alter erhöht die Verlusterlebnisse durch die Summe des Erlebten. Dazu gehören auch Todesfälle. Ein Hochbetagter beispielsweise überlebt alle seine Angehörigen, Schulkameraden, Nachbarn, Freunde, Bekannten. Die Vereinsamung, der Verlust von Aufgaben und Entscheidungsbefugnissen verstärkt die soziale Veränderung. Ist damit verbunden dann noch ein Umfeldwechsel, z. B. ins Pflegeheim, bricht für den Betagten eine Welt zusammen. Seine Sozialbindungen haben sich dezimiert; eine große Leere ist entstanden. Damit stellt sich für den Betroffenen die Sinnfrage, die Frage nach Bedeutung und Inhalt seiner irdischen Existenz. Die innerliche Verarmung des Betagten bleibt unausweichlich. Das weite Übungsfeld der Kontaktaufnahme und Kontaktpflege verödet, besonders nach außen. Dadurch reduzieren sich allmählich auch die sozialen Fähigkeiten der Betroffenen.

1.3 Der Betagte als Heimbewohner

In einer Gruppe (nämlich Pflegegruppe) als Lebensgemeinschaft, die nicht organisch gewachsen, sondern zusammengewürfelt ist, wird der Betagte seinen Lebensabend verbringen. In seinem (?) Zimmer, das der Betagte in der Regel mit einem Mitbewohner teilen muß, stehen: Zwei Betten, zwei Nachttische, ein Tisch, ein gemeinsamer Schrank; vielleicht hängt noch ein Bücherregal an der Wand. Die wenigen persönlichen Habseligkeiten des Betagten sind schnell verstaut oder aufgestellt. Ab jetzt wird der Betagte in einem großen Gebäudekomplex leben (wahrscheinlich auch sterben), der eigens künstlich geschaffen wurde zur Versorgung Betagter. Oft entsteht beim Betagten ein Gefühl der Hilflosigkeit, ein Gefühl der Ohnmacht, das die Betagten nicht selten in Resignation verharren läßt. Mit Aktivierung kann versucht werden, dem Betagten durch neu geschaffene Interessenfelder den Verlust der Privatheit erträglich zu machen.

1.3.1 Umfeldwechsel

Der Umfeldwechsel von der vertrauten Umgebung ins Pflegeheim bedeutet, alles verlassen zu müssen, was das Umfeld an persönlicher Lebensqualität zu

bieten hat: Die Wohnung/das Haus, den Wohnort, die Freunde und Nachbarn, ehemalige Schulkameraden, Vereine, eventuell die Kirchengemeinde und den Pfarrer, sonstige soziale Beziehungspunkte und den Hausarzt.
Der gewohnte Tagesablauf ist aufgehoben, der Zeitplan ebenso. Mit ihm entfallen bisher wahrgenommene Termine, Veranstaltungen und Verpflichtungen.

1.3.2 Der Zwang zur Neusozialisation

Der Umzug in ein Pflegeheim bedingt für den Betagten die Einordung in eine neue Lebensgemeinschaft mit fremden Menschen und dadurch den Zwang zur Neusozialisation. Der neue Pflegeheimbewohner muß also, wie das Kind und der Jugendliche, erlernen, sich in ein soziales Gefüge einzupassen, die geltenden sozialen Regeln zu berücksichtigen und abzuwägen, inwieweit die eigenen Wünsche und Ziele durchzusetzen oder aufzugeben sind, um den sozialen Frieden nicht zu gefährden. Neusozialisation heißt auch, sich Verhaltenstechniken anzueignen, um Konfrontationen und Konflikte einzugrenzen.

Aufgabe:

Ein blinder Betagter wird im Pflegeheim aufgenommen. Wie können Sie ihm die Neusozialisation erleichtern?

a) räumlich/örtlich
b) situativ
c) bezogen auf das Personal im Schichtdienst und die Nachtwache
d) bezogen auf einen Mitbewohner im Zimmer

1.3.3 Anpassung an die Heimordung

Jede starre Heimordung schränkt die bisherigen Lebensgewohnheiten und die persönlichen Bedürfnisse Betagter ein: Die Essenszeiten und Schlafzeiten sind festgelegt, der Stationsablauf insgesamt ist zeitlich strukturiert. So bleibt dem Betagten nur wenig Spielraum für liebgewordene Gewohnheiten und Eigenheiten.

1.3.4 Die Scheinwelt der Pflegestation

Die künstlich geschaffene, abgeschlossene und abgeschottete Welt der Pflegestation hat mit der bisher vom Betagten während eines langen Lebens erfahrenen Umwelt so gut wie nichts gemein. Daher wird die Scheinwelt der Pflegestation manche Betagte erst recht verwirren oder zumindest ein Reizdefizit erzeugen. Ohne aktivierende Angebote bleibt die Pflegestation ein gut funktionierender Betrieb mit zentraler Versorgung.

1.3.5 Schichtwechsel der Pflegekräfte

Der Schichtwechsel der Pflegekräfte ist ein notwendiges Übel. Außerdem sind Pflegekräfte oder -schichten in Wortwahl und Vorgehensweise oft geprägt von der Stationsleitung. So sind Unterschiede im Führungsstil für die Betagten an ein und demselben Tag zu verkraften (emotionelle Wechselbäder). Hinzu kommt am Abend die Nachtwache und mit ihr eine weitere Umstellung: nämlich wieder ein anderes Gesicht. Nun sind Namen und Gesichter des Personals ohnehin schwer zu behalten (Gedächtnis, Sehschwächen, Stimmen). Der komplette Personalaustausch findet mittags statt: die Frühschicht geht und die Spätschicht kommt. Das führt bei manchen Betagten, deren Gedächtnisleistung eingegrenzt ist, oft zusätzlich zu Irritationen: „Ich habe Sie doch schon heute früh um (dies und das) gebeten." Nachteilig kann sich der Schichtwechsel auch bemerkbar machen durch Vergessen bestimmter die Betagten betreffende Einzelheiten, wenn die Dokumentation von der Frühschicht an die Spätschicht übergeben wird.

Aufgabe:
Wie kann Blinden diese schwierige Situation erleichtert werden?

1.3.6 Reaktionen auf Desorientierung

Die Ursachen der Desorientierung sind verschieden: Physisch, psychisch, psychosozial. Um reagieren zu können, muß der Betagte einerseits genau beobachtet werden; andererseits kann mit verschiedenen Hilfestellungen der Desorientierung begegnet werden:

Örtlich: Hilfsmittel wie Beschriftungen, Farben, Symbole (an der Zimmertür)

Situativ: Problemsituation positiv zu Ende bringen (Beispiel: Eine Betagte, frühere Lehrerin, die sich wieder in ihrem Beruf glaubt und nun zum Rektor will!!)

Persönlich: Namenszug an der Zimmertür, deutlich mit Namen ansprechen, Gespräch entwickeln zur Biographie des Betagten, letzter Wohnort, Geburtsort, Altgedächtnis aktivieren, gegebenenfalls Erinnerung an Tochter, Sohn (in diesem Fall ihre Vornamen erwähnen), den Betagten deutlich mit seinem Namen ansprechen.

Zeitlich: Gelegenheiten nutzen wie Uhrzeit immer wieder wiederholen (lesbares Zifferblatt), Wochentag, Monat, Jahr (Großdruckkalender), wobei vor „Gebetsmühle" zu warnen ist.

Sprachlich gestalten: „So eine Julihitze, 34 Grad im Schatten! Zur Mittagszeit ist es auch besonders heiß, gegen 12 Uhr steht die Sonne fast senkrecht am Himmel. Ob's am Wochenende auch so heiß sein wird? Abwarten, heute ist ja erst Dienstag. Morgen, am Mittwoch, ist Ausfahrt in den Kurgarten ... usw." So läßt sich während der pflegerischen Verrichtungen selbstverständlich, aber gezielt plaudern: Über das Datum, die Tageszeit, das Wetter der Jahreszeit.

Besonders wichtig:

Bei Desorientierung der Betagten sollte unbedingt deren schichtenspezifische Sprache angewendet werden (siehe auch 8.1.2).

Hinweis:

Überlegt werden muß, inwieweit schlecht beleuchtete Flure, Zimmer, Eßzimmer zur Desorientierung beitragen können. Immer wieder ist zu beobachten, daß sich Betagte am Spätvormittag beklagen, noch kein Frühstück bekommen zu haben, dagegen nach der Mittagsruhe den Nachmittagskaffee als Frühstück betrachten, bekräftigt durch den Gruß „Guten Morgen" beim Anblick des gedeckten Kaffeetisches/des Servierwagens.

Träume als Desorientierungsursache
Immer wieder wird am frühen Morgen ein Betagter verstört angetroffen. Er erweckt den Eindruck, völlig desorientiert zu sein, obwohl er das eigentlich nicht ist. In diesem Fall muß das Pflegepersonal daran denken, ob der Betagte vielleicht geträumt hat und derzeit Traum und Wirklichkeit nicht unterscheiden kann. Dann sollten in einem behutsamen Gespräch die Gedanken des Betagten auf die Realität gelenkt werden, den Ablauf des Vormittags beispielsweise, das Datum, den Wochentag, Monat und Jahr. Dadurch wird dem Betagten möglicherweise der Trauminhalt bewußt und erinnerlich und es kann darüber gesprochen werden.

1.4 Aktivierung und Rehabilitation

Aktivierung ist, im Gegensatz zur Rehabilitation, im klinisch-medizinisch-pflegerischen Bereich ein sehr junger Begriff; geprägt gegen Ende der 80er Jahre. Rehabilitation (aus dem lateinischen habilitare = fähig machen abgeleitet) wird allgemein als Wiedereingliederung definiert, im engeren medizinischen Sinne jedoch als Wiederherstellung körperlicher und/oder seelisch-geistiger Fähigkeit und Gesundheit.

1.4.1 Was ist Aktivierung?

1. Aktivierung wirkt durch vielfältige Sinnesreize der Denkerstarrung entgegen.
2. Aktivierung setzt Impulse gegen Antriebslosigkeit.
3. Durch Aktivierung können verlorengegangene oder verlorengeglaubte Fähigkeiten aufgespürt werden und wieder ins Bewußtsein gelangen.
4. Durch motorisches Training können früher erlernte und jetzt verschüttete Bewegungsmuster wieder abgerufen und aktiviert werden.

5. Aktivierung besetzt entstandene Leere (z. B. Verlusterlebnisse durch Umfeldwechsel) mit Inhalten und Denkanstößen.
6. Aktivierung ist stets zielgerichtet: Durch die Vernetzung unterschiedlicher Aktivierungsangebote erweitert sich der Aktionsradius der Betagten erheblich; die Zeit wird wieder strukturiert (Bannung der Langeweile) und neue Lebensinhalte gewinnen Raum.
7. Aktivierung bewahrt vor Isolation.
8. Aktivierung weckt Lebensgeister.
9. Aktivierung verhindert drohende Gefühlsverarmung.

1.4.2 Grenzen der Rehabilitation

Rehabilitation im Sinne des Wortes ist bei Pflege- bzw. Schwerstpflegebedürftigen nur begrenzt anwendbar. Auch der Begriff Therapie im Sinne von Heilung ist überstrapaziert. Durch Mehrfachaktivierung jedoch können vielerlei Gebrechlichkeiten physischen, psychischen und geistigen Ursprungs angegangen bzw. gelindert oder aufgehalten werden. Bei Multiinfarkt-Demenz und der Alzheimerschen Krankheit beispielsweise sind es nur Augenblicke, in denen das Gemüt durch vertraute Klänge und Düfte möglicherweise aufgehellt werden kann.

1.4.3 Wem nützt die Aktivierung?

Zuallererst sind es natürlich die Betagten, die von der Aktivierung profitieren, denn subjektive Befindlichkeit, positives Lebensgefühl und emotionelle Ausgeglichenheit werden merkbar gesteigert.
Auch die Steigerung des Selbstwertgefühls beim Betagten ist zweifellos ein großer Nutzen, wenn z. B. Raumschmuck von einer Gruppe gefertigt wurde, der nun das Heim verschönt und dessen Anblick von den Gruppenmitgliedern entsprechend kommentiert wird: „Wir sind doch noch zu etwas nütze in unserem Leben."
Unstreitig ist die Aktivierung nützlich für die Mitarbeiter von Pflegeeinrichtungen. Zum einen aus ökonomischen Gründen; die Mitarbeiter verdienen ihren Lebensunterhalt zum Teil auch durch und mit dem Einsatz von Aktivierung. Zum anderen profitieren Mitarbeiter deshalb, weil die Aktivierung zur Sensibilisierung für die Betagten, also andere Menschen, zwingt. Somit gewinnen Mitarbeiter psychosoziale Kompetenzen, eine größere Bereitschaft zum Registrieren physischer, emotioneller und ästhetischer Befindlichkeiten, und vor allem wird die eigene Persönlichkeit sich positiv verändern. Denn die Wachsamkeit, mit der die Betagten beobachtet werden müssen, wird ebenso zur Eigensensibilisierung und Selbstkontrolle eingesetzt.

1.4.4 Aktivierung als Defizitausgleich

Viele Tätigkeiten bisheriger Alltagsgestaltung entfallen durch die perfekte Vollversorgung im Heimbetrieb. Die Betagten sind vielfältiger Handgriffe beraubt.

Aktivierung versucht dieses Defizit auszugleichen. In verschiedenen Modellen der Betagtenbetreuung wird Aktivierung so erweitert, daß eine ganze Tageslaufgestaltung mit den Betagten geplant und verwirklicht wird. Solche Modelle haben den Vorteil, daß alle Pflegenden an sich selbst erfahren, wie arbeitsintensiv die Vorbereitung aktivierender Programme ist. Entscheidend aber ist immer bei Aktivierung, die möglichen emotionellen, körperlichen, geistigen und sozialen Defizite der Betagten auszugleichen oder zumindest zu verringern.

1.4.5 Kreativität als menschlicher Eigenwert

Kreativität gehört zum Menschen als unveräußerlicher Besitz, als geistiges, ideelles und emotionelles, d. h. gefühlsmäßiges Eigentum. Dieses Eigentum ist ein innerer Reichtum, dem große Bedeutung zuzumessen ist. Etwas zu können, zu gestalten, zu erfinden, füllt den Menschen aus; sein Leben wird farbiger, interessanter, spannender. Schöpferisches Handeln gibt der Wegstrecke Leben Sinn und Struktur. Kultur und Kulturgüter aller Sorten, auch die Dinge zum Alltagsgebrauch, entstehen nur und ausschließlich aus dem Schöpferischen. Kreativität ist daher so wertvoll, weil sie der Grundstein aller zivilisatorischer Entwicklung der Menschheit ist.

Um das Schöpferische bei Betagten zu entwickeln, muß der Anstoß oft von außen kommen. Weil der Schaffensprozeß selbst sowohl die Reizerinnerung belebt (neokortikale Aktivierung) als auch ausgesprochen lustbesetzt ist, wird die Aktivierung beides nutzen, um den Betagten eine neue, freudvolle Form des Erlebens zu bescheren. Dabei ist nicht so sehr das Ergebnis entscheidend, sondern der Schaffensprozeß selbst.

2 Die Technik der Aktivierung

Gerade bei der Aktivierung betagter Menschen reicht der gute Wille allein beileibe nicht aus. Die Vielfalt der Aufgaben ist nur zu bewältigen mit dem soliden Fundament einer umfassenden Ausbildung. Die Technik der Aktivierung ist deshalb weit mehr als nur Beherrschung manueller Tätigkeit oder Befolgung von Handlungsanweisungen.

2.1 Grundanforderungen

Der Umgang mit Menschen, insbesondere mit Betagten, erfordert psychische und physische Kräfte, Einfühlungsvermögen, differenzierte Beobachtungsgabe, Toleranz, Humor, Lebensfreude und Lebensbejahung. Nur so wird durch Aktivierung auch Lebensfreude vermittelt!

Der Umgang mit alten Menschen erfordert ferner ein **hohes Maß an Selbstbeherrschung** und **Selbstkontrolle**. Bei der Bewältigung skurriler Situationen, die im Pflegeheim zum Alltag gehören, ist auch **Phantasie** gefragt, um große und kleine Probleme lösen zu können und gleichzeitig die **Würde des Menschen zu wahren**.

2.1.1 Die Würde des alten Menschen

So wie „Würde" in Artikel 1 des Grundgesetzes verwendet wird, fußt diese Anschauung auf der ideengeschichtlichen Entwicklung des 19. Jahrhunderts. Daraus ergibt sich, daß die jedem Menschen innewohnende Würde untrennbarer Bestandteil der menschlichen Existenz ist, ja erst durch deren physisches, psychisches und geistiges Vorhandensein begründet wird. Viele der Betagten sind durch Alterskrankheiten, körperliche Verluste und/oder geistige Retardierung gekennzeichnet. Der rein äußerliche Anblick könnte deshalb manchmal den so erhabenen Begriffen um die Würde (Menschenwürde) entgegenstehen. Die Würde des alten Menschen aber zu respektieren, sie zur unverzichtbaren Grundlage aller pflegerischen Tätigkeit zu machen, ist notwendige Voraussetzung im Umgang mit Betagten.

2.1.2 Sensibilisierung für die Bedürfnisse der Betagten

Routinemäßiges Arbeiten führt stets zur Abstumpfung und läßt Denken und Handeln aller Mitarbeiter erstarren: Die individuell verschiedenen Bedürfnisse der Betagten werden nicht mehr wahrgenommen, sondern alle sind gleichgeschaltet. Dadurch entsteht das fatale Denkmuster: „Hauptsache, der Betrieb (Stationsbetrieb) funktioniert."

Ohne Sensibilisierung für die Bedürfnisse der Betagten werden Pflege und Aktivierung von vornherein ihr Ziel verfehlen!

2.1.3 Interaktion zwischen Pflegepersonal und Betagten

Sowohl die sehr unterschiedlichen Befindlichkeiten der Betagten als auch Stimmung und Persönlichkeitsstruktur des Pflegepersonals bestimmen den Ablauf von Interaktionen. Manchmal besteht durchaus die Gefahr, sich ein klischeehaftes Bild zu machen, d. h. den Betagten fälschlicherweise in einer bestimmten, festgelegten Rolle zu sehen. Rasch wechselnde Befindlichkeiten in der psychophysischen Verfassung Betagter müssen Anlaß sein, **erneut Zugang zu suchen und Veränderungen zu ergründen**. Vor allem bei Verwirrtheitszuständen (chronischen und akuten) der Betagten sollten Pflegekräfte darauf achten, in welcher Form die augenblickliche oder auch länger andauernde Realitätsverschiebung des Betagten interaktiv genutzt werden kann.

Umgekehrt entwickeln auch die Betagten *ihr* Bild vom Pflegepersonal, verknüpfen damit Hoffnungen, Erwartungen, Zuspruch und vor allem: Zuwendung. Auch wenn Betagte anscheinend einen großen Realitätsverlust und -bezug haben, heißt dies noch lange nicht, daß gleichgültige oder gar unwillige Reaktionen des Pflegepersonals nicht wahrgenommen werden. Das Verhalten der Pflegekraft als momentane Bezugsperson wird durchaus registriert und mit entsprechenden Reaktionen beantwortet.

Sämtliche Betreuungspersonen in der Altenpflege müssen immer wieder erneut ihre eigenen Interaktionsmuster überprüfen, um zu vermeiden, in ein klischeehaftes Verhalten abzurutschen. Dabei sind sowohl die Interaktionen mit den Betagten direkt als auch die Interaktionen beim Pflegepersonal untereinander in Sicht- und Hörweite der Betagten zu berücksichtigen.

2.1.4 Toleranz und Respekt

Manche Verhaltensweisen Betagter (Eigenheiten, Gewohnheiten, Zwänge wie Ordnungssinn oder das Gegenteil, der Sammeltrieb einzelner) stellen das gesamte Personal oft auf harte Proben. Dennoch muß die Richtschnur allen pflegerischen Handelns die unbedingte Wahrung von Toleranz und Respekt sein. Daran mißt sich die charakterliche Qualität und humanitäre Grundeinstellung der Pflegenden.

2.1.5 Biographie und Kulturkreis

Die Grundanforderungen an Toleranz und Respekt müssen im Zusammenhang von Biographie und Kulturkreis erweitert werden. Selbst innerhalb der Bundesländer gibt es verschiedene Kulturkreise, Sprachen und Dialekte, Sitten und Bräuche. Doch die Zukunft wird uns noch mehr Toleranz und Respekt abverlangen: Rund 350 000 ausländische Mitbürger (Stand Frühjahr 1996) sind bereits in Rente. Viele von ihnen fühlen sich hier heimisch und werden nicht mehr in ihre Länder zurückkehren. Seit geraumer Zeit befinden sich die ersten ausländischen Mitbürger in Alten- und Pflegeheimen. Keinesfalls darf das Kommunikationsmittel Sprache zur Nachahmung von unvollkommenem Deutsch verleiten, zum Nachäffen von grammatikalisch und semantisch falschem Deutsch oder von Dialekten.

2.1.6 Notwendigkeit der Eigensensibilisierung

Begegnungen, Kontakte, Aktivitäten mit Betagten setzen die Überlegung voraus: *Wen* habe ich vor mir, mit *welchen* Befindlichkeiten? *Wie* ist die aktuelle psychophysische Verfassung? Neben dem sehr wichtigen Aspekt der verbalen Aktivierung (siehe 8.8.1 bis 8.2.5) muß auch stets das eigene Handeln kontrolliert werden.

2.1.7 Vertrauen und Distanz

Vertrauen und Distanz sind unverzichtbar im Umgang mit Betagten. Wer alles ihm *Vertraute* verlassen mußte, ist in seiner neuen Umgebung auf das Vertrauen des Personals besonders angewiesen. Doch andererseits muß Personal immer auch eine gewisse Distanz wahren, damit Vertrauen nicht durch Vertraulichkeit überdeckt wird. Deshalb:
Geschenke und Geschäfte haben in der Interaktion zwischen Personal und den Betagten nichts zu suchen und müssen höflich, aber bestimmt abgelehnt werden.

2.1.8 Kompetenzüberschreitung

Solange Betagte in der Lage sind, ihre Angelegenheiten zu regeln, vernünftige Entscheidungen zu treffen, die niemandem schaden, so lange müssen Entscheidungsfreiheit und Selbstbestimmung vom Personal respektiert werden. Sobald gegen den Willen Betagter irgendwelche Zwänge ausgeübt werden, sind dies *eindeutig* Kompetenzüberschreitungen. Mit der rasant zunehmenden Pflegebedürftigkeit (bei immer höherer Lebenserwartung) steigt auch die Anzahl regredierter betagter Menschen. Das bedeutet in der Praxis, daß für diesen Personenkreis allein in der täglichen Versorgung viele Entscheidungen getroffen werden müssen, die sich selbstverständlich von den Kompetenzüberschreitungen unterscheiden.

2.2 Gruppe und Gruppenverhalten

Jeder Betagte ist von seiner Erziehung geprägt, bringt seine Lebensart, Verhaltensweisen, Denkmuster, Normen und Sprache mit. Entsprechend verschieden ist die Zusammensetzung einer Gruppe, also heterogen. Hinzu kommen verschiedene Grade der Persönlichkeitsretardierung. Diese Differenzen in der Persönlichkeitsausprägung führen dazu, daß sich nur mühsam eine Gruppe mit einem einigermaßen störungsfreien Gruppenverhalten entwickeln kann.

2.2.1 Heterogene Gruppen in der Aktivierung

Heterogen bedeutet: Ungleichartig, aus Verschiedenartigem zusammengesetzt. Genauso ist es um die Aktivierungsgruppe bestellt. Die höchst verschiedenen Wesensarten der Betagten sind Nährboden für zahlreiche Konflikte: Hier muß der Betreuer aufgrund biographischer Kenntnisse aller Gruppenmitglieder ausgleichend wirken, die Unterhaltung gezielt steuern und gegensätzliche Auffassungen neutralisieren.

2.2.2 Macht und Machtansprüche

Macht ist die Situation, andere Menschen etwas tun zu lassen, das diese selbst nicht unbedingt wollen. Somit schafft das Ausüben von Macht ganz automatisch Herrschaftsverhältnisse, denn Macht entsteht aus der freiwilligen oder erzwungenen Unterwerfung anderer Menschen. Das Ausüben von Macht ist daher stets ein Unterwerfungsprozeß. Gerade in der oft mangelnden geistigen und menschlichen Qualität der Machtinhaber aber liegt die extreme Gefahr des Machtmißbrauchs. Dabei muß keineswegs hinter Machtmißbrauch auch stets böser Wille stecken. Fehlende Einsicht in die eigene Unfähigkeit oder fahrlässige Unterschätzung der eigenen Machtposition verhindern oft, daß Menschen ihre Verfügungsgewalt richtig anwenden. Der sozial verantwortete und gesteuerte Gebrauch der Macht ist nützlich und sinnvoll, vor allem dann, wenn – wie in der Aktivierung – die Fremdbestimmung ausschließlich dazu dient, die Lebenssphäre von Menschen zu bereichern.

2.2.3 Sozialnormen und Verhaltensmuster

Jede menschliche Gemeinschaft, ob Familie, Verein, Gemeinde, Region, Volk oder religiöse Vereinigung, entwickelt im Lauf der Zeit eine ganze Reihe Sozialnormen. Diese Normen gelten in der jeweiligen Gemeinschaft als absolut verbindlich und werden teilweise sogar mit strafrechtlichen Mitteln erzwungen. Alle Sozialnormen unterwerfen die gesamte Lebensführung und die Lebensäußerungen eines Menschen einer Reglementierung. Sozialnormen beschränken sich nicht darauf, die Verhaltensmuster vorzuschreiben, sondern greifen bis in den innersten, privaten und sogar intimsten Bereich eines Menschen ein. Schwierig kann es innerhalb einer Gemeinschaft, beispielsweise einem Alten- und Pflegeheim, werden, wenn Menschen mit unterschiedlicher Herkunft und damit unterschiedlichen Sozialnormen zusammenleben müssen.

Jeder Mensch entwickelt im Lauf seines Lebens bestimmte Verhaltensmuster, wobei sich durch Lebensalter, psychische und physische Einflüsse sowie durch berufstypische Gesten Veränderungen ergeben können. Einerseits sind diese Muster geprägt von den vorgebenen Sozialnormen innerhalb einer Gesellschaft, andererseits aber stark beeinflußt vom persönlichen Temperament, dem Herkommen aus einer bestimmten Bevölkerungsschicht, dem Umfeld in Familie, Bekanntenkreis, Beruf oder Schule (bei jungen Menschen auch Clique). Mit manchen individuellen Verhaltensmustern der Mitmenschen konfliktfrei umzugehen, erfordert bisweilen ein großes Maß an Geduld und Toleranz, an Einsichtsfähigkeit, Verständnis und Behutsamkeit. Gerade von Pflegepersonal muß erwartet werden, daß es sowohl die eigenen Verhaltensmuster als auch die der Betagten sorgsam registriert und darauf angemessen reagiert.

2.2.4 Die Rollen von Frau und Mann

Kaum etwas steht so im gegensätzlichen Meinungsstreit wie die Rollen von Frau und Mann und Mann und Frau. In jedem Kulturraum hat sich eine bestimmte Vorstellung davon entwickelt, was weiblich und männlich ist und wie sich demgemäß die betreffenden Individuen zu verhalten hätten. All diesen Theorien über Frau und Mann haftet ein substantieller Mangel an: Sie sind mehr weltanschaulich-ideologischer Normierungsversuch und damit von vornherein schon Ursache grober Fehldeutungen. Grundlage aller Deutungsversuche, was denn nun spezifisch weiblich oder männlich sei, ist der unbestreit- und auch sichtbare biologische Unterschied. Naturwissenschaftliche Erklärungen jedoch vermögen nicht, die in Jahrtausenden entstandenen Rollenvorstellungen und damit einhergehenden Rollenspiele der Geschlechter aufzuheben. Dies gilt insbesondere für die Betagten, die mit ganz konkreten Vorstellungen der Rollenverteilung aufgewachsen sind und diese in ihrem eigenen Verhalten fest verankert haben. Fachkräfte der Altenpflege müssen die „klassische" Rollenauffassung berücksichtigen. Sie dürfen sich bei ihrer Arbeit mit und zum Wohl der Betagten nicht von einer sozialpolitischen Utopie leiten lassen, die das Rollenspiel von Frau und Mann anders gewichtet oder gar aufhebt. Weit wichtiger ist, die derzeitige Realität der Rollenverteilung zu tolerieren und nutzbar zu machen. Dabei kann es durchaus von Vorteil sein, einerseits an die „klassische" Ritterlichkeit der Männer und die „klassische" Fürsorglichkeit der Frauen zu appellieren. Gerade Männer sind erfahrungsgemäß schwerer für Aktivierung zu gewinnen als Frauen. Da ist ein Anstacheln des „typisch männlichen" Ehrgeizes meist recht wirkungsvoll.

2.2.5 Sexualität – Norm und Wirklichkeit

Die Sexualität ist kreatürlicher und natürlicher Bestandteil des Menschen. Doch in großen Teilen der Welt, vor allem in den christlich und islamisch beeinflußten Ländern, gelten als Anschauungsgrundlage weniger die naturwissenschaftlichen Erkenntnisse über Sexualität, vielmehr sind Glaubensgrundsätze vorherrschend, die ihrerseits durch Gebote und Verbote die menschliche Sexualität zu reglementieren suchen. Die Sexualmoral (und die daraus resultierenden Sozialnormen) in den westlich geprägten Industrie- und Entwicklungsländern ist daher repressiv, d. h. auf die Unterdrückung einer frei gelebten Sexualität ausgerichtet. Gelebte Sexualität ist jedoch selbstverständlicher Bestandteil des Daseins – bis zum Lebensende. Es ist unrecht, dieses Recht jemanden zu nehmen. Auch nicht im Alten- und Pflegeheim. Pflegepersonal hat grundsätzlich keinerlei Recht, seine eigenen Vorstellungen über Sexualität im Alter zum verbindlichen Maßstab zu machen. Auch jegliche Kommentierungen haben zu unterbleiben, ebenso wie anzügliche und ungehörige Anspielungen in Gegenwart der betreffenden Betagten.

2.2.6 Betagte und ihre Erwartungshaltung

Die Erwartungshaltung mancher Betagter nährt sich auch aus dem Empfinden, für „sein gutes Geld" habe man alles zu erwarten, alles müsse machbar sein. Alle Funktionsträger der Altenpflege sollten durch sachliche Informationen überzogene Erwartungen der Betagten von vornherein in Grenzen halten.

2.2.7 Eitelkeitssyndrome bei Betagten und Pflegenden

Konkurrenzkämpfe innerhalb des Pflegepersonals sind keine Seltenheit. Vielfältig sind die Möglichkeiten, angebliche, aber auch tatsächlich vorhandene Fähigkeiten und Eigenschaften herauszustellen. **Wer sich aber in Selbstkontrolle übt und nicht nachläßt, gute Umgangsformen zu pflegen, hat es nicht nötig, sich anderweitig profilieren zu müssen.**

Auch Betagte sind vor Eitelkeitssyndromen nicht gefeit, vor allem, wenn es sich um neurotische Persönlichkeiten handelt: Sie reden bei jeder Gelegenheit von den vielen Blutzuckertests, Blutkontrollen, Harnkontrollen, dem nächsten Arztbesuch, den Medikamenten (welche die Apotheke selbstverständlich extra zustellen muß) und so fort. Publikumswirksam geschieht dies gerne im Aufzug, sozusagen in „geschlossener Gesellschaft", vornehmlich aber innerhalb der Aktivierungsgruppen. Dadurch entstehen Konflikte, die entsprechend bewältigt werden müssen.

2.2.8 Konfliktbewältigung

Wo Menschen aufeinandertreffen, sind Konflikte fast vorprogrammiert, obwohl nur selten jemand es darauf angelegt hat, Konflikte zu provozieren. Konflikte ergeben sich eher aus der seelisch unterschiedlichen Ausgangslage von Menschen. Auch in Pflege- und Aktivierungsbereich entstehen mitunter Konfliktsituationen, die es rasch auszuräumen gilt. Dabei ist entscheidend, das Interesse der konfliktauslösenden Person auf andere Dinge umzulenken. Recht schwierige Situationen können dann entstehen, wenn sich Betagte untereinander schlecht vertragen oder sich Schwächeren überlegen fühlen. Doch nicht nur verbalen, auch handgreiflichen Attacken muß gelegentlich Einhalt geboten werden. Pflegepersonal muß stets ausgleichend wirken; auch nonverbale Konfliktsituationen, die auf Vorurteilen, Verurteilungen und/oder Antipathie beruhen, müssen gezielt gesteuert werden.

2.3 Hauptfaktoren der psychophysischen Befindlichkeiten

Bei Betagten sind oft häufig wechselnde psychophysische Befindlichkeiten anzutreffen. Diese fallen meistens schneller auf, als sie gedeutet und ergründet werden können. In den folgenden Kapiteln (2.4.1 – 2.4.12) werden Hauptfaktoren psychophysischer Befindlichkeiten aufgezeigt. Für das gesamte Pflegepersonal ist es sehr wichtig, mitbestimmende Ursachen zu erkennen und diese den momentanen Lebensumständen, aber auch der Biographie der Betagten zuzuordnen.

2.3.1 Empfindsamkeit und Empfindlichkeit

Gefühlsbewegungen bei empfindsamen Menschen spielen sich meist verhalten ab. Bei empfindlichen Menschen hingegen genügt oft der kleinste Anlaß, um sie zu verstören oder zornig zu machen. Empfindsamkeit und Empfindlichkeit erhalten sich auch bei retardierten Persönlichkeiten und äußern sich auf unterschiedliche Weise. Vor allem dann, wenn die Sprache als Kommunikationsmittel fehlt. Empfindsamkeit kann sich dann beispielsweise in völligem Verstummen ausdrücken, der betreffende Betagte scheint bedürfnislos oder gar gefühlsarm zu sein. Empfindlichkeit dagegen kann sich gelegentlich auch in tätliche Angriffe verwandeln: die betreffenden Betagten schlagen nach dem Personal oder beißen. Da ist es vorteilhaft, um den Ursprung zu wissen, den diese unterschiedlichen Verhaltensweisen haben.

2.3.2 Zeit und Zahl

Insgesamt ist unsere Erfahrungswelt großenteils in Zahlenwerte gefaßt, in gemessene und vermessene Welten. Ein Reiseziel konnte in früherer Zeit eine „Tagreise" entfernt liegen, indes in der heutigen Zeit Wegstrecken in Kilometern gemessen, angezeigt und beschrieben werden. Auch die Zeit ist für die meisten Menschen zum reinen Zahlbegriff geworden, der keine nennenswerten inneren Bildassoziationen mehr auszulösen vermag, im Gegensatz zu „am frühen Morgen" oder „in den Abendstunden". In der Tat ist die moderne Welt ein Zahlengerüst, wenn nicht gar ein Zahlenkäfig: Da sind Telefonnummern, Faxnummern, Postleitzahlen, Bankleitzahlen, Gerätenummern, Fahr- und Flugpläne, Arbeitszeiten, Kunden-, Auto-, Krankenkassen-, Paß- und sonstige Nummern. All diese Zahlen sollen Ordnungs-, Struktur- und Orientierungshilfe sein. Doch die dem Menschen angediente Menge der Zahlen führt oftmals dazu, die erhoffte Klarheit unklar werden zu lassen. Auch in der Kulturgeschichte der Menschheit haben Zahlen ihren festen Platz und unterschiedliche Bedeutung. Diese steht häufig in Beziehung zu Göttern, Menschen, Natur und Naturvorgängen, hat also magischen Charakter. Um diese Zahlengebundenheit fast aller Menschen und somit auch der Betagten zu wissen, ist hilfreich und wertvoll für aktivierende Pflege, aber auch für das Erkunden möglicher Desorientierung von Pflegebedürftigen.

2.3.3 Warten als Lebenszustand

Sobald jemand durch seine psychophysischen Befindlichkeiten in Abhängigkeit gerät, also hilfsbedürftig wird, ist das Warten programmiert. Es wird zum dominierenden Lebensbestandteil bis zum Lebensende.
Der Zustand des Wartens wird unterschiedlich erlebt: Manche Betagte können noch agieren, d. h. Wünsche und Bitten äußern und sich durch den Schwesternruf (Klingel) bemerkbar machen. Das Warten ist ein aktives; in einem unterschiedlich langen Zeitraum wird gewartet mit dem Ziel, sich Gehör zu verschaffen. Dem Anliegen wird irgendwann entsprochen und das Warten beendet. Im Zustand der Verwirrtheit kann das Warten zum Dauerzustand werden, beispielsweise wenn Betagte auf Angehörige (Eltern oder Großeltern) warten, die nie mehr kommen können. Dieses Warten ist passiv, da es niemals die Erfüllung der fast zwanghaften Hoffnungen bringen kann. Oft steht das Warten auch in direktem Zusammenhang zu Ängsten und Verstimmungen. Dem kann mit Aktivierung gegengesteuert werden.

2.3.4 Tod und Trauer

In den Einrichtungen der Altenhilfe ist der Tod allgegenwärtig. Deshalb erleben betagte Menschen, die ja schon von den nächsten Angehörigen, von Freunden, Schulkameraden, Nachbarn etc. Abschied nehmen mußten, Tod und Trauer stets aufs Neue, wenn Mitbewohner sterben. So ist es kaum verwunderlich, daß auch aus solchen Gründen Ängste und Verstimmungen die Gefühle Betagter beherrschen können. Die meisten Unterhaltungen über Todesfälle und deren Umstände, auch und gerade in Alten- und Pflegeheimen, haben ausgesprochenen Klatschcharakter. Bei Betagten jedoch kann durch solche Unterhaltungen das (möglicherweise angstbesetzte) Bewußtsein des nahenden eigenen Todes geweckt werden. Nachhaltige depressive Verstimmungen sind die Folge. Deshalb sollten Pflegekräfte nach Möglichkeit, schon im Interesse der ihr anvertrauten Menschen, solche „Totengespräche" behutsam zu vermindern trachten.
In den Einrichtungen der Altenhilfe wird die Bekanntgabe eines Todesfalles höchst unterschiedlich praktiziert. – Die Häufigkeit der auftretenden Todesfälle im Alten- und Pflegeheim ist auch für das Personal eine außerordentlich belastende Situation. Wer sich der Altenpflege verschreibt, muß das wissen und sich den Problemen stellen.

2.3.5 Ängste und Verstimmungen

Bekümmerte, freudlose Gesichter signalisieren stets Ängste und Verstimmungen. Außerdem ist die Situation der Betagten Nährboden für zahlreiche Ängste und Verstimmungen. Wichtig: Mitarbeitern in Einrichtungen der Altenhilfe bietet sich alltäglich der Anblick Betagter mit den unterschiedlichsten Merkmalen von Pflegebedürftigkeit in konzentrierter Form. Dabei besteht die Gefahr, sich an den Anblick zu gewöhnen. Ängste und Verstimmungen werden deshalb unter Umständen gar nicht wahrgenommen.

2.3.6 Hypochondrische Gespräche

Überall, jedoch in Alten- und Pflegeheimen häufiger, sind hypochondrische Persönlichkeiten anzutreffen. Übertriebene Selbstbeobachtungen ihrer eigenen körperlichen Befindlichkeiten sind zum Lebensinhalt, ja zur Lebensaufgabe geworden. Möglicherweise hat sich die Hypochondrie durch den Umfeldwechsel noch verstärkt. Hypochondrische Persönlichkeiten lassen keine Gelegenheit aus, über ihre körperlichen (manchmal auch seelischen) Befindlichkeiten zu sprechen. Dabei ist die (sicherlich unbewußt) angewendete Taktik interessant. Bei hypochondrischen Gesprächen hilft nur: Unterbrechen und Umpolen auf ein anderes Thema!
Es ist unstrittig erfreulich, wenn Angehörige, Freunde, Bekannte etc. die Betagten im Heim besuchen. Doch manchmal finden sich auch unter den Besuchern hypochondrische Persönlichkeiten. Die Betagten sind ihnen dann hilflos ausgeliefert und kommen kaum zu Wort. Ein klärendes Gespräch seitens des Personals mit solchen Besuchern ist unerläßlich.

2.3.7 Aberglaube

Fast nichts ist so unausrottbar wie der Aberglaube, aber auch nichts von ähnlicher Torheit. Ungeachtet dessen werden weit mehr Sozialnormen, Verhaltensformen und Lebensveränderungen vom Aberglauben bestimmt, als es einer modernen, vernunftorientierten Gesellschaft zuträglich sein kann. Wie sozialwissenschaftliche Untersuchungen und Meinungsumfragen bestätigen, haben in Europa und Nordamerika mehr als 50 Prozent der Bevölkerung irgendwelche abergläubischen Vorstellungen.
Vom Zeitungshoroskop und dem gesamten äußerst fragwürdigen Gebiet der Astrologie bis hin zu angeblichen Unglücksboten wie schwarze Katzen oder Käuzchenschrei ist nichts albern genug, um nicht von vielen Menschen für wahr gehalten zu werden. Auch in außereuropäischen Ländern gehören viele Formen des Aberglaubens zum Alltag der Bevölkerungsmehrheit.

Der Aktivierungsbetreuer wird mit den Ausflüssen abergläubischer Weltbetrachtung zwangsläufig konfrontiert. Verzichten sollte der Aktivierungsbetreuer auf einen generellen Kampf gegen den Aberglauben. Nur dort, wo der Aberglaube des einzelnen den Betreffenden selbst oder andere Betagte zu schädigen imstande ist, muß der Aktivierungsbetreuer seinen korrigierenden Einfluß geltend machen. Zumindest im Heim ist das soziale Miteinander wichtiger als das individuelle Recht des einzelnen, seine irrationalen Gedanken zu äußern und damit die Mitbewohner zu irritieren oder gar zu ängstigen.

2.3.8 Kriegs- und Vertreibungserinnerungen

Die Generationen jetzt Betagter sind mit den Folgen zweier Weltkriege belastet bzw. von unterschiedlichen Arten der Erlebnisverarbeitung geprägt. So werden in Gesprächen Verlustängste, materielle Ängste, aber auch Verbitterung, Unversöhnlichkeit, Haß und Nationalitätenprobleme spürbar. Feindbilder haben sich zumeist unverändert erhalten. Dies vor allem bei den männlichen Betagten, den alten Kriegsveteranen. Im Zustand der Verwirrtheit kommt es vor, daß Betagte, zumeist Frauen, Flucht und Vertreibung als real nochmals erleben und in panischer Angst die Koffer packen.

Für die Nachgeborenen, vor allem für ganz junge Menschen, ist der Umgang mit Kriegs- und Vertreibungserinnerungen betagter Menschen außergewöhnlich schwierig. Diese Probleme werden bleiben: In den kommenden Jahrzehnten rücken die Generationen des 2. Weltkriegs nach, und viele dann Betagte unter ihnen werden an ihrer belasteten Kindheit zu tragen haben. Zugleich werden sich in den Einrichtungen der Altenhilfe viele unserer ausländischen Mitbürger befinden, die unter Umständen in ihren Heimatländern ähnliche Erlebnisse gehabt haben.

2.3.9 Ethnische Vorurteile

Die Generationen jetzt Betagter sind familiär zumeist durch eine intolerante Lebensauffassung, aber auch durch politische Erziehung geprägt worden. Daher zeigen nur wenige unter ihnen Toleranz für andere Kultur- und Lebensgemeinschaften. Massive Existenzängste verstärken ethnische Vorurteile und sind ursächlich wiederum den Kriegs- und Vertreibungserinnerungen zuzurechnen. Den Generationen jetzt Betagter fehlen nämlich weitestgehend positive Begegnungen mit Menschen anderer Kulturen und Lebensgemeinschaften, wie sie z. B. durch Reisen und Urlaub hätten erlebt werden können. Daher muß es ein großes Anliegen sein, innerhalb der Aktivierungsangebote ethnische, rassische und kulturelle Vorurteile abzubauen und das Verständnis für Fremdes, Andersartiges zu wecken.

2.3.10 Körperlich bedingte Verlustgefühle

Seelische Verstimmungen Betagter, Unlustgefühle und Aggressionen, werden vom Personal manchmal oberflächlich als Unzufriedenheit gedeutet und die Betreffenden als ewige Nörgler gebrandmarkt. Statt dessen muß überlegt werden, inwieweit Unlustgefühle ursächlich von körperlichen Verlustgefühlen herrühren. (Dabei ist zu bedenken, daß viele Betagte mit Mehrfachverlusten leben müssen.)

Einige Beispiele:

- **Haarverlust**
- **Verlust eines Auges**
- **Sehverlust, bis zur Blindheit**
- **Hörverlust, bis zur Taubheit**
- **Zahnverlust**
- **Verlust des Geruchssinns**
- **Verlust des Geschmackssinns**
- **Stimmverlust**
- **Sprachverlust**
- **Bewegungsverlust nach Schlaganfall**
- **Bewegungsverlust durch Multiple Sklerose**

- **Bewegungsverlust nach Amputationen (Extremitäten)**
- **Verlustgefühle nach Mamma-Amputationen**
- **Kontrollverlust über die Ausscheidungsorgane (Inkontinenz)**
- **Verlust der Bewegungskoordination**
- **Verlust grobmotorischer und feinmotorischer Fähigkeiten**
- **Gedächtnisverlust**
- **Verlust uneingeschränkten Genusses von Nahrungsmitteln, z. B. bei Diabetes**
- **Verlust oder starke Minderung der sexuellen Fähigkeiten**

2.3.11 Wertverlust durch Retardierung

„Oh, ich bin nichts mehr wert!" „Mit mir ist nichts mehr los!" „Wir sind so hilflos wie kleine Kinder." „Ich bin ein Nichtsnutz geworden." „Wozu bin ich noch auf der Welt?"
Das sind Aussprüche betagter Menschen. Daraus spricht das Gefühl, nicht mehr intakt und deshalb nichts mehr wert zu sein. Das *Bewußtwerden* des (vermeintlichen) *sozialen Unwertes* wird manchmal durch unbedachte, abfällige Bemerkungen seitens des Personals, aber auch durch Angehörige Betagter *verstärkt.*

Wichtig:

Die Selbstaussagen Betagter machen deutlich, daß sie ihre Retardierung insgesamt oder auf Teilgebieten bewußt wahrnehmen und darunter leiden! Dem gegenzusteuern ist vordringliche Aufgabe des gesamten Personals.

2.3.12 Affektauslösende Zeichen und Symbole

Ein Sinnesreiz vermittelt nicht nur eine rein sachliche Information, sondern löst darüber hinaus auch noch mannigfache Gefühle aus. So wird eine wahrgenommene Farbe angenehme oder unangenehme Empfindungen hervorrufen, je nachdem, welche Erinnerungen, Erwartungen, Funktionen und ästhetischen Maßstäbe mit dieser Farbe verknüpft werden. Auch die Form, die Gestalt der von uns wahrgenommenen Dinge beeinflußt nachhaltig die dadurch ausgelösten Gefühle. So können hoch aufragende Bauten oder Berge durchaus Beklemmung verursachen, kugelige Formen heiter und zufrieden stimmen. Gestaltformen, die dem Menschen schon seit Jahrtausenden vertraut sind, können selbst dann starke Affekte auslösen, wenn die Wahrnehmungsphase sehr kurz ist oder nur undeutliche Umrisse zu erkennen sind. Viele der naturgegebenen und künstlich geschaffenen Formen und Zeichen haben Symbolcharakter, d. h. sie verkörpern bildlich den Begriffs- oder Gefühlsinhalt, den Menschen jeweils mit einer bestimmten Form verbinden, und deshalb löst die Wahrnehmung auch recht unterschiedliche Gefühle aus. Starke Affekte werden erfahrungsgemäß durch politische und religiöse Symbole ausgelöst, aber auch durch Zeichen der Zuneigung, der Sympathie, der Freude, der Tätigkeit und der Lebensbejahung. Gerade die letzteren lassen sich sehr vorteilhaft in der Aktivierung nutzen.

2.4 Methodisch-didaktische Planung

Grundlage professionellen Arbeitens ist die methodisch-didaktische Planung. Ihre Anwendung unterscheidet den Könner vom Laien. Sie ist unerläßlich. **Die Methode** ist das „Wie“ und bedeutet planmäßige Arbeitsweise, richtige und sinnvolle Reihenfolge verschiedener Arbeitsgänge zur richtigen Zeit am richtigen Ort. **Die Didaktik** ist das „Was“. **Methodisch-didaktische Planung** bedeutet: *Wie* mache ich *was*, wobei die Zeiteinteilung eine wichtige Rolle spielt.

2.4.1 Personenbezogene Planung

In der personenbezogenen Planung zeigt sich das Bemühen, jeden Betagten als individuelles Einzelwesen ganzheitlich zu erfassen. Die physischen und psychischen Befindlichkeiten, Eigenheiten, Wesensart, die Biographie und in speziellen Situationen auch der Kulturkreis der Betagten, müssen stets im Blickfeld sein. Dabei sind alle noch vorhandenen Möglichkeiten zu nutzen und hierfür optimale Voraussetzungen zu schaffen.

2.4.2 Sachbezogene Planung

Sachbezogene Planung umfaßt das jeweilige Umfeld, Gegenstände, Material und in diesem Zusammenhang Sicherheit und Unfallverhütung. Dazu gehört auch die sichere Handhabung von Geräten.

2.4.3 Heimbezogene Planung

Der Aktionsradius von Aktivierungsbetreuern ist umfangreich. Daher ist wichtig, das Gebäude, seine Architektur, Funktion und Nutzung der Räume, die Transportwege und Transportmöglichkeiten zu kennen und die Arbeitswege als Zeitfaktor richtig einzuschätzen, um Störungen und Unterbrechungen weitestgehend zu vermeiden. Durch die eigene Vertrautheit mit den Gegebenheiten des Hauses vermitteln Pflegekräfte den Betagten ein Gefühl der Sicherheit und des Beherrschens. Vor allem, da die jeweiligen Situationen in einem Heim für die Betagten zunächst fremd und irritierend sind.

2.4.4 Kriterien des Planungsprozesses

Hausinterne Informationen (Heime, Pflegedienste) sind unerläßlich und für das gesamte Pflegepersonal gleichermaßen verbindlich: Das betrifft regelmäßige Veranstaltungen der Woche, Veranstaltungen/Darbietungen des Monats, Veranstaltungen/Darbietungen des Jahres. Grundsätzlich ist eine komplette, vorab ausgearbeitete Jahresplanung unbedingt anzustreben. Sie strukturiert von vornherein den Gesamtrahmen kultureller und sonstiger Veranstaltungen (einschließlich der Ausflüge), steuert rechtzeitig die Belegung bestimmter Räume, erleichtert die Organisation insgesamt, bis hin zu den Dienst- und Urlaubsplänen des ganzen Personals in allen Bereichen der Einrichtung.

2.4.5 Formen der Dokumentation

In den Einrichtungen der Altenhilfe sind unterschiedliche Dokumentationssysteme in Benutzung. Sie haben die berüchtigte „Zettelwirtschaft" weitestgehend verdrängt. Übersichtlich gestaltete Formblätter strukturieren pflegerische und medizinische Maßnahmen ebenso wie aktivierende. Die Dokumentation muß dem Aktivierungsbetreuer zugänglich sein, **er muß sie lesen!** Außerdem sind seine eigenen Beobachtungen innerhalb der Aktivierung ebenfalls zu dokumentieren:

- Besondere Befindlichkeiten der Betagten
- Auffälligkeiten in der psychophysischen Verfassung, positiv oder negativ
- kleine Fortschritte und Verschlechterungen
- besondere Vorkommnisse

Eine konstruktive Teamarbeit zwischen Pflegepersonal, Aktivierungsbetreuern und den Fachdiensten ist dabei unerläßlich.

2.4.6 Erweiterung des Planungsprozesses

Sobald sich bei den Betagten durch Übung und Training (der Körperfunktionen) positive Veränderungen abzeichnen, muß der Planungsprozeß erweitert oder neu abgesteckt werden. „Fördern durch Fordern" muß das Anliegen aller beteiligten Mitarbeiter sein. Selbstverständlich kann es auch vorkommen, daß ein bestehender Planungsprozeß abgeschlankt bzw. aufgehoben werden muß: Gar nicht so selten nämlich und manchmal gänzlich unverhofft kündigt sich bei Betagten die Agonie an (der Zustand kurz vor dem Tod mit dem allmählichen Erlöschen aller Lebensäußerungen). Solche gravierenden Veränderungen in der psychophysischen Verfassung müssen aufmerksam beobachtet und unter allen Umständen als Alarmsignal erkannt werden. Der gesamte Planungsprozeß muß sofort radikal geändert werden.

Hinweis:

Die Gefahr ist groß, veränderte Befindlichkeiten der Betagten als Unlust, Sich-gehen-lassen, Sich-hängen-lassen, ja sogar als Bequemlichkeit zu mißdeuten.

2.4.7 Umsicht im Pflegezimmer

Sobald sich Betagte im Pflegezimmer selbst überlassen bleiben (und dies ist häufiger der Fall, als wünschenswert wäre), **ist sachbezogene und personenbezogene Umsicht unerläßlich**. Letztere ist für die Selbstaktivierung der Betagten besonders bedeutsam.

Folgende Auflistung bezieht sich auf einen insgesamt geistig rüstigen Personenkreis:

Bettlägerige Betagte
Am Tisch sitzende Betagte, nicht gehfähig (Rollstuhl)
Am Tisch sitzende Betagte, noch gehfähig

Standardisiertes Überprüfungsmuster Umsicht **sachbezogen**	
Bettgitter, falls nötig, hochgestellt?	**Raumtemperatur angemessen?**
Bettposition in Ordnung?	**Raum zugfrei?**
Bett fixiert?	**Lichtverhältnisse der Tageszeit angemessen?**
Lagerung bequem?	**Lage bezüglich Sonneneinstrahlung berücksichtigt?** (Vorhang, Jalousie, Rolladen)
Klingel erreichbar?	**Stolperfallen beseitigt?** (z. B. Kabel)
Nachttisch in Reichweite?	**Boden frei von etwaigen Pfützen und Essensresten?**
Getränke in Griffnähe?	**Gefährdende Gegenstände entfernt?** (Eimer auf dem Boden, Gefäß für Fußbad u. ä.)
Trinken veranlaßt? (Falls Betagte von sich aus nicht selbst trinken)	

Standardisiertes Überprüfungsmuster Umsicht **personenbezogen**	
Sitzposition angenehm?	**Strickjacke/Bettjäckchen/Stola erwünscht?**
Wird Brille gebraucht?	**Kniedecke erwünscht oder greifbar?**
Brille in Griffnähe und sauber?	**Deckbett der Jahreszeit/Raumtemperatur angemessen?**
Zahnprothese eingesetzt?	**Gehhilfen in Griffnähe?**
Hörgerät eingesetzt und funktionsfähig?	**Abreißkalender mit richtigem Kalenderdatum?**
Schuhwerk in Ordnung (Verschlüsse)?	**Uhr(en) – Armbanduhr, Zimmeruhr richtig gestellt?**
Taschentücher in Griffnähe?	**Blumen/Pflanzen versorgt oder bei Bedarf entsorgt?**
Kölnisch Wasser/Erfrischungstücher in Griffnähe?	**Obstkörbchen in Reichweite? (Evtl. verdorbenes Obst entsorgt?)**
Lesestoff in Griffnähe?	**Obstmesser in Greifweite?**
Handarbeiten/Hobbymaterial in Griffnähe?	**Gebrauchtes Geschirr entfernt?**
Rundfunksendung an? Aus?	**Informationen über mögliche Termine/Vorhaben/Aktivitäten weitergegeben?**
Fernsehen an? Aus? (Fernbedienung in Griffnähe?)	**Nach Wünschen gefragt?**
Tonträger (Plattenspieler, CD-Player, Kassettengerät) an? Aus?	**Hat der Aktivierungsbetreuer auf die eigene bevorstehende Abwesenheit hingewiesen?** (Minuten, Stunden, Tage oder Urlaub; bei längerem Fernbleiben evtl. verabschiedet?)

Telefon in Reichweite?	**Zusage auf baldige Rückkehr gegeben?** (Bei kürzerem Fernbleiben am selben Tag)
Kleidung angemessen?	**Hinweis auf Schwesternruf/Klingel gegeben?**
Wichtig: Rundumblick im Zimmer zur abschließenden Kontrolle erfolgt?	

Zu unterschiedlich sind die Krankheitsbilder und Gebrechlichkeiten Betagter, entsprechend vielfältig die ganz individuellen Befindlichkeiten und/oder liebgewordenen oder auch zwanghaften Gewohnheiten. Daher ist das Überprüfungsmuster stets zu ergänzen oder zu ändern. Veränderungen sind bereits bei *desorientierten, verwirrten* Betagten angezeigt.

Umsicht erleichtert nicht nur erheblich die Arbeit des Pflegepersonals (durch Vermeiden von unnützen Zusatzarbeiten, die durch Vergessen zwangsläufig entstehen).

Umsicht verbessert vor allem entscheidend die Lebensqualität der Betagten, die dann weitgehend zufrieden sind und sich wohl fühlen.

2.4.8 Arbeitswege als Zeitfaktor

Die logische Konsequenz aus der Abhandlung 2.4.7 ist: Durch Umsicht im Pflegezimmer werden Schwestern- bzw. Klingelrufe von vornherein reduziert. Viele lange Wege bleiben erspart. Die kostbare Zeit des Personals kann dann sinnvoll und adäquat allen Betagten der Station zugute kommen. Auch im Nachtdienst spielen Arbeitswege eine große Rolle.

2.4.9 Ökonomie und Ökologie der Arbeitsmittel

Ökonomie bedeutet Wirtschaftlichkeit, sparsame Lebenshaltung, kaufmännische Überlegung. Um auch in der Aktivierung wirtschaftlich arbeiten zu können, ist ein Etat (Finanzrahmen) pro Jahr unerläßlich. Er muß auch in engem Zusammenhang mit der Jahresplanung gesehen werden. Anhand der geplanten Veranstaltungen, Feste etc. zeichnet sich der ungefähre Materialbedarf ab.

Ökologie, heutzutage in aller Munde, bedeutet im Zusammenhang mit der Aktivierung:

In Gegenwart Betagter Materialien vermeiden mit
- scharfen Gerüchen
- starken Gerüchen
- ätzenden Stoffen
- allergieauslösenden Stoffen

Hinweise und Informationen zur Gefährlichkeit und Wirkweise von chemischen Stoffen halten die Verbraucherzentralen bereit oder sind auch beim Ökoinstitut in Freiburg zu erfragen.

Lieber einmal mehr gefragt, als einmal zuviel die Betagten unbewußt in Gefahr gebracht!

2.5 Aktivierung der Sinne

Die Wahrnehmung eines Sinnesreizes ist subjektiv, d. h. eine persönliche Empfindung und dadurch auch Erinnerungsträger. Durch den Umfeldwechsel der Betagten fehlt es an vielen Sinnesreizen optischer und akustischer Art, an Geruchsreizen, Geschmacksreizen, an Reizen für Haut und Bewegungsapparat. In den Aktivierungsprogrammen dieses Buches finden sich mancherlei Hinweise zur Vernetzung der verschiedenen Sinnesreize. Die Vernetzung muß schrittweise entwickelt werden, um so allmählich die Sinne der Betagten zu aktivieren.

2.5.1 Betagte sind keine Kinder

Die Hilfsbedürftigkeit und Hilflosigkeit Betagter hinterläßt oft den Eindruck kindlicher Abhängigkeit. Dadurch wird manchmal das Personal in Einrichtungen der Altenhilfe zu unkontrollierten Redensarten verleitet:

„Jetzt tun Sie schön essen."
„Jetzt gehen wir schön schlafen."
„Geben Sie doch der Tochter/dem Sohn schön die Hand."
„Tun Sie doch mal die Nase putzen."
„Erzählen Sie doch mal ..."
„Zeigen Sie doch mal ..."
usw.

Doch nicht nur im täglichen Umgang lauert die Gefahr der Verkindlichung Betagter: **Auch falschverstandene Programmgestaltung kann Betagte zu Kindern degradieren.**

2.5.2 Grundvoraussetzungen der Programmgestaltung

Viele Betagte sind durch ihre psychophysischen Befindlichkeiten geprägt, eingeschränkt und behindert. Diese Tatsache kann und darf für den Aktivierungsbetreuer **kein Freibrief** sein, **verkindlichte Programme zu gestalten**, nach dem Motto: „Die (die Betagten) kriegen ja doch nicht alles mit, wozu sich also anstrengen." ***Maßstab aller Programmgestaltung:*** Aktivierung muß sich grundsätzlich an den **Bedürfnissen Erwachsener** und speziell an den **Bedürfnissen Betagter** orientieren. Dabei ist zu prüfen, ob die methodisch-didaktische Aufbereitung des jeweiligen Programmangebots diesen Kriterien entspricht.

2.5.3 Restkortikale Aktivierung

Bei restkortikaler Aktivierung handelt es sich um den Versuch, intakt gebliebene Teile des Neocortex, also des Großhirns und der dort gespeicherten Inhalte, wieder dem Menschen wenigstens teilweise verfügbar zu machen oder doch zumindest – durch die dadurch freigewordenen Erinnerungsschnipsel – zur Gemütsaufhellung der retardierten Persönlichkeit beizutragen. Um Restfähigkeiten Betagter aktivieren zu können, sind biographische Kenntnisse unerläßlich: Bruchstückhafte Äußerungen, halbe Sätze, angedeutete Silben anhand von Lieblingsinteressen, Lieblingsgerüchen lassen sich manchmal wie ein Mosaik zusammensetzen. Durch aufmerksame Beobachtung lassen sich auch motorische Restfähigkeiten feststellen, die im Alltagsgeschehen, aber auch bei gestalterischen Aktivitäten für die Betagten bedeutsam sind.

2.5.4 Ästhetik und Aktivierung

Seit dem 18. Jahrhundert ist Ästhetik die Lehre vom Schönen in Kunst und Natur. Ästhetik ist, wie viele andere Bereiche auch, häufig an den Kulturraum gebunden, in dem teilweise über Jahrhunderte bestimmte Schönheitsideale entstanden sind. So gibt es also durchaus mehrere Anschauungsarten davon, was als Ästhetik zu gelten habe. Grundsätzlich aber läßt sich sagen: Ästhetisch bedeutet schön, geschmackvoll, ansprechend, ausgewogen, harmonisch und gleichzeitig auch ideenreich und anspruchsvoll. Das Gegenteil dieser Eigenschaften wird an folgenden Alltagsbeispielen deutlich:

- Der schludrig gedeckte Eßtisch
- Der ins Einmachglas gestopfte Blumenstrauß
- Das mit Reißzwecken/Tesafilm/Leukoplast befestigte Bild oder Kalenderblatt an der Wand
- Der auf Leukoplast geschriebene Namenszug des Betagten, angeklebt an seinem Rollstuhl (womöglich noch in Amtsdeutsch: „Müller, Gustav")

Ästhetik als Oberbegriff wird mit sehr vielen Bereichen des Lebens verbunden:

- **Bildästhetik**
- **Gestaltungsästhetik**
- **Farbästhetik**
- **Landschaftsästhetik**
- **Körperästhetik**
- **Gesinnungsästhetik**
- **Raumästhetik**
- **Klangästhetik**
- **Bewegungsästhetik**
- **Warenästhetik**
- **Bauästhetik**
- **Geruchsästhetik**

Ästhetik in der Aktivierung

1. Schönes auch schön zu gestalten, gehört zur Aktivierung wie das Salz zur Suppe. D. h.: Teile von Werkarbeiten, die von Betagten mit ihrer zumeist kleinen Kraft hergestellt werden, sind vom Aktivierungsbetreuer stets sorgfältig und handwerklich gut zu einem Ganzen zusammenzufügen. Dadurch wird das Selbstwertgefühl der Betagten erheblich gestärkt.

2. Schaustücke zur Programmgestaltung sollten dem Betagten auch unter ästhetischen Gesichtspunkten dargeboten werden: Naturalien beispielsweise lassen sich besonders hübsch zusammenstellen. So, wie bei einer appetitlich angerichteten Speise das Auge „mitißt", verhält es sich mit der Präsentation von Materialien. Fazit: Was nicht beeindruckt, kann auch nicht aktivieren.

2.5.5 Aktivierung durch Augenkontakt

Blicke gehören zu den aktivierenden Elementen. Ein direkter, festhaltender Blickkontakt ist recht wirkungsvoll, gilt er doch dem Gegenüber ganz persönlich. So können unentschlossene, unwillige oder gar mißgelaunte Betagte durch Augenkontakt oftmals zu einer Aktivität ermuntert werden. Soweit irgend möglich muß Blickkontakt allerdings auf derselben Blickhöhe erfolgen. Viel zu oft müssen sitzende und liegende Betagte zum Personal hochschauen. Viele Gefühle der Hilflosigkeit sind durch diesen Niveauunterschied entstanden und entstehen jeden Tag aufs Neue. Auch bei Gesprächen mit Bettlägerigen sollte darauf bewußt geachtet werden.
Auch am Sterbebett gibt es Niveauunterschiede im Blickkontakt mit dem Sterbenden. Vor allem dann, wenn Pflegende und/oder Angehörige, also mehrere Personen, um das Bett herumstehen. Wir wissen nicht, wie diese Situation auf den Sterbenden möglicherweise wirkt, wenn er noch bei Bewußtsein ist. Selbstverständlich müssen lindernde Handreichungen des Pflegepersonals bei der Sterbebegleitung im Stehen ausgeführt werden. Nachdenkenswert ist jedoch, ob sich Augenkontakt auf gleicher Höhe mit dem Sterbenden wohltuend auf ihn auswirken könnte.

3 Farben und bildhaftes Gestalten

Farben stimulieren. Damit aber eine Farbe stimulierend wirken kann, muß sie von den Betagten auch wahrgenommen werden können. Viele von ihnen sind sehschwach.

1. Die Auswahl von Farben und farbigen Materialien muß immer sehr durchdacht sein. Auch auf entsprechende Kontrastfarben ist beim Hantieren mit Materialien ebenso zu achten wie bei der Bildgestaltung.
2. Das zu gestaltende Motiv muß ebenfalls wahrnehmbar sein, sich eindeutig vom Hintergrund abheben. Nur dann können sich die Betagten am gemeinsam gestalteten Bild erfreuen.
3. Die optische Wahrnehmbarkeit läßt sich bei manchen Bildkompositionen noch steigern, indem Materialien plastisch aus dem Bild herausragen (siehe Werkbögen).

3.1 Außenwelt – Innenwelt

Im Laufe seines Lebens sammelt und speichert der Mensch unzählige optische Eindrücke und Bilder seiner Außenwelt. Seine Innenwelt ist gewissermaßen sein Privatkino. Weil die meisten Menschen jedoch fünf Sinne haben, bleibt die optische Vorstellung kein Stummfilm, sondern wird auch mit Stimmen, Tönen und Geräuschen belebt, mitunter sogar mit Gerüchen (Blumen, Holzfeuer). Durch Farben und bildhaftes Gestalten lassen sich im Altgedächtnis archivierte „Filmrollen" aus dem Leben der Betagten wieder abspulen!

3.1.1 Aspekte des Auges und des Sehens

– Erhalt der motorischen Augenbeweglichkeit –

Eine seelische Verarmung aufgrund mangelnder Anflutung auch visueller Reize ist sehr schnell erreicht. Damit geht gleichzeitig ein Abbau kognitiver Fähigkeiten und daraus resultierender Intelligenzverlust einher. Das Training des Auges ist deshalb bei einer Aktivierung unverzichtbar. Denn eine richtig wahrgenommene Umwelt ist notwendig (auch für die Einordnung von synchronen, d. h. gleichzeitigen, und diachronen, d. h. nacheinander stattfindenden Abläufen), um Verwirrtheit vorzubeugen. Je weniger ein Mensch in der Lage ist, sein Umfeld und damit auch sich selbst optisch richtig zu erfassen (psychovisuelle

Koordination), um so eher ist die Gefahr gegeben, in einen Zustand der gemutmaßten Verlorenheit und der daraus folgenden Irritationen zu gelangen.

3.1.2 Lebensquell Farbe

Wenn jenseits des Polarkreises sich für zwei Monate die Polarnacht über das Land legt, nehmen bei der Bevölkerung Gereiztheit (und der daraus resultierende Alkoholkonsum), Verstimmungen, Depressionen und Suizidgedanken zu. Das kommt nicht von ungefähr: Der Mangel an Licht und Farben wirkt sich überall höchst nachteilig und nachhaltig aus.
Farben gehören unverzichtbar zum menschlichen Dasein. Ob Gartenschauen, Blühendes Barock, Tulpenhof und Dahlien- oder Rosenausstellungen: Nach einem Besuch ist der Beschauer durch die intensiven Farbeindrücke noch lange gebannt und freundlich gestimmt. Farbe beeinflußt und bereichert das Innenleben, wird zum Anlaß heiterer Grundstimmung. Da Betagte in einem nahezu vollständigen Abhängigkeitsverhältnis leben, muß ihnen dieser Lebensquell vornehmlich im Rahmen der Aktivierung stets aufs neue erschlossen werden.

3.1.3 Das Entdecken der Farbigkeit

Beispiel:
In der ersten Werkstunde mit einer Betagtengruppe wird zunächst Wolle in fast allen Farben und Tönungen auf den Tisch gelegt. Manche der Knäuel haben sich aufgelöst und müssen nochmals aufgewickelt werden. Die Aktivierungsbetreuerin ermuntert die Betagten, zuzugreifen und zu nehmen, was gefällt. Darauf meint Frau R zu ihrer Tischnachbarin, Frau F: „Wir nehmen gedeckte Farben", und greift nach Wolle in Beige. Frau F. pflichtet bei: „Ja, ja, ich nehme auch gedeckte Farben" und schnappt sich einen grauen Wollknäuel. Reihum werden alle düsteren, stumpfen und freudlosen Farben bevorzugt.

In den darauffolgenden Wochen werden verschiedene Textilbilder gestaltet mit Blüten aus Wolle in leuchtenden Farben. Dazu wird fröhlich-bunte Wolle in großer Auswahl bereitgelegt. Jetzt fragt die Aktivierungsbetreuerin die Betagten: „Welche Farbe erinnert Sie an Blumen, die Sie kennen?" Eine lebhafte Unterhaltung entspinnt sich über Gartenblumen, Wiesenblumen, blühende Sträucher. Nun werden die Betagten aufgefordert, eine Farbauswahl für Wollblüten zu treffen. Erstaunt hört die Aktivierungsbetreuerin Kommentare wie die: „Ich nehme heute das Mohnrot dort, das gefällt mir", „Ich verwende das andere Rot, sieht aus wie Himbeeren." „Mir gefällt das Gelb, es leuchtet so schön." „Jetzt muß ich mich für ein Blau entscheiden, ich nehme dieses, das andere ist zu stumpf."
Parallel zum Werken werden auch bei anderen Aktivitäten stets farbenfrohe Materialien eingesetzt, Der Erfolg ist unübersehbar. Die Betagten reagieren auf diese visuellen Reize nachhaltig: Fortan bleiben stumpfe Farben ungetastet.

Das Entdecken der Farbigkeit ist ein wichtiger Bestandteil erfolgreicher Aktivierung!

3.1.4 Farbe als Kommunikationsauslöser

Wo immer sich mehrere Menschen mit Farben oder farbigen Materialien beschäftigen, mangelt es nicht an Unterhaltungsstoff: Es wird ausgewählt, sortiert, verglichen, kommentiert, ausgetauscht, bewertet usw. Nicht anders gestaltet sich die Werkstunde mit Betagten. Bereits im Vorfeld bei den Vorbereitungsarbeiten wirken Farben kleine Wunder. Daher ist es wichtig, daß die Betagten zum Beginn der Werkstunde nicht vor leeren Tischen sitzen, sondern gleich durch Farbreize aktiviert werden.

3.1.5 Form und Gestalt

Für optische Wahrnehmungsfähigkeit der Betagten sind neben der Leuchtkraft der Farben auch Form und Gestalt besonders bedeutsam. Altersbedingte Sehbehinderungen unterschiedlicher Art erschweren das Dasein. Was optisch nicht wahrgenommen wird, kann auch nicht aktivierend sein. Daher ist gerade beim bildhaften Gestalten auf klar umrissene Formen, Figuren, Linien zu achten. Doch nicht nur: Auch deren Anordnung, die Art und Weise einer Bildkomposition, der Hintergrund spielen eine wichtige Rolle. Deshalb müssen Aktivierungsbetreuer gestalterische Grundelemente beherrschen.
Entscheidend für den Gesamteindruck sind die Proportionen, also in welchem (auch teils mathematisch erfaßbarem) Spannungsverhältnis sich die einzelnen Formen, Körper, Linien oder Umrisse zueinander verhalten.
Das berühmteste Beispiel hierfür ist der „Goldene Schnitt“, eine geometrisch berechnete Unterteilung, die auf eine Bild- oder Skulpturgestaltung angewendet wird. Wenn eine Strecke innen so geteilt wird, daß sich der kleinere Streckenabschnitt zum größeren Streckenabschnitt genauso verhält wie der größere Streckenabschnitt zur ganzen Strecke, dann wird gesagt, die Strecke sei nach dem Goldenen Schnitt geteilt. Die beiden Streckenabschnitte verhalten sich in diesem Fall ungefähr wie 5 zu 8.

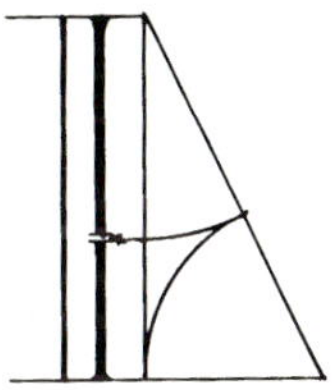

Damit ein Bild oder eine Zeichnung Tiefenwirkung bekommt, also beim Betrachter eine räumliche Vorstellung hervorruft, wird zum Mittel der Perspektive gegriffen: Was im Vordergrund steht, ist besonders groß; was im Hintergrund steht, besonders klein. Wobei die Abstufung von groß nach klein nicht willkürlich ist, sondern exakt durch die gedachten Linien bestimmt, die von einem, dem hintersten, Punkt im Bild nach außen zum Bildrand gezogen werden.

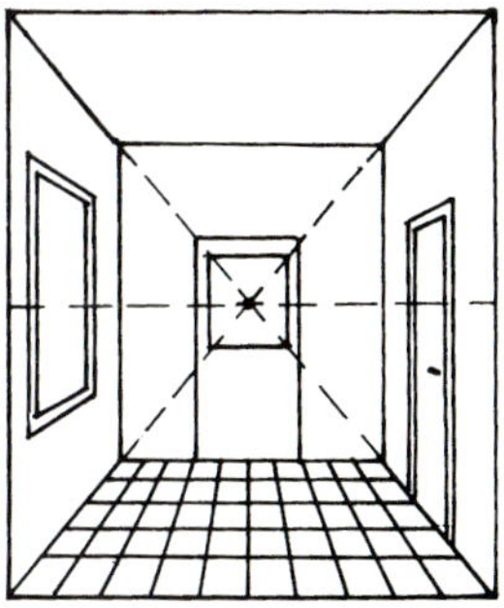

Hinweis:

Beim bildnerischen Arbeiten mit Betagten ist erfahrungsgemäß der Einsatz von Perspektive kaum mehr möglich.

Zu den Grundelementen der Gestaltung gehört auch, um die optische Wirksamkeit von Flächen zu wissen. Große, blasse Flächen werden durch kleine, aber starkfarbene Flächen aufgewogen, selbst ein großer, schwarzer Fleck durch einen intensivroten, kleinen. Dasselbe Prinzip gilt ebenfalls für Linien bzw. Striche. Mehrere dichtgebündelte Linien auf engem Raum setzen einen Gegenakzent zu wenigen weitauseinandergezogenen Linien auf weitem Raum. Am besten wird durch eigenes Ausprobieren die Wirkung von Linien und Farben auf einer Fläche erkundet.

Weil das menschliche Auge nur subjektiv wahrnimmt (im Gegensatz zum absolut unbestechlichen Kameraauge), spielt optische Täuschung auch bei der Gestaltung von Bildern, Skulpturen und sogar Bauwerken eine Rolle. Wie leicht das Auge zu betrügen ist, verdeutlicht ein einfaches Beispiel:

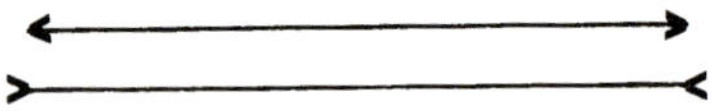

Aufgabe:

a) Welche der beiden Strecken ist länger? Genau nachmessen!
b) Wodurch wird die Wirkung erzielt?
c) Wie lassen sich diese Effekte in der bildnerischen Gestaltung einsetzen?

Selbst unser eigenes Aussehen können wir verändern. Lange Ohrringe zu einem länglichen Gesicht getragen, lassen das Gesicht unvorteilhaft lang werden. Dieselben Ohrringe können ein breites Gesicht jedoch schmaler erscheinen lassen. Ebenso lassen sich die Proportionen unseres Gesichtes durch entsprechende Haaranordnung scheinbar verändern. Ein Mittelscheitel bei einem flächigen Gesicht läßt dieses noch breiter wirken; lange, dünne und gar strähnige Haare machen ein längliches Gesicht unendlich lang und unschön.

All diese Wirkungen beruhen lediglich auf optischer Täuschung. Diese Gesetzmäßigkeiten gelten genauso für eine Bildgestaltung, insbesondere wenn Formen und Farben sich gegenseitig verstärken.

Auch für den Betagtenalltag müßten die Aspekte Form und Gestalt in Verbindung mit Farben viel stärker gewichtet werden. Durch viele Fragen (den Betagten so ganz nebenbei gestellt) wurden etliche Mängel bekannt bezüglich der Wahrnehmung von Alltags- und Gebrauchsartikeln, architektonischer Gegebenheiten, Raumausstattung etc.

Beispiele:
- die zu kleinen Ruftasten im Aufzug
- die viel zu dunkle Wandverkleidung im Aufzug
- die zu dunklen Zimmertüren mit zu dunklen Griffen
- der zu dunkle Teppichboden
- die weiße Klobrille in weißgefliester Naßzelle mit weißem Stützgriff
- der farblose Trinkbecher/Schnabelbecher
- das schwarze/braune/dunkelgrüne Brillenetui
- das Schwarze Brett/die Anschlagtafel mit Kleindruckinformationen

3.1.6 Psychovisuelle Erlebniseinheiten

Es ist höchst merkwürdig, daß unmittelbar Geschautes augenblicklich einen Effekt auslösen kann, der verstandesmäßig nicht erklärbar ist:

- Ein Kind mit Krankenhauserfahrung von kleinauf erschrickt heftig beim Anblick eines weißen Mantels/Kittels, duckt sich und sucht Schutz bei der Mutter.
- Der Mechanismus des Sichduckens funktioniert auch ohne realen psychovisuellen Auslöser: Der vermeintliche Schatten einer Gestalt führt sekundenschnell zur Abwehrhaltung.
- Auch Formen wie ein monumentaler Berg oder Gebirgszug aus unmittelbarer Nähe betrachtet, können bedrohlich wirken und manchen Menschen die Furcht vermitteln, erschlagen zu werden.

Der Umgang mit betagten Menschen in ihren sehr unterschiedlichen psychophysischen Befindlichkeiten gibt uns täglich Rätsel auf. Eines dieser Rätsel sind psychovisuelle Erlebniseinheiten, die nur schwer oder überhaupt nicht zu entschlüsseln sind. Hinzu kommen noch Irritationen durch Sehschwächen wie verschwommene Umrisse, Zerrbilder usw., von denen niemand weiß, was sie psychovisuell auslösen und anrichten können. Denn: Viele Ängste und Bekümmernisse Betagter sind rational nicht erklärbar.

3.2 Aktivierung der Phantasie

Auf eine Bildidee müssen Betagte behutsam, aber doch gezielt eingestimmt werden. Um die Phantasie der Betagten zu beleben, sammelt der Aktivierungsbetreuer zum jeweiligen Thema alles Interessante und Wissenswerte und schreibt die Beiträge der Betagten auf. Damit wird die Verwirklichung einer Bildidee zusätzlich gewichtet.

3.2.1 Kunst und Kitsch

Kunst allgemeingültig zu definieren ist recht schwierig, wenn nicht gar unmöglich. Das Wesen der Kunst jedenfalls ist es, durch Einfallsreichtum etwas Neues, noch nie Dagewesenes zu schaffen, um Gefühl, Geist und Schönheitssinn anderer Menschen anzuregen. Auch wenn manche Künstler sich ganz in sich zurückziehen, den künstlerischen Umwandlungsprozeß um seiner selbst willen vorantreiben, so braucht Kunst aber, um wirksam zu werden, den Betrachter, den Zuhörer, den Leser, kurz: den Menschen, der des Genusses von Kunst fähig ist. Verknappt kann auch gesagt werden: Natur ist vorhanden, Kunst wird erst erschaffen. Doch nicht alles, das entstehen oder geformt werden muß oder soll, ist damit automatisch Kunst. Der intellektuelle und emotionelle Anspruch macht die Kunst zum einmaligen, künstlerischen Ereignis.

Kitsch spiegelt einen Wert vor, der keiner ist. Das ursprüngliche Kunstwerk wird seiner Bedeutung entfremdet und auf die Verzierung von Korkenziehern, Taschenmessern, Gläsern, Halstüchern etc. reduziert: Massenware, industriell hergestellt. Der Kitsch beschränkt sich selbstverständlich nicht nur auf Gegenständliches und Bildhaftes. Es gibt auch abstrakten Kitsch, leere Wiederholung oder Anempfindung einer ursprünglich kraftvollen Form. Kitsch findet sich in der bildenden Kunst ebenso wie in der Musik, auch am Theater, besonders häufig in Film und Fernsehen und gar nicht selten in der Literatur. Hier gilt es für den qualitätsbewußten Menschen, die Spreu vom Weizen zu unterscheiden. Dennoch: Jeder hängt auf irgendeine Weise an eigentlich wertlosem, aber gefälligem Plunder. Dies muß auf alle Fälle respektiert werden, vor allem im Umgang mit Betagten. Unter keinen Umständen dürfen wir uns zum Geschmacksrichter für andere aufwerfen!

3.2.2 Traditionsgebundene Vorstellungsweisen

Jede Epoche hat ihre eigene Kunstrichtung. Bei den jetzt Betagten und ihrem eigenen Raumschmuck dominieren Bilder im Stil der Jahrhundertwende, der 20er und 30er Jahre. Sogenannte Sofabilder und Schlafzimmerbilder, aber auch gemalte, gedruckte und gestickte Wandsprüche zeugen vom allgemeinen Kunstgeschmack jener Zeit. Röhrender Hirsch – ein besonders beliebtes Motiv in naturgetreuer Nachbildung, ist nicht nur ein Gemälde; das Motiv findet sich auch auf Sofakissen in mühevoller Kleinarbeit eingestickt.

Nun hat es auch (ästhetische) Vorteile, daß solche feinmotorischen Präzisionsarbeiten von den Betagten nicht mehr ausgeführt werden können: Das gemeinsame bildhafte Gestalten gibt andere und neue Impulse.

3.2.3 Gesteuerte Veränderungen der Sehweise

Es ist immer wieder verblüffend, wie schnell sich Betagte von einer Bildidee mitreißen lassen. Dabei spielt sicher der Stolz an der Mitgestaltung eine wesentliche Rolle, aber auch die Zugehörigkeit zur Werkgruppe. Wenn sich darüber hinaus Betagte sogar für die Gestaltung abstrakter Bilder begeistern können, beginnt sich die bisherige Sehweise zu verändern in bezug darauf, was Kunst sein könnte.

Betagte sind erfahrungsgemäß weitaus aufgeschlossener Neuem gegenüber, als manche geschmackstheoretische Hypothese wahrhaben will. Daran sollten Aktivierungsbetreuer bei ihrer Entwicklungsarbeit für Werkgruppen besonders denken.

3.2.4 Phantasiebelebung durch Materialien

Bei der Verwirklichung einer Bildidee kommen die Betagten mit unterschiedlichen Materialien in Berührung. Schon der Anblick weckt meist Erinnerungen. Auch die Farben spielen dabei eine wichtige Rolle. Hinzu kommen die sensorischen Reize der Hand (oder gar des Unterarms) beim Hantieren mit Materialien. Diese Reize ihrerseits frischen wieder weitere Erinnerungen der Betagten auf.

3.2.5 Bildinhalte

Der Jahresablauf, die Jahreszeiten, Themen der Programmgestaltung, aber auch Erzählungen und Geschichten mancher Betagten – all das sind vielfältige Anlässe für Bildinhalte. Wie und in welcher Form, mit welchem Material, in welchem Stil ein Bildinhalt umgesetzt wird, ist dabei zweitrangig und sollte jeweils auf die Fähigkeiten der Werkgruppe abgestimmt sein.

Da jeder Mensch, außer dem von ihm selbst Erlebten, auch eine Art imaginäres Museum besitzt (von der „Mona Lisa“ bis zum Ché-Guevara-Poster), kann in der Aktivierung dieses Reservoir an Bildinhalten angezapft werden. Manche Kinoplakate, Werbetafeln oder eindrucksvolle Zeitungsfotos sind ebenfalls im Langzeitgedächtnis gespeichert.

Wichtig ist immer: Das jeweilige Motiv muß bei der Umsetzung in Form und Farbe für den Betagten optisch gut wahrnehmbar sein.

3.3 Technik und Materialien

Herkömmliche Werktechniken sind bei einem pflegebedürftigen Personenkreis kaum umsetzbar. Daher müssen andere Mittel und Wege gefunden werden. Deshalb ist in den folgenden Kapiteln die personenbezogene Planung hinsichtlich der Betagten besonders gewichtet und auf die Techniken und Materialien ausgerichtet.

Einzelne der ursprünglichen Werktechniken wurden stark vereinfacht und/oder Hilfsmittel ersonnen, um die Handhabung zu ermöglichen und zu erleichtern.

3.3.1 Planungskriterien

Planungskriterien **allgemein**

- Welcher Personenkreis ist für die Werkstunde zu erwarten?
- Welchen Krankheitsbildern ist daher Rechnung zu tragen?
- Wie viele Rollstuhlfahrer werden dabei sein?
- Wie viele Gehhilfen müssen im Werkraum abgestellt werden?
- Welche Sitzordnung erfordert dieser Personenkreis?
- Wie müssen die Tische angeordnet sein in bezug auf die Technik der anstehenden Werkarbeit?
- Sind Brillen und Hörgeräte mitgebracht worden? (Wird von Betagten häufig vergessen.)
- Haben alle Betagten ihr Taschentuch dabei?

Planungskriterien zum **Werkraum** in Verbindung mit Sicherheitsmaßnahmen

- Sauerstoffzufuhr über Fenster oder Klimaanlage ausreichend?
- Lichtquellen sehr gut und intakt?
- Freihalten der Wege, Gänge, der Tür, wenn vorhanden, des Notausgangs von Stühlen, Rollstühlen, Gehhilfen wie Krücken, Stöcken, Gehwagen, Delträdern u. a.
- Stolperstellen wie Kabel (z. B. vom Bügeleisen) vermeiden oder sichern.
- Wo sind das Haustelefon, der Fernsprecher, der Feuerlöscher, ein Eimer Wasser (bei Benutzung von Kerzen grundsätzlich bereitstellen)?

Begründung der Maßnahmen

Ein pflegebedürftiger, eingeschränkter Personenkreis ist gegebenenfalls einer schwierigen oder gar bedrohlichen Situation hilflos ausgeliefert.

Planungskriterien zur **Sitzordnung**

- Rollstuhlfahrer können sich an schmalen Tischen nicht gegenübersitzen. Dies gilt grundsätzlich und bezieht sich nicht nur auf das Werken: Rollstühle, vor allem mit Fußstützen, brauchen viel Platz und reichen unter dem Tisch oft bis zur gegenüberliegenden Seite. Sich anstoßende Fußstützen sind hinderlich, erzeugen Unruhe zwischen den beiden Betagten und bedeuten Verletzungsgefahr an Füßen und Beinen, unter Umständen mit bedenklichen Folgen.
- Zwischen den Rechts- und Linkshändern sollten möglichst beidhändig aktive Betagte sitzen, zumindest aber neben dem rechtsseitig Gelähmten ein linksseitig aktiver und umgekehrt: Nur so können sich die Betagten gegenseitig helfen.

- Sobald die Sitzordnung durchdacht ist, kann der Arbeitsplatz für jeden Betagten und die jeweilige Technik *individuell* vorbereitet werden. Entsprechende Hinweise, einschließlich notwendiger Hilfsmittel, sind in den Werkbögen dieses Buches aufgeführt.

3.3.2 Anwendungsorientierte Vorarbeiten

- *Vorarbeiten* sind unerläßlich und ebenfalls in den Werkbögen beschrieben
- *Vorbereitete Materialien* erleichtern den Aktivierungsbetreuern die Erklärung des Vorhabens in der Werkstunde
- *Vorbereitete Materialien* wecken die Neugier der Betagten
- *Vorbereitete Materialien* sind gleichzeitig Farbreize auf den Arbeitstischen
- *Vorbereitete Materialien* ermöglichen einen raschen Beginn der Werkstunde

Ausnahme:

- *Mit Vorarbeiten*, die Geräusche verursachen, wie z. B. das Zersägen von Dübelholz, Astholz oder ähnliches, kann die Werkstunde durchaus begonnen werden: Krach wirkt aktivierend, in Kürze ist die Werkgruppe hellwach. Außerdem verbinden sich gerade mit Sägegeräuschen viele Erinnerungen.

3.3.3 Materialüberprüfung

1. Farbauswahl

Die steigende Zahl sehschwacher Betagter zwingt die Aktivierungsbetreuer zu gründlicher Überprüfung *sämtlicher Materialien* hinsichtlich der Farben:

Besonders bewährt in der täglichen Praxis hat sich die Berücksichtigung des Quantitätskreises von Johannes Itten. Der Maler (1888–1967) hat sich eingehend mit der Entwicklung einer Farbtheorie auseinandergesetzt. Er wollte damit die gesetzmäßige Beziehung der Spektralfarben aufzeigen. Speziell beschäftigte sich der Künstler mit den Gleichgewichtswirkungen der Farben sowie mit deren Licht- und Raumwirkungen.
Die Hauptfarben erster Ordnung sind danach Gelb, Rot und Blau. Die Farben zweiter Ordnung (Orange, Violett und Grün) entstehen durch Mischungen aus den Grundfarben. Die anderen benachbarten Farben wie Gelborange, Blaugrün oder Rotviolett entstehen jeweils auch durchs Mischen der Nachbarfarben. Auf dem Farbkreis ist Gelb ganz oben angeordnet, rot auf der Fünf-Uhr-Stellung und Blau auf der Acht-Uhr-Stellung. Insgesamt zwölf gleichgroße Farbfelder sind im Kreis angeordnet, wobei jede im Kreis gegenüberliegende Farbe die Kontrast- oder Komplementärfarbe ist, also Blauviolett und Gelborange oder Rotorange und Blaugrün.

Itten hat auch die unterschiedliche Leuchtkraft der Farben herausgefunden und sie entsprechend in einem Quantitätskreis gewichtet. Gelb, als die leuchtendste Farbe, braucht demzufolge den geringsten Anteil in diesem Kreis, während

Violett als dunkelstem Farbton die größte Fläche zukommt. Damit Farben in diesem Kreis, aber auch in einem Bild, sich entsprechend harmonisch zueinander verhalten, muß der Leuchtwert der einzelnen Farbe berücksichtigt werden. Je höher der Leuchtkraftwert, desto weniger wird von der Farbe gebraucht werden müssen, um einen harmonischen Gesamteindruck zu erhalten.
Ittens Theorie bzw. Berechnung bestätigt sich täglich im Umgang mit Betagten, insbesondere aber im Werken:

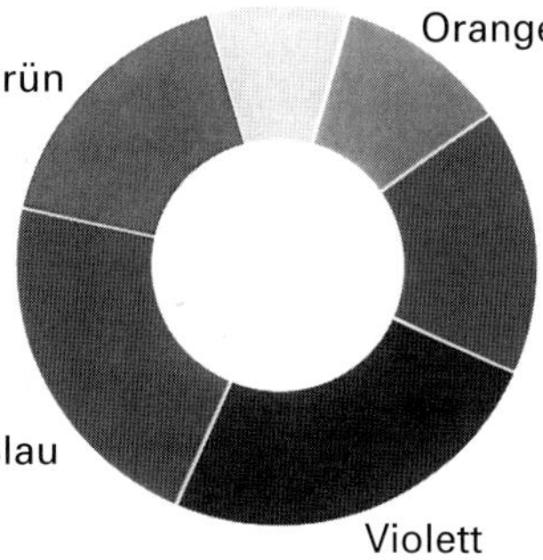

Gelb – wird selbst von Sehschwachen bzw. fast Erblindeten noch wahrgenommen.
Orange – wird so stark wie Gelb wahrgenommen.
Rot
Grün – werden meist richtig erkannt

Vorsicht:
Blau
Violett – werden oft für Schwarz, Braun oder Grau gehalten.

Mit Material in dunklen Farbtönen können Sehschwache nicht mehr hantieren!

2. Arbeitsfläche in Kontrastfarbe zur Materialfarbe

Kontrastfarben erleichtern die optische Wahrnehmung. Die Aktivierungsbetreuer haben daher auch auf die Farbe der Tischplatten zu achten. Empfehlenswert und in den Werkbögen jeweils vermerkt sind Kunststoffplatten in den Maßen 30 x 40 Zentimeter aus Musterkollektionen vom Bodenleger.

Vorzüge der Platten:
- verschiedene Farben
- abwaschbar
- weich (Papier und sonstige Materialien können mit Steck- oder Dekonadeln fixiert werden)
- keine Kosten, weil Recycling. Außerdem hat jeder Betagte in der Werkgruppe mit der Kunststoffplatte ein ***begrenztes, überschaubares Arbeitsfeld***.

3. Beschaffenheit der Materialien

Um die Aktivierung durch den Tastsinn (vor allem der Fingerkuppen und die Haut der Hände) zu nutzen, gleichzeitig aber auch die jeweils für ein Material erforderliche Grob- und Feinmotorik zu testen, empfiehlt sich: Den Betagten diejenigen Materialien aushändigen, die für die jeweilige Werkarbeit vorgesehen sind. So können die Betagten die Gegensätze weich-hart, fein-grob, biegsam-starr, warm-kalt, glatt-rauh, dünn-dick, feucht-trocken, samtig-seidig etc. rasch erfassen. Die Aktivierungsbetreuer müssen als aufmerksame Beobachter jeweils überprüfen, welche Betagte welches Material noch handhaben können – ohne über- oder unterfordert zu werden.

3.3.4 Recycling-Materiallager

Zwar gibt es eine Reihe Hersteller von Werk- und Bastelbedarf, doch deren Preisgestaltung läßt meist nur eingeschränkte Einkäufe zu. Vom Kauf vorfabrizierter und nur noch von den Betagten zu ergänzender Werkstücke ist abzuraten, da der Aktivierungsgrad relativ gering ist und gewiß nicht dem Anforderungsprofil einer modernen, professionellen Aktivierung genügt. Die Verwendung von Recycling-Material spornt erfahrungsgemäß nicht nur die Phantasie und Entdeckerfreude der Betagten an, sondern auch den schöpferischen Erfindungsgeist der Aktivierungsbetreuer. Außerdem ist der ökologische Nutzen des Recyclings zu beachten.

Musterbücher:

- Tapeten
- Teppichbeläge
- Kunstleder-Farbtonkarten
- Hölzer-Farbtonkarten
- Kunststoffbodenbeläge
- Fassaden-Farbtonkarten
- Leder-Farbtonkarten

Sammeln statt wegwerfen:

Kartonagen/Papier

- Pappröhren jeglicher Art
- Wellpappe
- Zeitungen
- Lochstreifen von Computerpapier
- Klopapier-Papprollen
- Pappe (alle Stärken, z.B. Kalenderrückseiten)
- Bildträger aus Pappe (Packmaterial von Bilderrahmen)
- Pappstücke aus Teepackungen (loser Schwarztee), geeignet zur Herstellung von Fragekärtchen für Denkspiele

Alufolien	– in Gold und Silber (Tüten von Bohnenkaffee und anderen Lebensmitteln)
Holz	– Abfallstücke – Furnierstücke – Fadenrollen – Dübelreste
Andere	– Flaschenkork – Kunststoffsektkorken – Styroporplatten
Werkstoffe	– Kunststoffvlies – Styroporteile (Verpackungsmaterial)
Glas	– Glasplatten – Honiggläser (Durchmesser 7,5 cm, Höhe 9 cm)
Blech	– Deckel von Marmeladengläsern
Textiles Material	– Wolle – Garne – Stoffreste aller Art – Bänder
Leder	– Lederreste – Fellstücke – Kunstlederreste

3.3.5 Werkzeugkontrolle

Die bis jetzt angeführten Planungskriterien beziehen sich auf die Zeit *vor* der Werkstunde. Die eigentliche Werkzeugkontrolle findet zunächst *nach* der Werkstunde statt: Mit der sachgerechten Pflege nach dem Gebrauch!

Beispiel:
Ein sauber ausgewaschener Pinsel, im Glas stehend, mit Haaren/Borsten nach oben zeigend getrocknet, ist in der nächsten Werkstunde problemlos einsetzbar.

Bei unsachgemäßer Pflege, Haare/Borsten nach unten, entsteht eine „Dauerwelle“, die in der folgenden Werkstunde nicht korrigierbar ist. Mit einem solchen Pinsel zu malen ist eine Zumutung, zumal für Betagte.

Werkzeuge, alle Hilfsmittel eingeschlossen (siehe Werkbögen), müssen *gereinigt* und *intakt* aufgeräumt werden und damit stets griffbereit und gebrauchsfertig sein. Nur so kann der Aktivierungsbetreuer die Werkstunde anhand der jeweiligen Auflistung rasch vorbereiten.

Wichtiger Hinweis zu Deko-/Wasserfarben:

Während des Mischens werden die Farben oft eingetrübt bzw. verschmutzt. Die ursprüngliche Leuchtkraft geht verloren, die Ästhetik ebenfalls; die Farben sind nicht mehr eindeutig wahrnehmbar. Deshalb:
Farbkasten nach jeder Benutzung besonders sorgfältig reinigen!

Werkzeugkontrolle und Sicherheit

Werkzeuge haben auch bei Betagten eine unwiderstehliche Anziehungskraft. Der Aktivierungsbetreuer hat *vor* Beginn der Werkstunde darauf zu achten, daß keine scharfen und spitzen Gegenstände auf den Arbeitstischen herumliegen oder im Raum anderweitig gedankenlos abgelegt werden.
Bei der Verwendung von Wasser (Malen) in der Werkstunde gehören zur Sicherheit und problemlosen Handhabung stabile Gläser. Bewährt haben sich Honiggläser (Durchmesser 7,5 cm, Höhe 9 cm), weil:

1. die Gläser standfest sind und nicht kippen können
2. der beachtliche Durchmesser zittrigen und motorisch beeinträchtigten Betagten das Eintauchen des Pinsels erleichtert
3. der Aktivierungsbetreuer auf Anhieb sieht, wo während des Malens Wasser erneuert werden muß.

Fazit: **Plastikjoghurtbecher als Wasserbehältnis meiden!**

3.3.6 Verwendungszwecke

Jeder der folgenden Werkbögen wird mit einer Vorbemerkung eingeleitet. Dort wird gegebenenfalls auf Verwendungszwecke hingewiesen.
Diese lassen sich grob in drei Kategorien einteilen:

1. Tisch-, Raum- und Hausschmuck nach jahreszeitlichen Gesichtspunkten.
2. Kulissen/Werkstücke als optische Reizverstärker für gesellige Kulturprogramme, Feste und Feiern, darunter auch wieder jahreszeitlich orientierte.
3. Neutrale Werkstücke als Farbtupfer für die oft eintönigen Räume und Flure der Pflegestationen, sowie Farbtupfer für Zimmer der Bettlägerigen.

Selbstverständlich sind *nicht* alle Werkarbeiten *zweckorientiert*: Der Umgang (vorzugsweise mit Farben) soll ablenken, aufmuntern, erfreuen, erheitern, stimulieren.

3.4 Praxiserprobte Werkbögen

Sämtliche Werkarbeiten, beschrieben in den folgenden Werkbögen, wurden mit betagten Pflegeheimbewohnern durchgeführt. Dabei sind Gemeinschaftsarbeiten besonders gewichtet:

Wegen der höchst unterschiedlichen psychophysischen Befindlichkeiten und Beeinträchtigungen der Betagten muß stets darauf geachtet werden, wer welche Tätigkeiten/Handgriffe ausführen kann. Dabei werden auch die Möglichkeiten Halbseitengelähmter weitestgehend berücksichtigt.

Kurze Vorbemerkungen erläutern die jeweilige Zielstellung zur betreffenden Werkarbeit. Die schrittweise Entstehung wird durch Graphiken veranschaulicht.

Aus Platzgründen werden in den nachfolgenden Werkbögen diese **Abkürzungen** verwendet:

PB = Pflegebedürftiger
AB = Aktivierungsbetreuer

3.4.1 Stempeldrucktechniken

Vorbemerkung
Stempeldruck, mit ganz unterschiedlichen Materialien, ermöglicht und erleichtert den Betagten die Formgebung bestimmter Motive. Weil Zeichen- und Malunterricht in den Schuljahren zwischen 1900 bis 1925 oft gefehlt hat, fällt diesen Generationen der Umgang mit gestalterischen Elementen allgemein schwer.

Werden aber herkömmliche Stempeldrucktechniken durch Vereinfachung, Hilfsmittel und entsprechende Arbeitsplatzgestaltung den individuellen Bedürfnissen der Betagten angepaßt, können die Ergebnisse der jeweiligen Druckverfahren geradezu zum Aha-Erlebnis werden.

Stempeldrucktechniken sind gleichzeitig auch Vervielfältigungstechniken. Im folgenden finden sich Beispiele für Einladungen, Briefkarten, Raumschmuck, aber auch ein Einzelstück als Beispiel bildnerischen Gestaltens.

Hinweis: Bei Verwendung von Kartoffeln und Zwiebeln als Druckstempel muß der Aktivierungsbetreuer sehr vorsichtig sein. Diese Naturalien sind Lebensmittel, deren Zweckentfremdung (auch noch eingefärbt!) von manchen Betagten als Frevel empfunden wird. Angeschnittene Kartoffeln, ohnehin raschem Verderb ausgesetzt, lassen sich gut durch Schablonen ersetzen, das originelle Muster einer Zwiebel allerdings nicht.

3.4.1 Stempeldrucktechnik

1. Schablonendruck

Material, Werkzeug, Hilfsmittel

• Fadenrollen aus Holz • Sperrholz • Säge: Fuchsschwanz/Laubsäge • Schmirgelpapier 	• Wasserfarben • Pinsel, verschiedene Stärken • Gläser, standfest (Honiggläser mit ca. 7 cm Durchmesser)
• Pappe • Bleistift • Filzstift in Kontrastfarbe zur Fadenrolle	• Wasser • Lappen • Schürzen • Zeitungspapier
• Kopierpapier DIN A4 • Pattexklebstoff • Klebestift • Arbeitsplatten 30 x 40 cm • Dekonadeln/Stecknadeln	• Papier für Probedrucke (gleicher Art, jedoch Abfallpapier!) • Ablagetisch • Altpapier, unbedruckt

Werkstück: Einladung (Herbstfest)

Vorbereitung

- AB zeichnet Birne (ohne Stiel) auf Papier.
  Größe: Etwa ½ DIN-A4-Blatt = DIN A5 entsprechend
- Papierbirne ausschneiden.
- Papierbirne auf Pappe kleben.
  Effekt: Weiße Birne auf dunklerem Untergrund besser wahrnehmbar für PB.
- Birne ausschneiden.

Ergebnis: Eine „Birnenpappschablone“, mit der weitere Schablonen hergestellt werden können. (= Schablone auf Pappe legen, mit Bleistift umfahren und ausschneiden.)

- Pappschablonen auf Sperrholz legen und dort passende Rechtecke anzeichnen.
- Pappschablonen abheben und Rechtecke aussägen.

Hinweis: Ob die Sperrholzrechtecke von einem Betagten, vom Hausmeister maschinell oder vom AB hergestellt werden, hängt von der jeweiligen Situation ab.

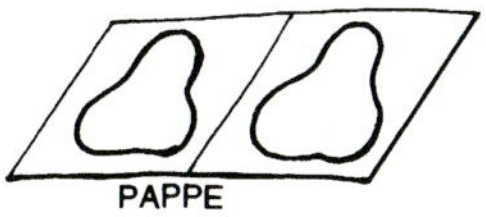

Bild 2
Auf Pappe gezeichnete Birnen ausschneiden und …

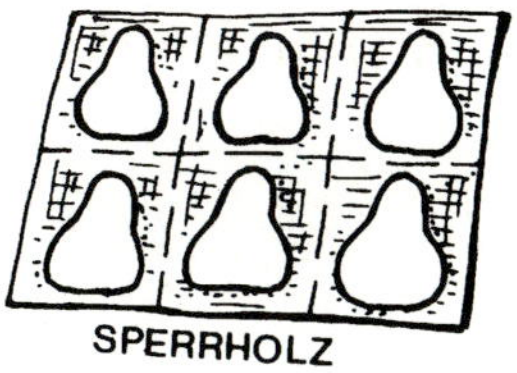

Bild 3
… auf Sperrholz legen, passende Rechtecke markieren und diese aussägen

Die Pappschablonen werden nun auf das Sperrholz und dieses auf die Fadenrolle geklebt. Das ergibt dann die Stempel.

Vorgehensweise

- Tisch mit Altpapier abdecken (kein bedrucktes Papier),
- Fadenrolle mit Kontaktkleber beträufeln (z. B. Pattex),
- Fadenrolle in der Mitte des Sperrholzes aufsetzen und kräftig andrücken,
- Stempel wenden,
- Pappbirne flächendeckend mit Kontaktkleber beträufeln (besonders den Umriß!) und auf das Sperrholz-Rechteck legen.

Bild 4
Fadenrolle mit Kleber beträufeln, umdrehen und auf Sperrholzrechteck kleben

Bild 5
Pappschablone (Birne) auf das Sperrholz kleben

- Stempel wenden, fest aufdrücken – und fertig ist der Stempel.

Bild 6
So wird gestempelt

Bild 7
Stempel umgedreht (Sperrholz mit Schablone nach oben)

Hinweis: Selbstverständlich können mehrere Stempel gleichzeitig hergestellt werden:
Die beschriebenen Arbeitsgänge werden rasch nacheinander vorgenommen, die Rollen mit einem Brett und einigen Büchern beschwert, bis der Klebstoff bindet. Der Stempel ist stabil, gut zu greifen und auch von Einhändern zu handhaben. Der Kontaktkleber verhindert, daß sich die Birne aus Pappe aufweicht oder ablöst beim Druckvorgang mit Aquarellfarben.

Bild 8
... mit Büchern beschweren

Bild 9
Gut zu greifen – auch von Einhändern

- Die Birne kann auf dem stehenden Stempel mit einer Hand eingefärbt werden.
- Zur richtigen Plazierung der Birne – sie ist ja beim Abdruck nicht mehr sichtbar – trägt eine deutliche Markierung der Fadenrolle bei, ein dicker Strich signalisiert: „Unten – oben“.

Bild 10
Einfärben mit einer Hand ...

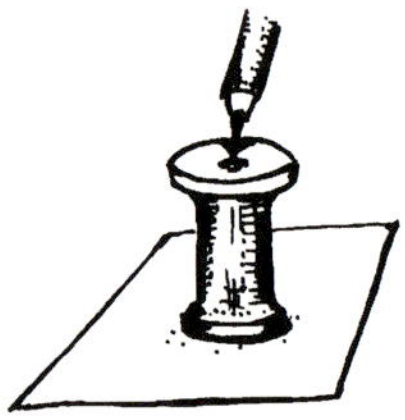

Bild 11
„Oben“ markieren

Technik

Papierfalten ist Präzisionsarbeit, erfordert feinmotorische Geschicklichkeit und gute Sehkraft. Hilfreich ist eine Unterlage in angenehmer Kontrastfarbe zum weißen Papier.

Hinweis: Handelt es sich um eine große Stückzahl Einladungen mit Aufschrift, müssen die DIN-A4-Bögen vor dem Falten kopiert werden.

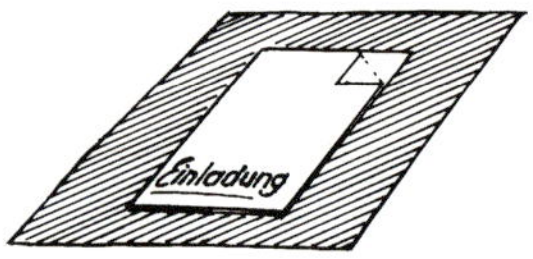

Zu bedruckendes Papier auf Kontrastunterlage

- Die Faltarbeiten sollten vor dem Einsatz von Farben abgeschlossen sein.

Das Drucken

Arbeitstische siehe Abklatschtechnik, Werkbogen 3.4.7.

- AB zeigt nun den Betagten, wie Farben gemischt werden. Hierzu genügt der Deckel des Malkastens. Wegen der sehr stimulierenden Wirkung goldgelber Farben sollte auf grüne Birnen verzichtet werden. Aus Gelb, etwas Orange und Schwarz ergibt sich die leuchtende Farbe.
- AB überprüft jeweils die Konsistenz der Farbe
- Einladungen in Griffnähe bereithalten, jedoch geschützt vor Wasser und Farben
- Mit einem **Probedruck** führt der AB die Technik vor:
  1. Birne gleichmäßig anmalen – Holzfläche muß trocken bleiben
  2. Abdruck senkrecht ausführen – Stempel kurz aufdrücken
  3. Stempel – mit einem Ruck – senkrecht nach oben abheben
- Die Betagten versuchen ebenfalls zuerst einen Probedruck (auch mehrere, falls nötig)

Wichtig bei Einhändern: Einladungen mit Deko- oder Stecknadeln fixieren.

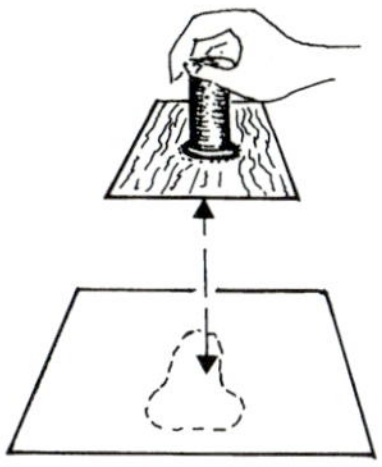

Bild 12
Stempel senkrecht bewegen

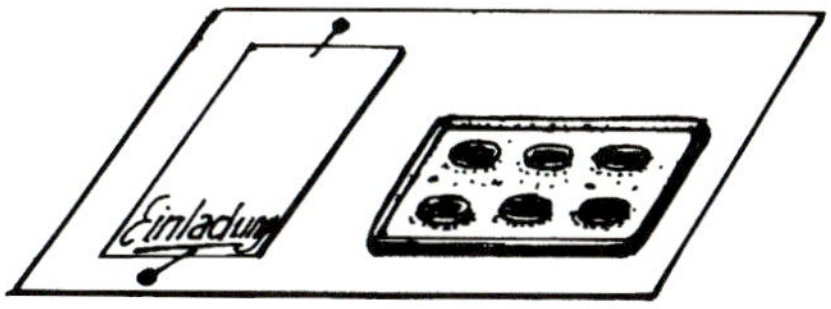

Bild 13
Fixiernadeln ... für Einhänder

– Wenn die Produktion läuft, hat der AB alle Hände voll zu tun.

Hinweis: Besonders apart wirkt ein „Hauch" Rouge auf der goldgelben Birne.

Sind in der Werkgruppe Betagte, die mit zwei Farben arbeiten können, dann sollte diese Merkfähigkeit auch gefordert werden:
Ein wenig rote Farbe (Zinnober) wird dem Farbkasten direkt entnommen und auf eine „Wange" der Birne ins feuchte Gelb getupft.

Bild 14
Etwas Rot auf die „Wange"

Die reizvolle Vermischung wird nach dem Abdruck mit Spannung erwartet!

Aufgabe:
Beschreiben Sie die aktivierenden Elemente beim Stempeldruck.

Nachbemerkung:
Besonders gelungene Früchte werden immer wieder spontan kommentiert:

„In diese Birne möchte man geradezu hineinbeißen."
„Achtzig Jahre alt mußte ich werden, um so etwas zu können." (Dame mit Halbseitenlähmung)

„Mir läuft das Wasser im Mund zusammen."
„Solches Spalierobst hatten wir an der Hauswand."

Der AB ergänzt: „Unsere Birnen wären auch die schönsten auf dem Markt, Handelsklasse A."
Mit diesem Lob und der gemeinsamen Besichtigung der Einladungen wird die Werkstunde beschlossen.

Hinweis: Blattgestaltung im nächsten Werkbogen „Stempeldruck mit Blättern/ Laub". Stielgestaltung im übernächsten Werkbogen – Extrablatt: „Drucken von Stielen und Ästen".

Empfehlung: Erfahrungsgemäß stiften zwei verschiedene Drucktechniken in einer Werkstunde Verwirrung. Im Falle der Einladungen sollten die Stiele der Birnen, die Blätter und Ästchen in den folgenden Werkstunden gedruckt werden.

Nachbemerkung:
Der „Birnenstempel" mit Fadenrolle dient als Modellbeispiel: Auch andere Früchte wie Äpfel, Tomaten, Pflaumen usw. lassen sich in gleicher Weise gestalten, ebenso Figuren z. B. für ein Ornament, einen Fries oder sonstige Verzierungen. Voraussetzung: Fadenrollen sammeln!

3.4.1 Stempeldrucktechnik

2. Drucken mit Blättern/Laub

Material, Werkzeug, Hilfsmittel

• Blätter entsprechend der Zielstellung • Papier • Deckfarben	• Arbeitsplatten (bei Einzelarbeiten) • Zeitungen (mehrere Lagen als Polster bei Gemeinschaftsarbeiten)
• Haarpinsel • Gläser, standfest • Wasser	• Pappe, Einzelstücke jeweils größer als die Blätter • Gummiwalzen bzw. Nahtroller
• Lappen • Schürzen	• Kunststoffplatte in Kontrastfarbe zu den Blättern! • Glasplatte

Vorbemerkung

Die Natur beschert uns eine verschwenderische Fülle an Laubarten, unerschöpflich in den Formen und Eigenschaften: Grob oder fein gezähnt, spitz oder rund, herzförmig oder oval, fransig oder glattgerändert, samtig oder lederartig, matt oder glänzend, behaart oder lackartig, kurz- oder langstielig, ja sogar asymmetrisch. Ganz zu schweigen vom Wechselspiel der Farben zwischen Frühjahr und Herbst.

Drucken mit Blättern ermöglicht die naturgetreue Wiedergabe der ursprünglichen Formen, selbst der Farben, wenn sie sorgfältig gemischt werden.

Ein Blatt stellt sich vor:

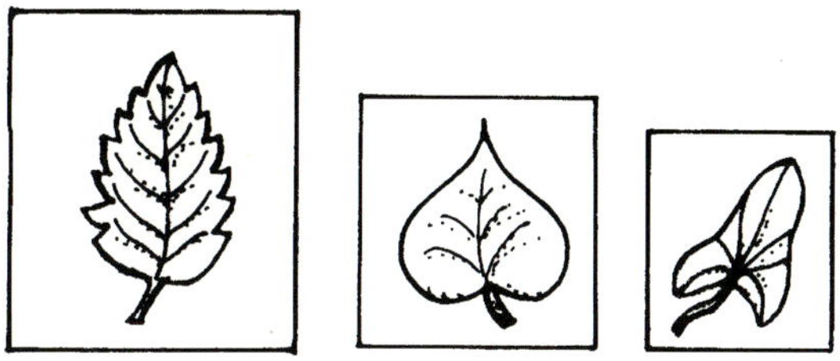

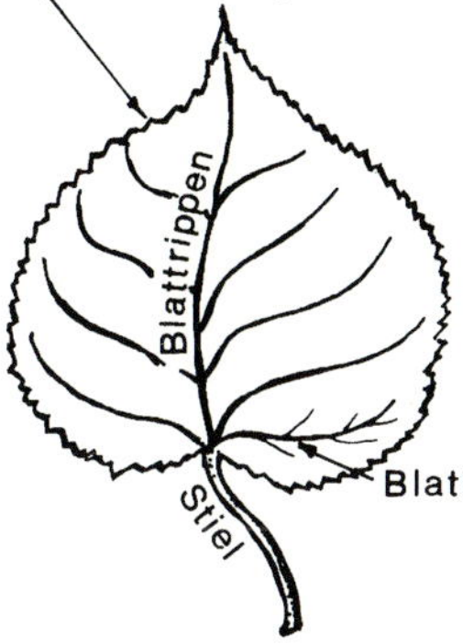

Vorbereitung der Blätter

Wegen der sehr unterschiedlichen Beschaffenheit (Aufnahme von Feuchtigkeit bzw. Farbe) müssen die Blätter am Vorabend des Werk-Tages vorbehandelt werden:

- Blätter werden auf der Ober- und Unterseite mit Wasser befeuchtet (Pinsel) und einzeln auf die Kunststoffplatte gelegt.

- Anschließend mit Glasplatte insgesamt abdecken:
  Effekt: Diese beschwert die Blätter (auch widerspenstige), hält sie über Nacht feucht und dient in der Werkstunde als „Schaukasten" zur Bestimmung der verschiedenen Laubarten. Eine interessante Übung für die Betagten, die der AB nicht versäumen sollte!

Blätter auf Kunststoffplatte ...

... mit Glasplatte überdecken

Vorbereitung des Arbeitsplatzes

Tische zu einem Block zusammenstellen, mit Zeitungspapier abdecken
Vorsicht: Keine Traueranzeigen auf der Oberfläche, die einen fröhlichen Anfang mit Sicherheit gefährden würden (Gesprächsstoff über die letzten Todesfälle im Haus).

Pro Teilnehmer: Arbeitsplatte, Wasserfarbenkasten offen, Glas mit Wasser, Pinsel, Lappen und Schürze bereithalten.

Für den Druckvorgang wird eine Gummiwalze gebraucht oder ein Nahtroller (im Malergeschäft erhältlich und recht preisgünstig).

Grundtechnik (für Zweihänder)

- Das Blatt wird mit der Oberseite nach unten auf die Arbeitsplatte gelegt,

Alles liegt griffbereit ...

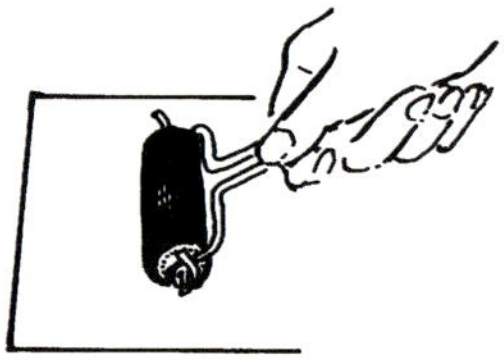

... auch die Walze für den Druck

- die Unterseite mit den gut sichtbaren Blattnerven wird wie folgt mit Farbe bemalt:

– Blatt am Stiel mit Zeigefinger festhalten,
– Pinsel an der Rippe ansetzen und von der Mitte nach rechts führen und den Blattrand (im der Zeichnung 9 gezähnt) sorgfältig anstreichen.
– Der Arbeitsgang wiederholt sich entsprechend auf der linken Seite des Blattes;
– zuletzt wird ca. 1 cm Stiel angemalt, die untere Zone bleibt frei von Farbe (zum Anfassen).

mit Zeigefinger festhalten

von der Rippe zum Blattrand bemalen

Stiel – unten nicht bemalen (zum Anfassen)

– An dieser freien Stelle wird das Blatt mit Daumen und Zeigefinger von der Platte abgenommen.
– mit einer zwirbelnden Bewegung so gedreht, daß die einfärbte Seite nach unten zeigt.
– Blattspitze mit rechtem Zeigefinger stützen,
– Blatt waagrecht halten,
– Plazierung anpeilen, und dort
– aus der Senkrechte mit gezielter Bewegung
– Blatt auf das Papier legen und
– mit Pappe entsprechender Größe bedecken,

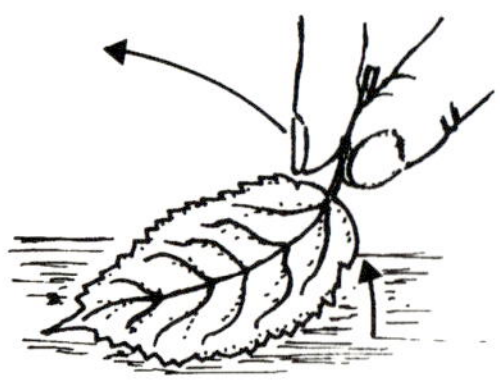

mit Daumen und Zeigefinger abheben

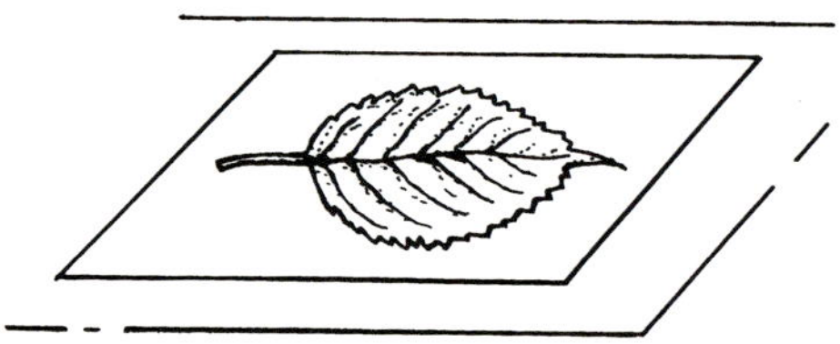

mit Farbseite nach unten auf Papier legen, danach mit Pappe überdecken

- linke untere Ecke der Pappe mit Zeigefinger festhalten,
- Pappe mit Walze in gleichmäßigem Druck überrollen, zuerst längs, dann quer.

Jetzt kommt der Augenblick:
- Pappe mit Zeigefingerspitzen in ruckartiger Bewegung abheben, beiseite legen,
- das Blatt am Stiel sorgsam nach oben vom Papier abziehen.

Pappe ... mit Walze überrollen

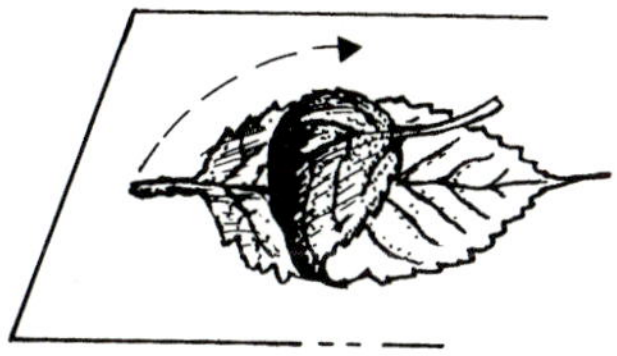

ruckartig abziehen und Blatt vorsichtig nach oben ziehen

Hinweis: Je öfter ein Blatt benutzt, d.h. bemalt und abgedruckt wird, desto schöner kommen Rippe und Blattnerven zur Geltung.

Wird die Farbe aber zu dick angerührt, zeigt der Abdruck nur die reine Fläche des Blattes, ein fladenähnliches Gebilde ohne Transparenz.

Technik für Einhänder

- Bei den feinmotorischen Anforderungen und Handgriffen muß sich die Tätigkeit des Einhänders auf zwei bis drei Arbeitsgänge beschränken:

1. Farbe mischen als „Lieferant" für die Werkgruppe.
2. Anstreichen der Blätter:
   - Technik wie bisher –
   - Damit das Blatt auf der Arbeitsplatte nicht verrutscht, wird der Stiel z. B. mit einem Magnetstein, Geldstück oder ähnlichem beschwert,
   - der Druckvorgang muß dann von einem beweglichen Betagten oder vom AB vorgenommen werden.
3. Walzen. Kann sich bei guter personeller Besetzung ein AB ganz den Einhändern widmen, ist, alle Vorarbeiten vorausgesetzt, das Walzen eine beliebte Tätigkeit und ausgesprochen lustvoll besetzt! Wahrscheinlich liegt es an der unmittelbaren Beteiligung am Gesamtergebnis, verbunden mit dem Gefühl:
   „Ich kann das noch, durch meine Walze ist das Blatt so schön geworden."

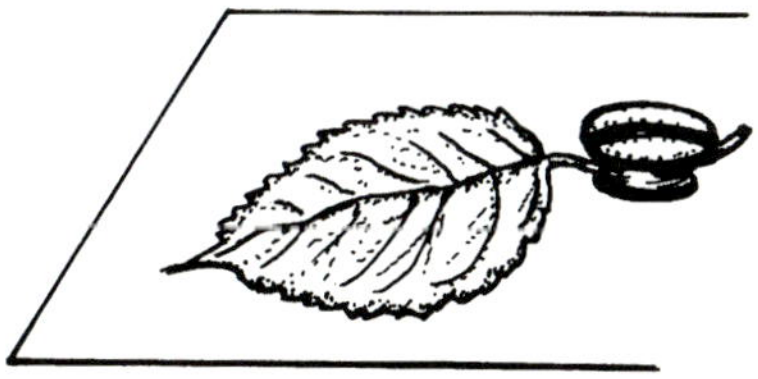

Stiel beschweren

So sieht das Endprodukt aus

3.4.1 Stempeldrucktechnik
3. Drucken mit Kork
Extrablatt: **Drucken von Stielen und Ästen**

Material, Werkzeug, Hilfsmittel

• Furnier • Kork (Flaschenkork)	• Wasser • Behältnis mit lauwarmem Wasser
• Deckfarbe (Umbra) • Pinsel	• Schere, grob • Lappen

Vorbemerkung

Furnier eignet sich im eingeweichten Zustand hervorragend für den Abdruck von Stielen, denn feucht läßt es sich schneiden und biegen.
Furnier = Blattholz (dünnes Deckblatt aus gutem Holz)

Technik für Stiele

- Furnierstück ca. 30 Minuten einweichen,
- auf gewünschte Stiellänge zuschneiden,
- Maserung beachten, denn
- nur in der Längsstruktur des Holzes ist die Kante biegbar, von scharfer Kontur und farbaufnahmefähig!
- Kante mit Umbra-Deckfarbe (direkt aus dem Kasten) anstreichen,

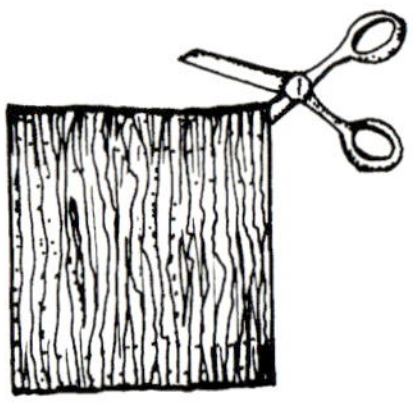

schneiden (Maserung beachten)

Kante einstreichen

- das Furnierstückchen mit beiden Händen leicht biegen
- und kurz aufs Papier drücken, an der Stelle, wo der Obststiel plaziert werden soll.

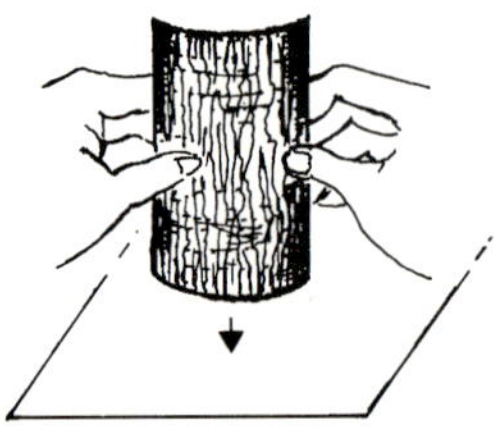

biegen und auf Papier drücken

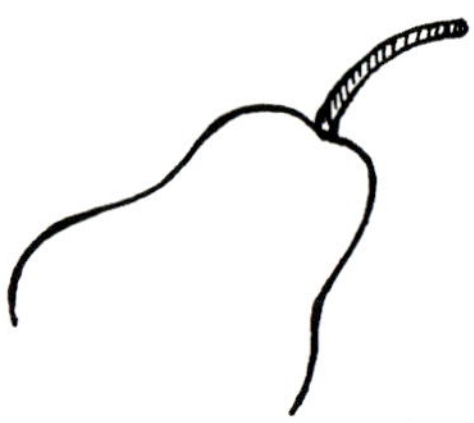

... dort, wo der Obststiel hinkommt

Technik für Äste

- Ein Flaschenkork wird so zugeschnitten, daß auf seiner Fläche entlang des Durchmessers ein schmaler, rechteckiger Stempel entsteht.

- Mit dem farbbestrichenen Stempel lassen sich gerade und krumme Äste, mit und ohne Verzweigung mühelos drucken: Die schmalen Rechtecke werden einfach aneinandergereiht abgedruckt und durch die geraden und leichten Schrägen naturgerecht gestaltet.

zuschneiden

drucken

in verschiedenen Formen

Da der Korkstempel beim Abdruck die Farbe nicht flächendeckend abgibt, entstehen selbst bei Astgabeln Übergänge mit weichen Konturen. Auch hebt die unregelmäßige Farbgebung das Rauhe der Baumrinde besonders schön hervor.

3.4.1 Stempeldrucktechnik
4. Drucken mit Kork
Kirschen

Material, Werkzeug, Hilfsmittel

Flaschenkorken	

Vorbemerkung
Früchte wie Kirschen und Trauben lassen sich ziemlich naturgetreu drucken. Verkorkte Flaschen liefern dazu einen bequemen Druckstock, in der Regel gibt es Korken in zweierlei Ausführungen.

Die 2 Arten von Flaschenkorken

Hinweis: Kork ist zunächst farbabweisend. Daher muß die Druckfläche vor dem eigentlichen Einsatz in der Werkstunde öfter mit der Farbe bepinselt werden, mit der später gedruckt werden soll.

Das Drucken von Kirschen

Ein leicht beschädigter Flaschenkork ist der ideale Druckstock für eine Kirsche: An der zufälligen, aber hier gewollten Aussparung wird später der Stiel angesetzt (gedruckt).

Eine deutliche Markierung an der Unterseite (beim Druckvorgang oben) trägt zur richtigen Plazierung bei.

Kerbe für Stiel (oben)

an Unterseite markieren (bei Druck oben)

Mischen der Farben

Je nach Druckmenge mischen die Betagten ihre Farbe selbst. Ist eine Druckserie geplant (z. B. für Einladungen), sollte der AB das entsprechende Quantum Farbe mischen, damit rasch mit dem Drucken begonnen werden kann. Auch hier empfiehlt sich ein standfestes Honigglas.

ein standfestes Glas

Technik für Zwei- und Einhänder

- Der Boden des niederen Deckels wird knapp mit Farbe bedeckt. Nur so wird verhindert, daß beim Eintauchen des Korkes ausschließlich an der Druckfläche Farbe haftet.
- Selbstverständlich ist auch hier die Konsistenz der Farbe zu überprüfen.
- Der Kork wird senkrecht in die Farbe getaucht,
- senkrecht nach oben genommen,
- senkrecht zum Druck angesetzt und ebenso
- vom Papier wieder abgenommen. Nur so wird eine präzise Abbildung erzielt.

ein niederer Deckelboden

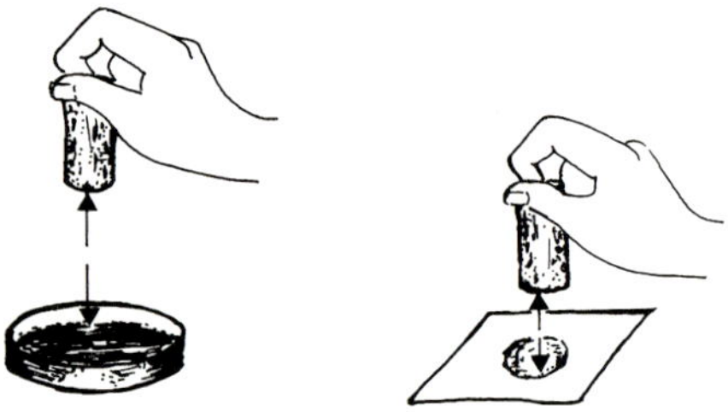

...und immer senkrecht bewegen

Hinweis: Bei der Gestaltung von Früchten sollten die jeweils dazu gehörigen Blätter die Bildkomposition ergänzen. (Siehe Werkbogen Stempeldrucktechnik 3.4.1 „Drucken mit Blättern/Laub".)

3.4.1 Stempeldrucktechnik
5. Drucken mit Kork
Trauben

Das Drucken von Trauben

Die Schwierigkeit der Formfindung stellt sich bei der Gestaltung von Trauben für die Betagten erneut. Erprobtes Hilfsmittel ist daher die Vorgabe des Umrisses einer Traubenform. Sie bedeutet auch optische Gedächtnisstütze!
Erfahrungsgemäß verleitet das Drucken mit Flaschenkork einige Betagte zu stereotypem Aneinanderreihen oder einer Anhäufung von Traubenbeeren, jedenfalls zu lustvollem Stempeln! Dies mag bei geistig retardierten Betagten durchaus angemessen sein. Ist die Werkarbeit jedoch zielorientiert, kann auf gut erkennbare Formen nicht verzichtet werden.

Technik für Zwei- und Einhänder

Die Grundtechnik unterscheidet sich nicht vom Druckvorgang bei der Kirsche. Bei der Traube allerdings muß das Übereinanderdrucken der Beeren geübt werden: Gedruckt wird von oben nach unten, um den optischen Eindruck einer „fülligen Traube" zu verstärken.

Wichtiger Hinweis: Für sehschwache Betagte ist die Verstärkung der Konturen einer Traube sehr hilfreich: Die außenliegenden Beeren werden vom AB im voraus gedruckt. Jetzt ist der verbleibende weiße Innenraum gut erkennbar!

Hinweis für **Einhänder**:
Für Einhänder, vor allem, wenn mit der linken Hand gedruckt werden muß, ist diese Art von Sektflaschenkork als bequemer Druckstock besonders gut geeignet.
Der AB hat allerdings zu prüfen, ob die Druckfläche eben ist, damit ein vollständiger Abdruck mit genauem Umriß entsteht.

Ergänzung der Trauben mit Stielen und Blättern: Siehe Werkbögen 3.4.1.2 „Blätter/ Laub" und 3.4.1.3 „Stiele u. Äste".

Sektkorken als Druckstock

3.4.1 Stempeldrucktechnik
6. Drucken mit Kork
Girlande aus Weinlaub und Trauben

Material, Werkzeug, Hilfsmittel

• Papier, weiß, DIN A4 • Pappe, dünn • Zeichenpapier • Tonpapier, schwarz	• Lappen • Schürzen • Zeitungspapier • Peddigrohr
• Schere, Klebstift • Bleistift • Wasserfarben • Haarpinsel, verschiedene Stärken	• Schnur • Lochstreifen vom Computerpapier (Endlospapier) • Tesafilm
• Gläser • Deckel von Marmeladengläsern • Arbeitsplatten 30 x 40 cm • Deko/Stecknadeln	• Ablagefläche • Kopiergerät • Flaschenkork

Vorbemerkung

Für ein Herbstfest im Garten, auf der Terrasse oder bei schlechtem Wetter im Raum wirkt eine Girlande aus Weinlaub und Trauben heiter und einladend.

„... bald hebt nun auch das Herbsten an ... ": Victor v. Scheffels fröhliches Lied belebt die Werkgruppe und weckt viele Erinnerungen!

Liederanfang: *„Wohlauf, die Luft geht frisch und rein"* (kann AB allein oder mit der Werkgruppe zur Einstimmung singen)

Traubenblätter – Vorbereitung der Kopiervorlage

Traubenblätter auf Zeichenpapier verschiedener Größen stilisiert (ohne Zacken) mit Stielansatz entwerfen

- Entwerfen und
- ausschneiden,
- auf die Pappe kleben und ebenfalls
- ausschneiden;
- diese Schablone(n) auf das weiße Papier auflegen und mit Bleistift sorgfältig umfahren.

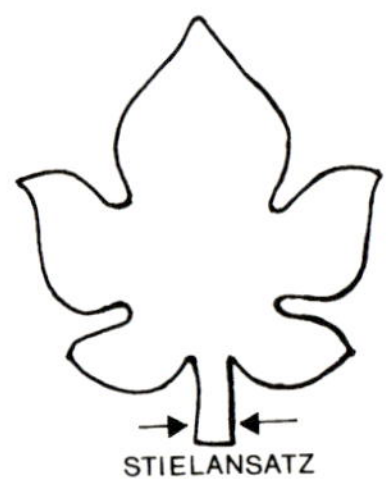

So sieht die Schablone dann aus

Hinweis 1: Für ein Girlandenstück von 1 Meter Länge sind ca. 25 Traubenblätter erforderlich (dazu mindestens 9 bis 10 Traubenfrüchte).

Der AB sollte daher im voraus feststellen, wo dekoriert wird, wie viele Meter Girlanden er in welchen Längen braucht.

Alle verschiedenformatigen

- Traubenblätter ausschneiden und auf schwarzes Tonpapier aufkleben. Mit dieser Kopiervorlage kann die gewünschte Menge an Blättern mühelos hergestellt werden. (Dasselbe geschieht später mit den Trauben.)

Blätter ausschneiden ...

und auf schwarzes Tonpapier kleben

Der Kontrast des weißen Blattes auf schwarzem Grund ist so deutlich, daß sogar sehschwache Betagte erstaunlich gut ausschneiden können.

In der Werkstunde

Die Werkgruppe wird entsprechend den Fähigkeiten der Betagten geteilt: Die Schneidegruppe beliefert die Malgruppe mit Traubenblättern.

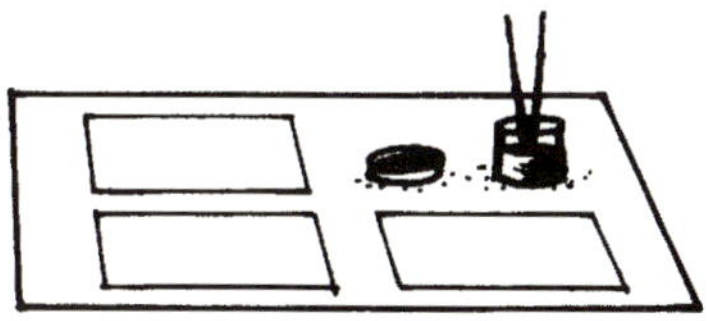

Schneidegruppe ← 2 Gruppen bilden → **Malgruppe**

Vorbereitung des Maltisches (siehe Werkbogen „Naß-in-Naß-Malerei" 3.4.5)

- Statt eines ganzen Papierbogens wird jetzt das Traubenblatt auf die Kunststoffplatte gelegt und jeweils
- an der oberen Spitze und am Stielansatz mit einer Deko-/Stecknadel fixiert.

mit Nadeln fixieren ...

Hinweis 2: Wegen des großen Bedarfs an bemalten Traubenblättern muß eine bestimmte Menge an Farben vor Beginn der Werkstunde schon gemischt sein: Grün, Gelb, Rostrot.

Wurden die Betagten nach ihrem jeweiligen Farbwunsch gefragt, so werden die Farbmischungen in die bereitgestellten Deckel gegossen und entsprechend verteilt.

Wichtig
Der AB sollte darauf achten, daß depressiv-verstimmte Betagte mit gelber oder rostroter Farbe malen können. Die stimulierende Wirkung beider Farben verscheucht erfahrungsgemäß schnell trübe Gedanken.

- Bemalte Blätter werden zum Trocknen von der Platte abgenommen und auf die Seite gelegt.

In der nächsten Werkstunde...

...wird die zweite Seite des Traubenblattes in gleicher Weise bemalt. Die Werkgruppen wie zuvor zusammengestellt.

Herstellung von Trauben

(siehe Werkbogen „4. Drucken mit Kork: Trauben" 3.4.1)

Wegen der ebenfalls großen Stückzahl an Trauben (siehe Hinweis 1) ist die Verwendung eines Kopiergerätes sinnvoll (Anfertigung wie bei Traubenblättern).

- Der Stielansatz wird für das Aufhängen der Girlande gebraucht.

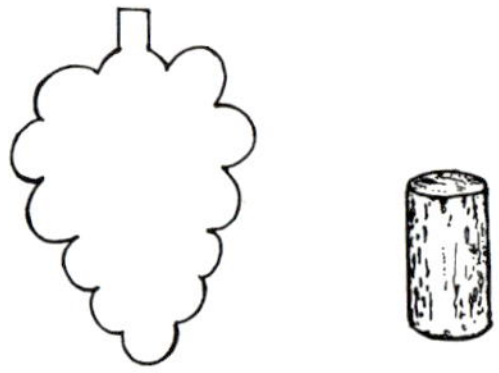

Vorlage für eine Traube

Werkgruppen wie zuvor: Die Schneidegruppe beliefert die Mal- bzw. Stempeldruckgruppe mit ausgeschnittenen Trauben.

Aufhänger für Blätter und Trauben

Aus den Lochstreifen von Computer-Endlospapier (Abfallpapier!) läßt sich ein Aufhänger herstellen:

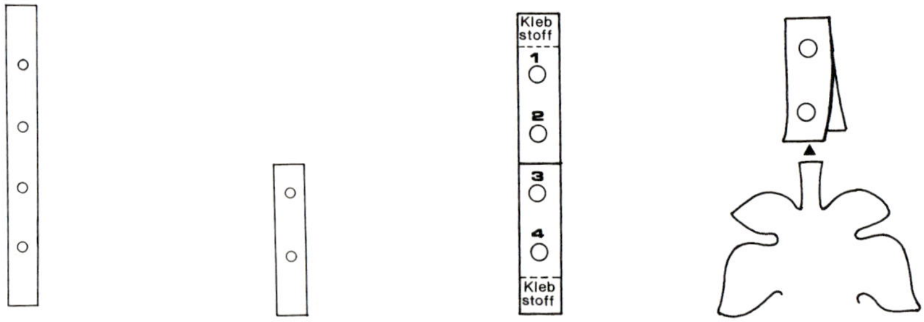

Streifen mit 4 Löchern ausschneiden und... | ...in der Mitte falten | ...aufklappen und bekleben | Blatt so zwischenschieben und andrücken (kleben): Loch 2 sitzt dann über Loch 3

Beschreibung:

- Ein Abschnitt mit vier Löchern wird zur Hälfte gefaltet und wieder aufgeklappt.
- Mit etwas Klebstoff bestreichen: Innenseite → oberhalb von Loch 1 und → unterhalb von Loch 4,

- Streifen am Knick wieder andeutungsweise falten, so daß
- Loch 2 und 4 aufeinanderliegen.
- Zwischen Loch 1 und 4 wird der Stielansatz gelegt und fest angedrückt.
- Das fertige Blatt kann jetzt bequem auf das Peddigrohrstück aufgefädelt werden.
- Mit derselben Technik werden auch die Trauben zum Aufhängen vorbereitet.

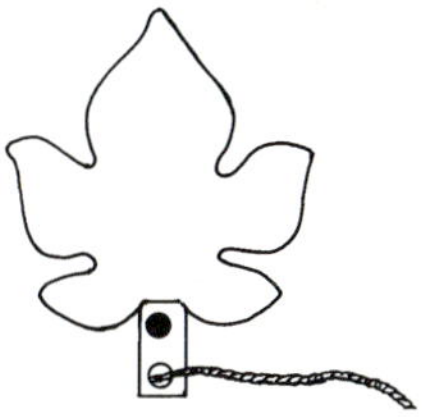

Fertiges Blatt einfädeln (Peddigrohr)

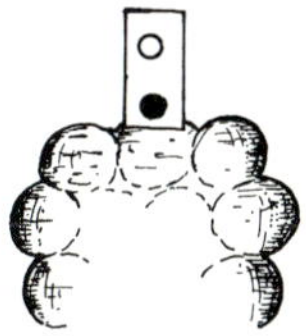

Trauben ebenso

Das Aufreihen der Blätter von Trauben

Sind alle Teile ausgeschnitten, werden sie aufgefädelt:

- Trauben wechseln sich ab mit großen und kleinen Blättern.

Die grünen, roten/rotbraunen und gelben Farbtöne des Blattwerkes müssen ausgewogen verteilt sein. Werden gelbe Blätter neben den Trauben plaziert, kommen diese besonders schön zur Geltung (Komplementärfarben).

Die Gestaltung der Girlande

Je nach Örtlichkeit und sonstigen Gegebenheiten wird jetzt die Girlande am vorgesehenen Platz angebracht.

- Mit dem Lerchenkopfknoten wird die Schnur jeweils an den Enden des Peddigrohrs befestigt.

So läßt sich die Girlande problemlos überall festbinden oder freischwebend aufhängen.

Aufreihen…

und mit Lerchenkopfknoten befestigen

- Erst an Ort und Stelle werden die Blätter zurechtgeschoben:
  Sie lassen sich ganz einfach am Stielansatz in verschiedene Richtungen verdrehen und wenden und können so auch die Trauben überlappen.

Vor allem eine freihängende Girlande sollte nach beiden Schauseiten hin gleichermaßen lebhaft gestaltet sein, was Biegungen, Wölbungen und Drehungen der Blätter anbetrifft.

So ungefähr (und natürlich bunt) sieht es am Ende aus

3.4.1 Stempeldrucktechnik

7. Die Zwiebel

Material, Werkzeug, Hilfsmittel

• Zwiebeln, verschiedene Größen, mit Zwiebelrohr • Schneidebrett	• Probenpapier • Deckfarben, entsprechend der Zielstellung
• Messer mit langer Schneide u. scharf • Küchentuch	• Pinsel • Glas
• Taschentücher • Papier/vorbereitete Flächen zur Bildgestaltung	• Papierpolster aus mehreren Lagen Zeitungspapier für das Bild

Vorbemerkung

Originell ist das Muster einer längs oder quer halbierten Zwiebel. Damit können in der Bildgestaltung verschiedene interessante Effekte erzielt werden.

Abtönung eines Hintergrundes

Um die Leuchtkraft der Farben nicht zu schmälern, wird im Werken in der Regel auf weißem Papier gearbeitet bzw. gemalt oder gedruckt. Die freibleibenden Flächen wirken dann entsprechend hart und abweisend. Mit einer dezenten Abtönung des Hintergrundes wird der Bildeindruck gemildert und gleichzeitig verbessert.

Technik

- Zwiebel mit Schale quer halbieren, die obere Hälfte ergibt den Druckstock mit dem Zwiebelrohr als Handhabe.

- Druckstock mit dem Abschnitt nach unten ca. 30–45 Minuten auf das Küchentuch legen; jetzt entleeren sich die Poren, der Zwiebelsaft wird vom Tuch aufgenommen.

Zwiebel halbieren und…

auf Küchentuch legen

- Währenddessen wässerige Farbe anrühren (Farbwahl je nach Bildmotiv und beabsichtigter Bildwirkung), die Menge richtet sich nach der Größe der abzutönenden Fläche.
- Nun mit der Zwiebelhälfte trockene Stellen des Küchentuchs betupfen, um die Restsäfte zu entfernen.
- Die Schnittfläche der Zwiebel kann jetzt mit der Farbe bestrichen und
- ein Probedruck gemacht werden.

Zwiebelfläche trocken tupfen…

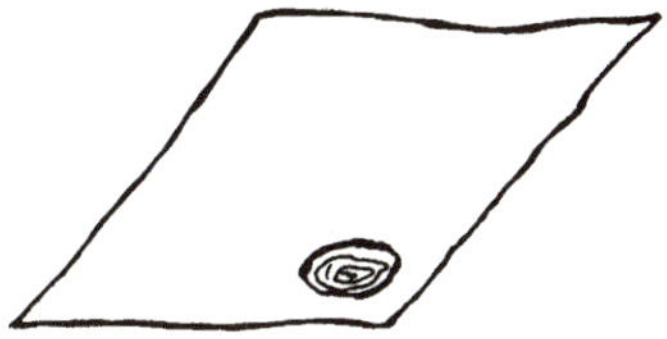

mit Farbe bestreichen und: Probedruck

- Nach Überprüfung der Konsistenz der Farbe und der Saugfähigkeit der Zwiebel (je nach Alter der Zwiebel sehr unterschiedlich!)
- behutsam mit der Abtönung beginnen: Die Schnittfläche der Zwiebel wird erneut mit Farbe bestrichen, je nach Saugfähigkeit des Papiers sind damit zwei bis drei Abdrucke möglich.

Hinweis für Einhänder: Einhänder mit ruhiger Hand und guter Sehkraft sind in der Lage, diesen Stempeldruck auszuführen. Ein PB der Werkgruppe oder der AB übernehmen dann als Helfer das Bestreichen der Zwiebelschnittfläche.

Hinweis: Ein dezentes Muster oder eventuell leicht gewölbter „Himmel" stellen nun eine harmonische Verbindung her zum Bildinhalt, dem Motiv, der Farbkomposition.

Aufgabe

Schaffen Sie für einen rechtsseitig gelähmten Betagten optimale Bedingungen für diese Drucktechnik:
a) Plazierung am Arbeitstisch/Werktisch, b) Arbeitsplatz/Umfeld auf dem Tisch

3.4.1 Stempeldrucktechnik

8. Stoffdruck

Für einen pflegebedürftigen Personenkreis mit vielerlei Einschränkung kommt Stoffdruck nicht in Betracht:

1. Die Vorbereitungsarbeiten (technisch erforderlich) sind auf mehrere Werkstunden hintereinander ausgerichtet.
2. Stoffarbe hat durch die zäh-ölige Konsistenz ihre eigenen Gesetze und ist schwierig zu handhaben.
3. Stoffdruck erfordert Präzisionsarbeit, d.h. einwandfreie Augen-Hand-Koordination, Grob- und Feinmotorik, Reaktionsvermögen.
4. Stoffdruck erfordert weitestgehend Arbeit im Stehen.
5. Linolschnitte als Druckstempel/Druckplatten sind von der Handhabung her nicht einsetzbar.

Hinweis: Wer im Seniorenclub oder mit vergleichbaren Gruppen arbeitet, bediene sich der Werkanleitungen einschlägiger Literatur.

3.4.1 Stempeldrucktechnik

9. Fruchtsäule (z. B. für ein Volksfest)

Material, Werkzeug, Hilfsmittel

Vorbereitung der Arbeitstische siehe Werkbogen „Naß-in-Naß-Malerei“ 3.4.5, S. •••.	
• Pappe für Schablonen • Bleistift	• Lineal • Tapete
• Filzschreiber, verschiedene Farben • Klebestift	• Geschenkband

Vorbemerkung

Müssen viele kleine Teile gestaltet werden (Früchte), kann die Herstellung auch vereinfacht und gleichzeitig das Ausschneiden erleichtert werden.

Vorbereitung: Schablonen für die verschiedenen Früchte fertigstellen (siehe Werkbogen 3.4.1 „1. Schablonendruck“), die später auf das eingefärbte Papier aufgelegt werden müssen (siehe unten).

Methode

- Durch einleitende Worte werden die Gedanken der Betagten auf das Volksfest, die Fruchtsäule und die Früchte des Septembers gelenkt: Was wird geerntet in diesem Monat?
  - Äpfel
  - Birnen
  - Pflaumen
  - Trauben
  - Tomaten
  - usw.

Auch Südfrüchte werden häufiger genannt, die bei uns das ganze Jahr über zu haben sind.

- Der AB schreibt alles auf.
- Jetzt die Farben der Früchte bestimmen.
- Der AB ermuntert die Betagten, sich für eine Frucht oder eine Farbe zu entscheiden: „Wer mischt tomatenrot?“, „Wer pflaumenblau?“ usw.
- Ist die Wahl getroffen, kann im Deckel des Malkastens mit dem Mischen der Farben begonnen werden.
- Der AB prüft jeweils die Konsistenz der Farben.

Technik

- Nun wird das Papier mit kräftigen Pinselstrichen von links nach rechts oder umgekehrt von oben nach unten flächendeckend angemalt,
- nach Beendigung des Arbeitsganges
- von der Platte abgenommen und
- zum Trocknen beiseite gelegt.

Herstellung der Früchte

- Schablone auf die Rückseite des bemalten Papiers legen,
- mit Bleistift oder Filzstift umfahren. So das gesamte Blatt mit Reihen von Früchteumrissen füllen.
- Zur bequemen Handhabung beim Ausschneiden der Früchte entlang der Umrisse schneidet der AB das Papier vorher in Streifen, noch besser in Quadrate mit jeweils einem Fruchtumriß, der auf dem weißen Grund gut erkennbar ist.

Früchte zeichnen mit Schablone und Bleistift

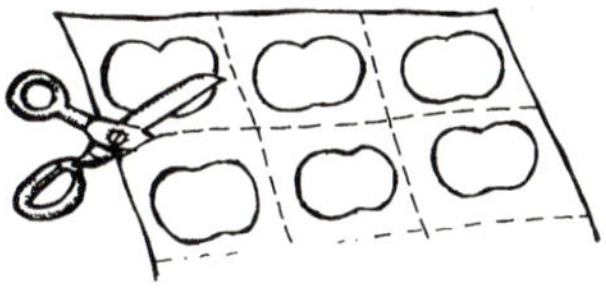

nach quadratischer Einteilung schneiden – danach auch die Früchte selbst

Die Fruchtsäule ist nur ein Beispiel von vielen Möglichkeiten bildnerischen Gestaltens.

Nach der Auswahl des Motivs:
Klebetechnik
Nach vorherigem Probelegen der Früchte mit genauer Platzbestimmung werden die einzelnen Früchte auf der Unterseite mit dem Klebestift bestrichen und auf dem Klebestift dem AB zugereicht. Dieser klebt die untere Hälfte der Früchte am vorbestimmten Platz fest, und zwar so, daß unter die obere lose Hälfte weitere Früchte geschoben und dort ebenfalls festgeklebt werden können mit deren unterer Hälfte.
Es sollte darauf geachtet werden, die Früchte ziemlich gleichzeitig mit Klebstoff einzustreichen und zügig hintereinander am vorgesehenen Platz zu fixieren, um ein Austrocknen der Klebmasse zu verhindern. Dazu ist notwendig, daß jeder PB, der noch kleben kann, mit einem eigenen Klebestift ausgerüstet ist. Durch die notwendig werdende Arbeitsgeschwindigkeit des AB entsteht so eine „Warteschlange“ der PB, die ihre jeweilige Frucht auf dem Klebestift präsentieren. Dies wirkt zusätzlich aktivierend durch den dabei entstehenden gruppendynamischen Prozeß.

3.4.2 Mohnblüten

Material, Werkzeuge, Hilfsmittel

• Kreppapier, mohnrot Peddigrohr, Stärke 8 • Pappe	• Pinsel (Borsten) • Pinzette • Zahnstocher als Pfriem/Ahle
• Dispersionsfarbe: grün / gelb – *alles mischen* – schwarz / weiß	• Gummiringe • Behältnis zum Einweichen des Peddigrohrs
• Styroporabfälle aus Verpackungsmaterial für überschaubare Hütchen • Deko-Nadeln mit schwarzem Kopf • Filzstifte, schwarz	• Saftflaschen (Altglas) zum Trocknen der Stengel • Unterlagen (als begrenzte Arbeitsfläche, z.B. aus Musterkollektionen für Kunststoffböden)
• Lappen • Scheren • Messer • Tapetenmesser • Kneifzange	• Unterteiltes Behältnis, z.B.: Joghurt-Karton aus Kunststoff • Schale zum Farbenmischen • Ablage für eingefärbte Teile • Behältnis mit Wasser

Vorbemerkung

„Kornblume blau, Mohn flammig rot, / im Mittag rauscht das heilige Brot. / Die Linde schneit, die Wachtel schlägt, / der Bauer bang das Wetter wägt." (Josef Weinheber)

Es ist im Jahreskreis der Monat Juli, aus des Dichters „Kalenderbuch für Stadt und Land".

Sommer! – Wogendes Ährenfeld, sengende Mittagshitze, Mohn flammig rot..., aber kurzlebig in der Vase. Es müßte doch möglich sein, eine Blüte...? Und wenn, womit?

Nun haben künstliche Blumen ihre eigene Problematik. Transparenz und Struktur des Kreppapiers jedoch vermitteln einen Grad von Echtheit, der frappierend ist.

Technik:

Vorbereitung

Peddigrohrstücke von ca. 30 cm Länge als Blütenstengel einweichen. Mittels vorgefertigter Schablone Blütenblätter aufzeichnen/aufzeichnen lassen, wenn möglich.

Längsstruktur des Kreppapiers beachten, damit sich die Blätter wölben lassen.

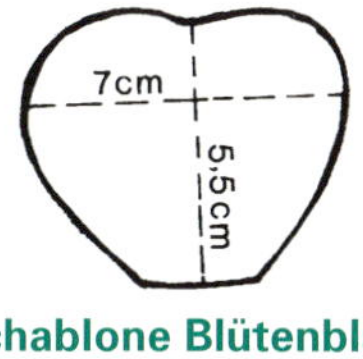

Schablone Blütenblatt

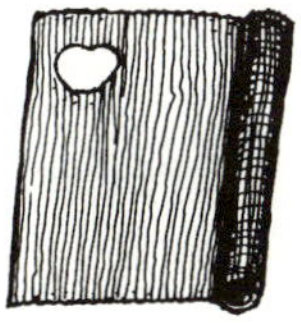

Längsstruktur des Kreppapiers

Hinweis: Gruppierung der Teilnehmer nach manuellen Fähigkeiten

Die feuchten Peddigrohrstengel mit dem Messer von unten nach oben anrauhen, damit sie faserig werden.
Mittels Gummiringen Stengel vorformen und trocknen lassen; sie behalten die vorgegebene Neigung.
Blütenblätter ausschneiden lassen – 5er-Häufchen als Gedächtnistraining! Daher unterteiltes Behältnis verwenden = Stückzahl der Blätter pro Blüte.

Behälter mit 5er-Einteilung

Mit Gummiringen vorformen

Hinweis: Die Unterlage sollte als Hilfe für Sehschwache stets in einer Kontrastfarbe zu den verwendeten Werkstoffen gehalten sein, z.B. gelbe oder weiße Unterlage für „rot" und „grün" der zu gestaltenden Mohnblume.

Bemerkung:
Ausschneiden wirkt rasch ermüdend auf alte Menschen.
Es erfordert
- Auge-Hand-Koordination
- Steuerungsfähigkeit
- Krafteinsatz/Kraftdosierung
- Konzentration

Daher: Erholungsphase einbauen!

Die bisher geschnittenen Blätter quer zur Papierstruktur mit dem Daumen ausstreichen lassen, bis eine leichte Wölbung entsteht. So formt sich ein ganz natürliches Mohnblatt.

Farbe sorgfältig mischen.
Stengel streichen lassen (wenn möglich an **gesondertem Tisch**).
Styroporhütchen streichen lassen.

Während des Trocknungsprozesses Blüte vorbereiten:
An der Blütenblattbasis befindet sich häufig ein schwarzer Fleck. Dieser lebhafte Kontrasteffekt läßt sich leicht mit schwarzem Filzstift gestalten.

Die inzwischen trockenen Stengel am oberen Ende nochmals einweichen (ca. 15 Minuten) und abtropfen lassen.

schwarzer Blütenfleck

...am oberen Ende einweichen

Für den Arbeitsgang der Blüte alles bereitlegen:

- Blätter
- Styroporhütchen
- Stengel
- Deko-Nadeln

Und so entsteht die Blüte:
Das 1. Blatt wird *(vom Rechtshänder aus betrachtet)* in der linken Hand mit Daumen, Zeigefinger und Mittelfinger gehalten und mit Hilfe der rechten Hand in leichte Fältchen gelegt.
Das 2. Blatt wird im Uhrzeigersinn knapp zur Hälfte darüber gelegt und wieder leicht gefältelt.

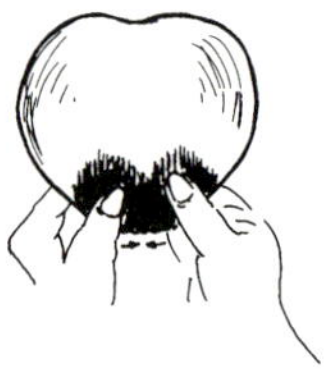

1. Blatt... in leichte Fältchen legen

2. Blatt darüber

Mit den restlichen drei Blättern wird ebenso verfahren, bis sich die Blüte schließt.

- Blätter gut festhalten und in das Styroporhütchen drücken.
- Deko-Nadel vorsichtig von innen nach außen führen und
- die Blüte behutsam auf den gefeuchteten Stengel aufdrücken.

Dann ist die erste Mohnblüte fertig!

Anmerkung:
Diese Mohnblumen lassen sich gut mit verschiedenen Getreidesorten wie Hafer, Gerste, Weizen, Roggen oder aber auch mit Rispengräsern arrangieren. Besonders hübsch ist der Sommerstrauß in der Ergänzung von Kornblumen (siehe gesonderter Werkbogen 3.4.2).

Womit der Kreis geschlossen wäre – „Kornblume blau, Mohn flammig rot..."

So wird's zum Schluß gemacht

3.4.3 Kornblume

Material, Werkzeug, Hilfsmittel

• Kreppapier, kornblumenblau  • Peddigrohr, Stärke 00	• Borstenpinsel • Scheren
• Styroporhütchen (aus Verpackungsmaterial) • Perlen, Durchmesser 8 mm • Klebstoff, flüssig	• Ahle • Pinzette • Lineal • Bleistift
• Dispersionsfarbe: grün | gelb | schwarz alles mischen!	• Vase (Saftflasche) • Saftflaschen als Behältnis während der einzelnen Arbeitsgänge

Hinweis: Bei Vorbereitung der Materialien ausprobieren, ob Peddigrohrstärke und Perlenloch zusammenpassen!

Vorbemerkung

Wir können durch einen würzig riechenden Getreidestrauß in Ergänzung mit Mohnblüten (siehe Werkbogen 3.4.2) den Hauch eines Sommers auf die Pflegestation zaubern.

Technik:

1. Vorbereitung

- Styroporhütchen (kleine, gut gewölbt) von Einhändern aussuchen lassen
- Peddigrohr in ca. 30 cm Länge zuschneiden lassen

Nun Styroporhütchen und Peddigrohrstengel mit der gemischten grünen Dispersionsfarbe anstreichen lassen *(möglichst an **gesondertem Tisch**)*. Sobald Hütchen und Stengel trocken sind, müssen sie samt der Perlen für die weitere Blütengestaltung bereitgehalten werden.

Peddigrohrstengel und Perlen bereithalten

2. Ausführung

Für die Blüte benötigen wir Kreppapierstreifen von 20 cm Länge und 5 mm Breite.
! Längsstruktur beachten !
Findet sich kein PB mit entsprechender Feinmotorik zum Schneiden, müssen die Streifen vom AB vorgeschnitten werden.
Vorsicht: Das aufgezeichnete Maß ist auf blauem Grund schwierig wahrzunehmen.

- Den abgeschnittenen Streifen vorsichtig und nicht zu straff über den linken Daumen als Rolle wickeln (vom Rechtshänder aus betrachtet).
- Papierrolle vom Daumen abziehen und zum Viereck flach drücken: Dieses Viereck hat jetzt – jeweils gegenüberliegend – 2 geschlossene und 2 offene Seiten.

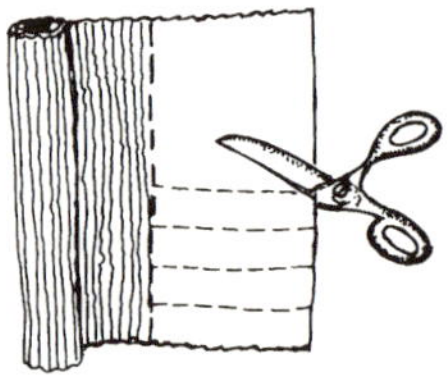

Streifen schneiden

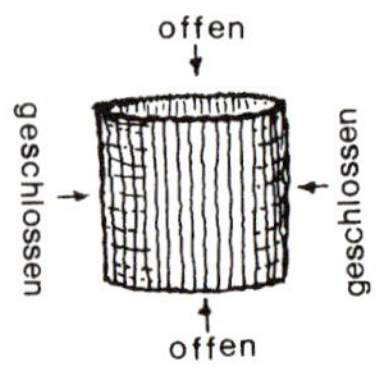

über Daumen gewickelt

... und flach gedrückt

- Flachgedrücktes Papier in die linke Hand zwischen Daumen und Zeigefinger nehmen (Rechtshänder). Eine offene Seite zeigt gegen den Körper.
- In diese Seite schneiden wir mit der Schere ca. 1,5 cm lange Fransen ein.
- Das eingeschnittene Blatt mit den Fransen wird nach oben gedreht und der gesamte Papierstreifen wieder vorsichtig in seine gesamte Länge entfaltet.

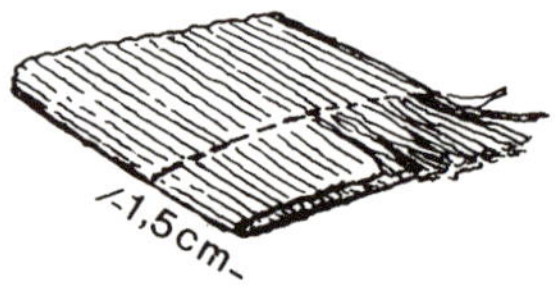

Fransen einschneiden

... und vorsichtig entfalten

- Jetzt wird der eingeschnittene Papierstreifen mit der linken Hand zwischen Daumen und Zeigefinger (eventuell übrige Finger als zusätzliche Haltehilfe benutzen) links unten festgehalten.
- Rechte Hand mit Pinzettengriff 1 cm vom linken Griff entfernt ansetzen.
- Schiebebewegung auf die linke Hand zu, so daß eine Falte entsteht.

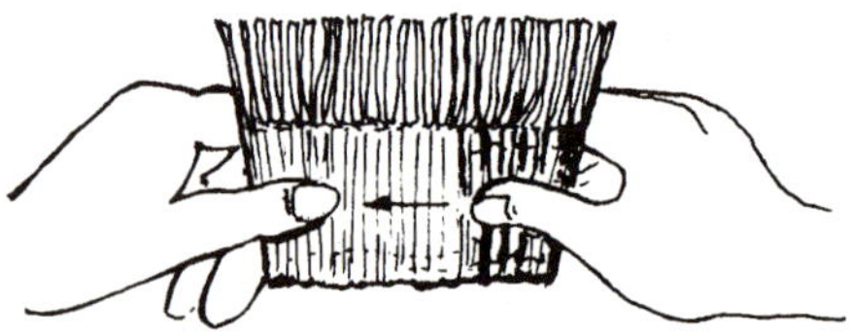

Mit rechter Hand zur linken schieben: Falte entsteht

- Linker Pinzettengriff öffnet sich wenig, Falte mit rechter Hand einschieben, Griff wieder schließen, wobei der bereits gefaltete Teil ein bißchen gegen den Uhrzeigersinn gedreht und nach jeder neuen Falte ein bißchen weitergedreht wird, damit wie beim Gänseblümchen ein Blütenblatt neben dem anderen zuletzt in einer Art flacher Rosette zwischen Daumen und Zeigefinger liegt.
- Die ganze Blüte also fälteln, bis sie sich rund schließt.
- Blüte in linker Hand behalten und dann die ungefranste Seite in das Styroporhütchen stecken. Das Ganze in der linken Hand behalten.

- Rechte Hand nimmt die Ahle: Durch das Blüteninnere und das Styroporhütchen nach außen ein kleines Loch durchstechen. (Vorsichtig arbeiten, weil Styropor leicht springt.)

Anmerkung:
Hier ist feinmotorisches Geschick von Daumen und Zeigefinger gefragt. Es bedarf einiger Übung, bis die Finger gehorchen. Probeblüte einkalkulieren!

- Peddigrohrstengel mit rechter Hand durch das Blüteninnere und das zuvor gebohrte Loch im Hütchen nach außen durchschieben und an der Blütenbasis innen ca. 1 cm Stengel herausstehen lassen.

Mit Ahle Loch in Hütchen

Blüte fälteln – mit Ahle durch Blüte und Hütchen

- Den überstehenden Stengel mit einem Tröpfchen Klebstoff versehen.
- Perle aufstecken.
- Nun mit rechtem Daumen den Stengel mit der aufgesteckten Perle bis zum „Anschlag" zur Blütenbasis einschieben, leicht andrücken und festhalten, bis der Klebstoff bindet.

Ein Tropfen Klebstoff

Perle aufstecken und – nach Trocknung – durchziehen

Auf biegsamem Stengel präsentiert sich eine hübsche Blüte, die sich sehr gut mit starren Getreidehalmen kombinieren läßt.

Eine besonders heitere Note ergibt sich in der Kombination mit Mohnblüten. Die rote Farbe bietet außerdem einen Anreiz für Sehschwache, bzw. kann das kurzwellige, fürs alte Auge schwer wahrnehmbare Blau durch die Nachbarschaft des langwelligen Rots wieder wahrgenommen werden.

3.4.4 Krokus

Material, Werkzeug, Hilfsmittel

• Kreppapier gelb ¦ orange ¦ lila ¦ grün	• Pappe, dünn • Scheren
• Trinkhalme grün ¦ rot ¦ dünn ¦	• Pfriem/Ahle • Bleistift
• Käseschachteln rund ¦ oval ¦ ¦	• Arbeitsplatten 30 x 40 cm • Materialschalen
• Kleister, angerührt • Klebstoff	• Pinsel • Zeitungspapier

Vorbemerkung

Vielen unserer Hausbewohner auf den Pflegestationen ist es nicht mehr möglich, die Jahreszeiten bewußt draußen in der Natur zu erleben.
Holen wir also den Frühling ins Haus!

Technik:

Eine Krokusblüte würde ausgeschnitten etwa die Form unten (linkes Bild) ergeben. Da sich auf Kreppapier schlecht zeichnen läßt, brauchen wir zur Formgebung der Schablonen verschiedener Größe:

max.10 cm Höhe für große Blüten,
max. 8 cm Höhe für mittlere Blüten,
max. 6 cm für kleine Blüten.

- Krokusform auf dünne Pappe aufzeichnen,
- Schablone auf das Kreppapier auflegen,
- durch Umfahren mit Bleistift Krokusform übertragen.
- Längsstruktur des Kreppapiers beachten! Dadurch Möglichkeit, das Blütenblatt naturgerecht zu wölben.
- Es empfiehlt sich, das Aufzeichnen der jeweiligen Blütengröße waagerecht fortzusetzen.
  Die Muster lassen sich streifenweise abschneiden und können entsprechend der motorischen Geschicklichkeit des jeweiligen PB verteilt werden: Bei noch *feinmotorischer* Geschicklichkeit kleine Blüten, bei *grobmotorischer* die großen Blüten.

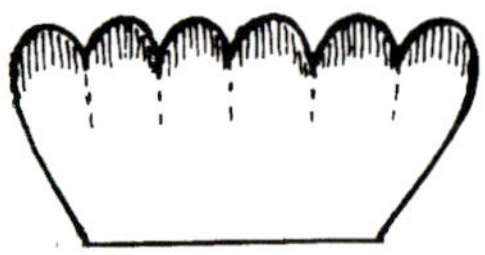

Schablone zu ausgeschnittener Krokusblüte

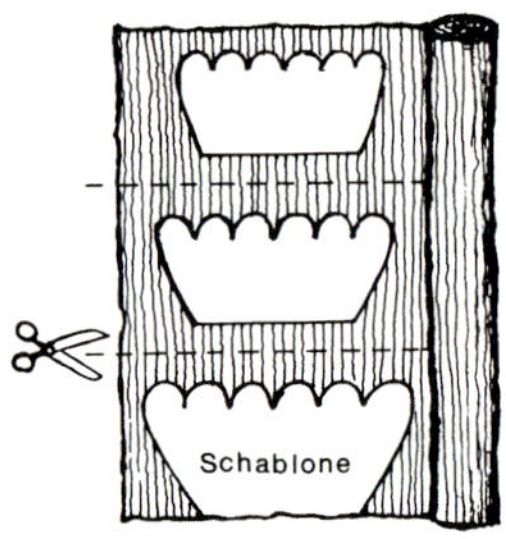

Waagerecht fortsetzen und schneiden

Ausführung

Der „Grasboden“

Um die Krokusse später in die Schale (Käseschachtel) setzen zu können, bedarf es einer ca. 2 cm hohen Schicht geknüllten Kreppapiers in Grün:

- von der Rolle mehrere ca. 6 cm breite Streifen abschneiden, aufeinanderlegen
- und in ca. 6 cm lange Stücke schneiden.

Anmerkung
Mit dem Zusammenknüllen der Papierstückchen können beschäftigt werden alle

- Einhänder
- Parkinson-Kranke
- Sehschwache
- motorisch Unruhige

Materialschalen, z. B. Joghurtbehältnisse aus Kunststoff, eignen sich bestens zur Übersicht und Erfolgskontrolle.
Das Knüllen ist gleichzeitig eine hervorragende Fingergymnastik.

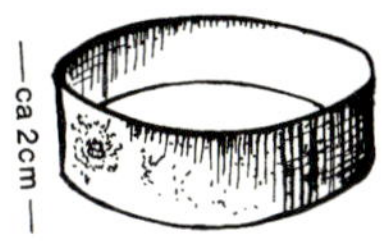

Käseschachtel

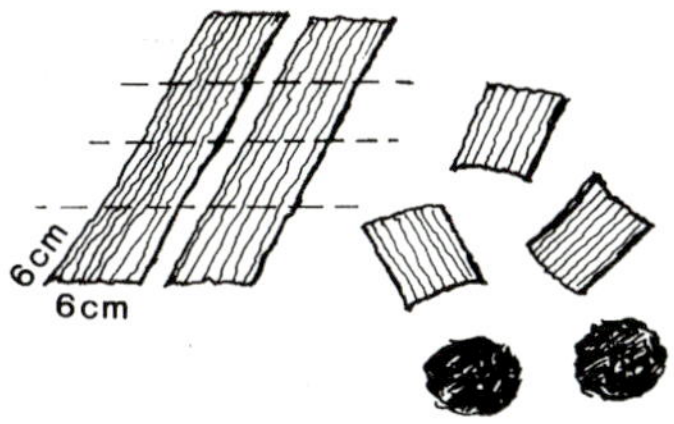

Papier abschneiden und knüllen

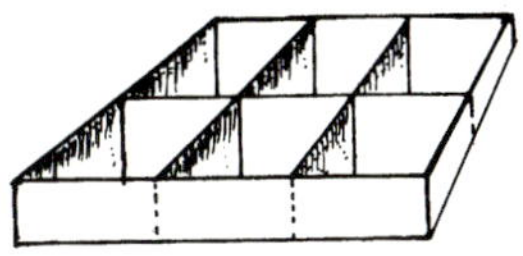

Joghurtbehältnis als Materialschale

Blütenstengel

- Aus den grünen Trinkhalmen werden die Stengel wie folgt geschnitten:

6 cm Länge (max.) für große Blüten
5 cm Länge (max.) für mittlere Blüten
4 cm Länge (max.) für kleine Blüten

Trinkhalme

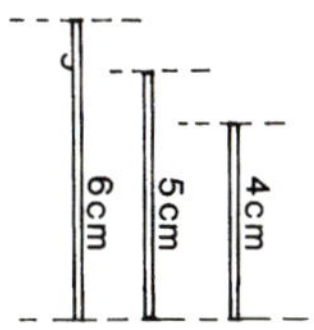

in diesen Längen

- Als optisches Hilfsmittel für den Zuschnitt schneidet der AB vorher drei rote Trinkhalmstücke in den obigen Maßen vor: Jetzt hat der PB eine Kontrastfarbe zu den blaßgrünen Trinkhalmen und kann sich gleichzeitig an den vorgebenen Maßen orientieren.

Die Blätter für die Blüten

müssen nach Augenmaß geschnitten werden.
Bleistift- oder Kulimarkierungen sind auf grünem Kreppapier kaum wahrnehmbar.

- Es empfiehlt sich, ca. 0,5 cm schmale Streifen zu schneiden und sie dann in spitzige Form zu bringen. Die Länge richtet sich nach der Größe der Blüten.

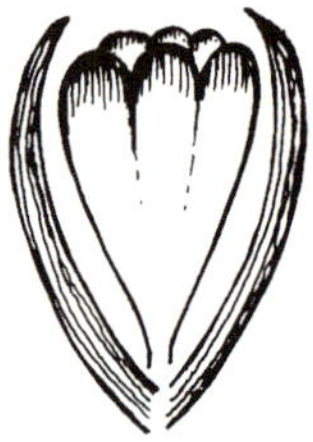

Die Blätter für die Blüte...

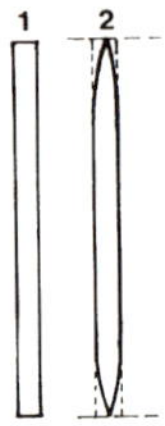

...aus grünem Kreppapier schneiden und zuspitzen

Formen der Blüten

- Ist alles vorgeschnitten, nehmen wir das Krokus-Blütenblatt (vom Rechtshänder aus betrachtet) in die linke Hand und beginnen unterhalb der Zacken mit Daumen und Zeigefinger der rechten Hand von links nach rechts durch behutsames Ausstreichen mit der Wölbung.
- Nun rollen wir das Blatt locker über den linken Daumen, so daß die Zacken versetzt übereinander liegen.

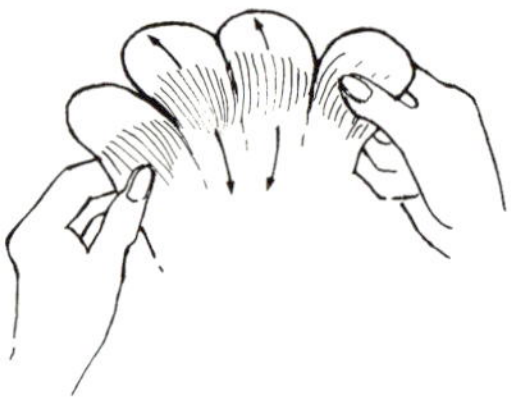

Unterhalb der Zacken ausdrücken und wölben

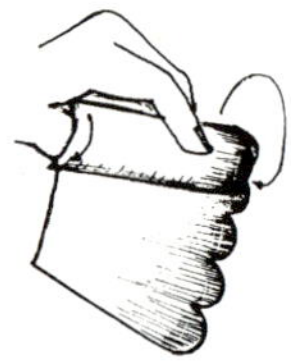

Blatt über Daumen rollen

- Jetzt nehmen wir die Blüte vorsichtig vom Daumen, drücken sie unten zusammen und behalten sie in der Hand.
- Wir gestalten die Blüte formgerecht, indem wir sie mit Zeigefinger sorgfältig „ausbeulen".

Etwas vom Daumen nehmen und unten zusammendrücken

formgerecht gestalten

- Ob die Blüte offen, halb geschlossen oder eben im Aufbrechen begriffen ist, ergibt sich aus den sehr verschiedenen Daumenstärken der Teilnehmer von selbst.
- Nun wird die Blüte behutsam vom Daumen abgewickelt und auf die Arbeitsplatte gelegt.
- Trinkhalmstiel in Kleister tauchen und am linken unteren Ende des Blütenblattes ankleben.
- Die im Bild eingezeichnete Zone hauchdünn mit Kleister bestreichen.

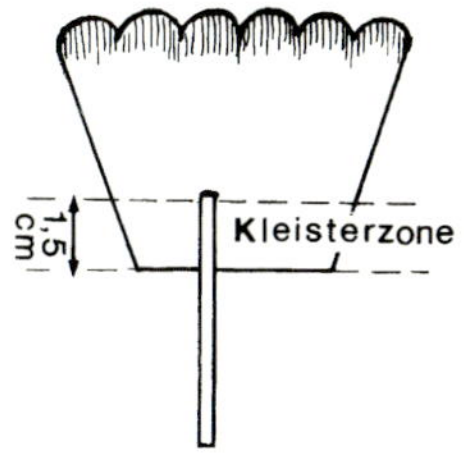

Trinkhalmstiel einkleistern und ankleben

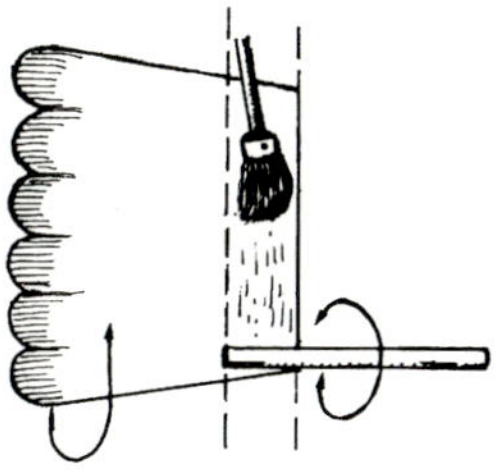

Blatt drehen und nach oben aufrollen

- Blütenblatt drehen, die Zacken schauen nach links.
- Glatt locker von unten nach oben aufrollen; die Zacken müssen wieder versetzt übereinander liegen.
- Die Blüte schließt sich durch die vorgegebene Wölbung in der alten Form.
- Die gekleisterte Zone mit Daumen und Zeigefinger am Stiel andrücken.
- Blüte trocknen lassen.
- An dieser Stelle je ein grünes Blatt ankleben.

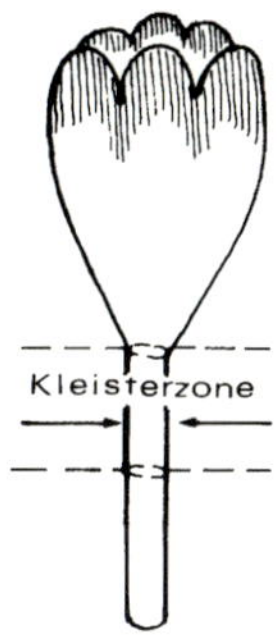

Kleisterzone am Stiel andrücken – trocknen lassen

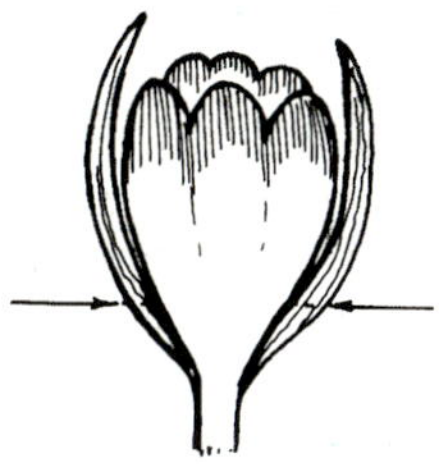

Grüne Blätter ankleben

Inzwischen hat die Gruppe der Einhänder und motorisch Unruhigen genügend grünes Kreppapier geknüllt.

Vorbereitung des Grasbodens

Boden der Käseschachtel durch Rotstiftmarkierung in Viertel aufteilen.

Zuerst ein Viertel mit Kleister bestreichen und die Papierknäuel einzeln andrücken lassen.

markieren, kleistern und Papierknäuel andrücken

Hinweis: Wegen der unter Umständen sehr langsamen Arbeitsweise versehen wir nicht den ganzen Boden, sondern Feld um Feld mit Kleister, um einen vorzeitigen Trocknungsprozeß zu verhindern.

- Ist der Boden in der Schachtel vollständig bedeckt, bekleben wir sie außen mit ebenfalls grünem Kreppapier.
  (Jede andere Farbe würde störend wirken und unser „Stück Krokuswiese“ in ihrer Wirkung schmälern.)

Gestaltung des Schälchens:

Damit das Schälchen einen optisch wirkungsvollen Schwerpunkt bekommt, wird zuerst ein großer Krokus „gepflanzt“ (nicht zentral, sondern etwas von der Mitte versetzt nach „Goldenem Schnitt“):

- Mit der Ahle kleines Loch in den Grasboden bohren,
- in das Loch etwas Klebstoff träufeln,
- den Krokus „pflanzen“,
- große und kleine Blüten hübsch anordnen.

Nun ist das Schälchen fertig und die Wirkung verblüffend.
(Besucher unserer Pflegestation sind prompt auf die Krokusse hereingefallen.)

Nacheinander die Krokusse einkleben

Abwandlung zu 3.4.4

Blumentopf statt Käseschachtel

Kleine Blumentöpfchen eignen sich ebenfalls als Behältnis; Zeitungspapierfetzen zerknüllen und lagenweise einschichten. Zwischen die einzelnen Papierfetzenlagen etwas Kleister geben.

- Das Töpfchen bis zum Wulst anfüllen.
- Zeitungsschicht mit „Grasboden“ aus Kreppapier abdecken und ankleben (Klebstoff).
- Krokusse wie beschrieben einsetzen.

Zeitungspapier knüllen, kleben, einschichten

„Grasboden" bilden und Krokusse einsetzen

Anmerkung
Wir können im Frühling die Bettlägerigen mit Krokustöpfchen erfreuen und haben somit den März über einen attraktiven Tischschmuck für die Pflegestationen, ebenso für Fest und Feier.

3.4.5 Naß-in-Naß-Malerei

Material, Werkzeug

• Brett oder Kunststoffbodenfliese ca. 30 x 40 cm • Zeichenpapier (saugfähig)	• Gläser, standfest • Wasser • Lappen
• Stecknadeln • Wasserfarben • Pinsel, verschiedene Stärken	• Schürzen • Zeitungspapier

Vorbemerkung
Neben der Abklatschtechnik *(Werkbogen „Abklatschtechnik" 3.4.7)* erschließt die Naß-in-Naß-Malerei auch und gerade halbseitig Gelähmten, Parkinson-Kranken und Sehschwachen die Möglichkeit des Malens. Diese Technik erfordert keinerlei Präzision. Im Gegenteil: Der Reiz besteht im Fließen der Farben.
Teilnehmerzahl: **max. 6 PB**

Vorbereitung

- Tische mit Zeitungspapier abdecken. **Achtung!** Keine Traueranzeigen an der Oberfläche, die einen fröhlichen Anfang mit Sicherheit gefährden würden.
- Bretter/Kunststoffplatten bereitlegen.

- Papierbögen auflegen (für die Einhänder an den Ecken mit Stecknadeln befestigen).
- Wasserfarben, Pinsel, Gläser bereitstellen.
- Lappen und Schürzen in Griffnähe.

Technik

Auf die herkömmliche Methode, den Papierbogen rasch zu wässern bzw. mit der Hand auf das Brett zu ziehen, wird bewußt verzichtet. Vielmehr ist der erste Arbeitsgang eine gute Vorübung, zunächst mit Wasser einen gleichmäßigen Pinselstrich zu trainieren.
Dieses wirkt außerdem beruhigend auf die Parkinson-Kranken: Mit der stetigen Pinselführung von links nach rechts (vom Rechtshänder aus betrachtet) gehorcht die Hand immer besser; das Zittern hört nahezu auf.

1. Die PB werden aufgefordert, den Papierbogen von links nach rechts (Linkshänder umgekehrt) mit Wasser in durchgehenden, herzhaften Pinselstrichen zu befeuchten. Auch nicht befestigte Bögen haften jetzt rutschfest auf der Unterlage.
2. Sind alle Bögen befeuchtet, läßt der AB die PB wässeriges Blau anrühren, das, wie zuvor das Wasser, in durchgehenden Pinselstrichen aufgetragen wird.
3. Mit dem Blau, das sich zufällig „gewölkt" oder „wellenartig" ausnimmt, wird jetzt die Phantasie angeregt: „Es sieht aus wie der Himmel" oder „Das könnte Wasser sein". (Damit stellt sich das erste Erfolgserlebnis ein!) Sind alle Bögen blau übermalt, sorgt der AB schnell für frisches Wasser und saubere Pinsel. Bevor weitere Farben benutzt werden, überprüft er die Bögen auf ausreichende Feuchtigkeit. Angetrocknete Stellen sind gegebenenfalls erneut mit Wasser zu netzen: Aber nicht zuviel, in einer „Seenplatte" können keine Farben zerfließen!
4. Nach Wahl der PB werden jetzt auf das feuchte Blau kräftige Farbtupfer aufgetragen, wodurch sie reizvoll ineinanderlaufen, sich überschneiden, neue Farbtöne hervorbringen und merkwürdige Formen zaubern.

Der 1. Arbeitsgang: Einpinseln mit Wasser

Nachbemerkung
Wird die Naß-in-Naß-Malerei erstmals durchgeführt, sollte unbedingt nach dieser Methode verfahren werden. Eine vorgefaßte Bildidee verleitet sonst zu gegenständlichem Malen: Ein Haus, eine Blume, die Sonne (es entsteht ein Kindergartenbild, mit dem die PB unzufrieden sein werden!).

Ist die Technik mehrfach geübt, kann durchaus eine Bildidee zur Gestaltung kommen. Hier muß der AB den PB z. B. in Fragen der Perspektive, Horizontansatz usw., aber auch beim Mischen der Farben, helfend beraten.

Beispiele für Bildideen:

Sommerwiese unter blauem Himmel	Sonnenaufgang am Meer
Bäume im Nebel	Sonnenuntergang am Meer
Vogelscheuche im Nebel	Wolken am Morgenhimmel
Segelschiffe auf See	Wolken am Abendhimmel
Segelschiffe im Hafen	Blumen- oder Gartenschau aus der Ferne betrachtet

3.4.6 Rhythmisches Zeichnen

Material, Werkzeug, Hilfsmittel

• Papier DIN A4, weiß • Bleistift	• Dekonadeln • Tonträger
• Buntstifte • Arbeitsplatten 30 x 40 cm	• Kassettenrecorder • Gläser

Vorbemerkung

Wie der Name schon sagt, wird bei dieser Technik rhythmisch gezeichnet, nämlich zu Musik. Dazu sind keinerlei Vorkenntnisse erforderlich. Daher kommt diese Art des Zeichnens alten Menschen entgegen. Dabei handelt es sich um eine wirkungsvolle Mehrfachaktivierung: Musik und Bewegung, Umgang mit Farben und zufällige Formgebung zur farblichen Gestaltung.

Anmerkung:
In der Praxis erweist sich die Verwendung von Musettewalzern als besonders vorteilhaft!

Vorbereitung

- Papier auf der Arbeitsplatte mit Dekonadeln fixieren.
- Bleistift in Griffnähe bereitlegen.
- Buntstifte zunächst außer Reichweite (in Gläsern) bereitstellen. (Sie werden erst später gebraucht und eignen sich mangels Gleitfähigkeit nicht zur Vorarbeit.)

Technik

Nach einleitenden Worten ermuntert der Aktivitätsbetreuer die Betagten, den Bleistift wie zum Schreiben in die Hand zu nehmen. (Kontrolle ist notwendig, damit die Betagten möglichst locker und schwungvoll zeichnen können.)

- Die Musik setzt ein.
- Jetzt werden die Betagten ermuntert, nach dem Rhythmus der Musik auf das Blatt großzügige Linien und Kreise zu zeichnen. Dabei soll möglichst nicht abgesetzt werden: Wie aus einem Guß überschneiden sich dann die Linien und Kreise und zaubern lustige Figuren, verteilt über das ganze Blatt.
- Nach einigen Minuten setzt die Musik aus; der Bleistift wird beiseite gelegt.
- Jetzt werden die Buntstifte in Griffnähe gestellt, und die Figuren können nach Herzenslust ausgemalt werden.

Nachbemerkung
Durch das rhythmische Zeichnen können Betagte wichtige Funktionen in spielerischer Form trainieren: Feinmotorik; Schreibmotorik; Augen-Hand-Koordination und die Umsetzung eines akustischen Reizes in Bewegung. Beim Ausmalen der Figuren läßt sich die Steuerung der Hand besonders gut üben.

3.4.7 Abklatschtechnik

Material, Werkzeug, Hilfsmittel

• Papierbögen (2) weiß, Maß siehe Vorbereitung • Kartonunterlage • Zeitungspapier	• Pinsel • Gläser: Honiggläser mit 7,5 cm Durchmesser wegen guter Standfestigkeit besonders geeignet
• Steck- oder Dekonadeln • Arbeitsplatten 30 x 40 cm • Wasserfarben	• Wasser • Lappen • Schürzen

Vorbemerkung

Die Abklatschtechnik ermöglicht alten und pflegebedürftigen Menschen unbeschwerten, fröhlichen Umgang mit Farben. Da diese Technik keinerlei Präzision erfordert, kommt sie sehschwachen, zittrigen, motorisch Beeinträchtigten und Halbseitengelähmten sehr entgegen! Ein in Abklatschtechnik entstandenes Zufallsbild ist ein großes Aha-Erlebnis für Pflegebedürftige im Heim, aber auch zu Hause, wenn ambulanter Dienst oder Angehörige aktivieren.

Vorbereitung

- Tische zu einem Block zusammenstellen, mit Zeitungspapier abdecken. Vorsicht! Keine Traueranzeigen an der Oberfläche, die einen fröhlichen Anfang mit Sicherheit gefährden würden. (Gesprächsstoff über die letzten Todesfälle im Haus oder Bekanntenkreis.)
- Pro Teilnehmer: Arbeitsplatte, Wasserfarbenkasten offen, Glas mit Wasser, Pinsel, Lappen und Schürze bereithalten.
- Die Größe des zu bemalenden Papierbogens richtet sich nach der Innenfläche, die zwischen den Arbeitsplatten übrigbleibt.
- Der PB muß den Papierbogen vom Sitzplatz bzw. Rollstuhl aus mit dem Pinsel gut erreichen können.
- Papierbogen auf Pappunterlage mit Steck- oder Dekonadeln an den Ecken befestigen.

Mit Zeitungspapier abdecken

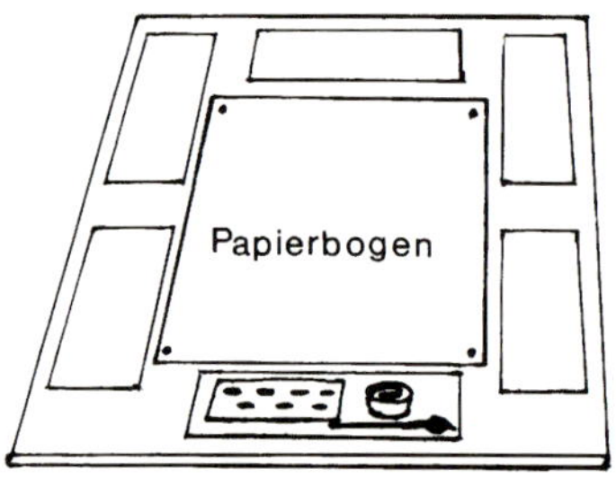

... Papierbogen fixieren

Technik

- Die PB werden ermuntert, die Farbe ihrer Wahl mit Wasser reichlich zu mischen.
- Der AB überprüft die richtige Konsistenz auf einem Schmierblatt.
- Ist die Farbe angerührt, werden die PB aufgefordert, kräftige Striche und Tupfer so rasch wie möglich auf die Papierfläche aufzutragen. Anfängliches Zögern weicht schnell lustvollem Klecksen! Gespannte Erwartung belebt die ganze Gruppe. Bizarre Formen überschneiden sich, laufen ineinander.
- Das Bild wird mehrmals gedreht. So können alle PB jede Seite bemalen. Die Pappunterlage erlaubt problemlose Handhabung.
- Sind genügend Farben aufgetragen, wird der zweite Papierbogen daraufgelegt, kurz angedrückt und wieder abgehoben. Der Abklatsch ist das eigentliche „Kunstwerk" und wird mit großer Spannung erwartet und freudig kommentiert.

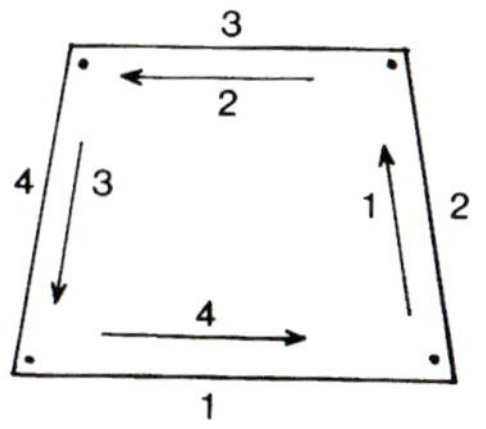

Bild mehrmals drehen

Der „Abklatsch"

Die Gruppe ist so begeistert, daß gleich anschließend derselbe Vorgang wiederholt wird und ein zweites Bild entsteht.

Anmerkung
Zwei depressive PB verließen fröhlich und angeregt den Raum: Stimulanz über Farben!

3.4.8 Stoffcollagen

Material, Werkzeug, Hilfsmittel

• Stoffreste • Wollreste • Filzstoff, rosa	• Filzstift • Wasserfarben • Deckweiß
• Filzstoff, orange • Tapetenrest (Rolle) • Plakatkarton	• Haarpinsel und separater Borstenpinsel • Bügeleisen
• Kleister • Borstenpinsel • Stecknadeln	• Bügelunterlage • Kabeltrommel (bei Bedarf) • Bildaufhänger
• Scheren • Papier • Bleistift	• Arbeitsplatten • flache Behältnisse, für kleine Stoffteile während des Ausschneidens • Arbeitsplatten 30 x 40 cm

Vorbemerkung

Stoffreste in ihrer Vielfalt sind außergewöhnlich starke Erinnerungsträger: Wer trug nicht schon Geblümtes, Kariertes, Gestreiftes, Getüpfeltes? Nicht zu unterschätzen die taktile Wahrnehmung, z. B. von Samt, Seide, Leinen, Tuch, ganz zu schweigen von der Üppigkeit der Farbreize!

Am Beispiel „Markt" soll lediglich Methode und Technik aufgezeigt werden, wie sie mit Betagten bei jeder anderen Collage Anwendung finden können.

Vorbereitung

- Zwischen den Arbeitsplatten werden die Stoffreste „à la Schlußverkauf" ausgebreitet.

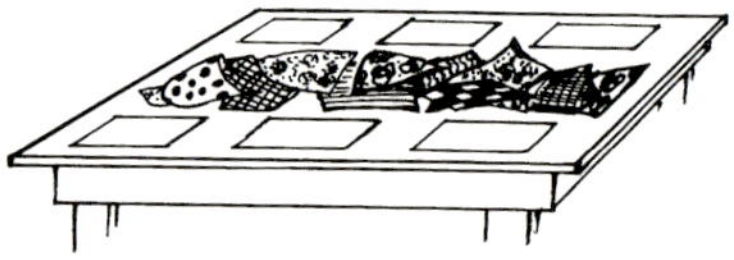

Beispiel für die Einstimmung

Methode

Sobald die Betagten sitzen, beginnt erfahrungsgemäß fröhliches Wühlen im Stoffberg, verbunden mit der Frage: *„Was machen wir denn heute aus den Lumpen?"*

- Durch einleitende Worte lenkt der AB die Gedanken der Betagten auf den Markt: *„Was gibt es auf einem Obst-, Gemüse- und Blumenmarkt alles zu sehen?"*
- Der AB ermuntert die Betagten zu verbaler Aktivität. Aufgezählt werden sollen Obstsorten, Gemüsesorten, Blumen und Pflanzen. Der AB schreibt alles auf. Spontane Äußerungen *wie „Wir brauchen auch einen Sonnenschirm"* und *„Eine Marktfrau muß her von mindestens zwei Zentnern Gewicht"* beleben das Thema.

Durchführung

- Die angeführten Obstsorten, Blumen etc. können zur Bestätigung wiederholt werden, z. B.: *„Frau A, Sie nannten vorhin Pfirsiche, können Sie einen Stoff aussuchen, aus dem sich Pfirsiche schneiden lassen?"*
  Die Suche im Stoffberg wirkt anregend auf das Altgedächtnis der Betagten. Zwischenrufe wie *„Ich hatte mal ein Sonntagskleid, ganz ähnlich diesem Stoff"* sind nicht selten.

Wichtiger Hinweis! Über die zweckorientierte Stoffauswahl erhält der AB nebenbei Kenntnisse über noch vorhandene Sehkraft und Wahrnehmung der einzelnen Betagten: Wer erkennt Farben, Formen und Umrisse noch richtig?

- Um das Ausschneiden zu erleichtern, müssen die Stöffchen zuvor gebügelt werden. Der AB hat sorgfältig abzuwägen, wen er von den Betagten mit Bügeln betrauen kann. (Brandwunden durch motorische Ungeschicklichkeit, Tremor, Sehschwäche, Schwindel vermeiden.) Eventuell muß der AB bügeln.

Anmerkung
Nicht jedes zweckorientierte Motiv findet sich in Stoffen so eindeutig wie z. B. die Blumen, die einer Kittelschürze entstammen und als Einzelblüte ausgeschnitten wurden. Wenn also Konturen wie Blumenformen, benötigte geometrische Formen, Streifen etc. nicht vorgegeben sind, muß der AB auf den Stoffen selbstverständlich deutliche Markierungen mit Filzstift anbringen.

- Während der Ausschneidearbeiten lenkt der AB das Interesse der Einhänder wieder auf den Stoffberg:
  „Frau M, möchten Sie einen Kleider- und Schürzenstoff für die Marktfrau aussuchen?", „Und Sie, Frau R, finden vielleicht einen Stoff für den Sonnenschirm?", „Herr Z, wir brauchen Obst- und Gemüsekisten, könnten Sie nach Gestreiftem suchen, ähnlich den Holzlatten?", „Finden sich noch geeignete Stoffe für Blumenkübel?"

Technik

- Sind alle Teile geschnitten, wird zuerst auf einem Stück Tapete ein „Marktausschnitt" arrangiert. Selbstverständlich unter Berücksichtigung gestalterischer Grundelemente.

Bei der Tapete beachten

Hinweis! Stoffcollagen sollten mit betagten Menschen stets als Vordergrundbild angelegt werden. Raumwirkung zu erzielen ist äußerst schwierig. Perspektivisch korrekter Zuschnitt von Stoffen in geometrischen Formen (wie z.B. Obstkisten) übersteigt gewöhnlich das Vorstellungsvermögen Betagter.
Es gibt genügend Beispiele derartiger Versuche. Hängt eine solche Collage an der Wand, stehen die in den Raum „hineingedachten" Gegenstände/Personen übereinandergestapelt (Kindergartenbild).

- Herrscht nach ausgiebiger Begutachtung Einigkeit in der Werkgruppe, werden die Stoffteile zunächst provisorisch mit Stecknadeln fixiert.
- Das Aufkleben erfolgt etappenweise: Der AB reicht den Betagten Einzelteile zu, damit sie auf der Unterseite mit Kleister bestrichen werden können. Hierbei können – bei günstiger Sitzordnung – Einhänder durch Festhalten der Stoffteile gut in die Gruppenarbeit eingebunden werden. Ebenso beim Andrücken schon geklebter Stücke.
- Im oberen Drittel der Collage signalisiert ein wasserfarbenblauer Himmel, deckweißgewölkt, Markt im Freien. Sollten keine Betagten in der Werkgruppe sein, die eine Abtönung am sonst fertigen Bild vornehmen können, muß sich der AB als Maler betätigen.
- Gelber Plakatkarton in Harmonie mit Sonnenschirm und Pfirsichen bildet sowohl stabilisierende Unterlage wie auch die Einrahmung der Collage.
- Aufhängen siehe Werkbogen „Textilbild Blumenkorb. Einrahmung und Bildaufhängung" 3.4.10.

3.4.9 Blüten aus Wolle

Material, Werkzeug, Hilfsmittel

• Mohair- oder Angorawolle (bevorzugt) • Wolle, gewöhnlich (auch verwendbar)	• Arbeitsplatten – Kontrastfarben zur Wolle beachten! • Styroporplatte als Ablage
• Lineal, 30 cm • Lineal, 20 cm – Lineale je mit Loch	• Schere

Vorbemerkung

Mit Blüten aus Wolle erschließen sich einer Werkgruppe von Betagten interessante Möglichkeiten. Im Vergleich zur reinen Flächengestaltung in der Stickerei, nimmt sich bildnerisches Gestalten unter Verwendung von Wollblüten geradezu plastisch aus. *(Siehe Werkstück „Textilbild Blumenkorb" 3.4.10.)* Die Blüten treten gewissermaßen aus dem Rahmen hervor und können daher von sehschwachen Betagten eventuell noch wahrgenommen werden.

Technik

1. Wollfäden in ca. 3 m Länge abschneiden = 3 x Spannweite der seitwärts ausgestreckten Arme, (für 30 cm-Lineal)
2. Lineal, mit Loch nach oben zeigend, senkrecht vor dem Körper halten, den Wollfaden über die obere Kante nach hinten führen, auf der Vorderseite mit dem Daumen, auf der Rückseite des Lineals mit dem Zeigefinger festhalten (Pinzettengriff).
3. Lineal waagrecht halten, die Finger zeigen nach unten.
4. Mit dem langen Faden bis zum Loch umwickeln, in dichter Folge, jedoch ohne Überschneidung, nicht zu straff und nicht zu locker. (Selbsterfahrung!)

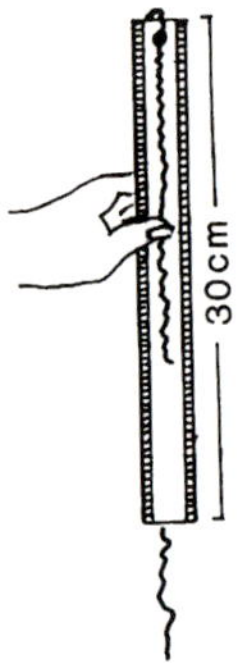

Loch nach oben – Faden einziehen (zu 2.)

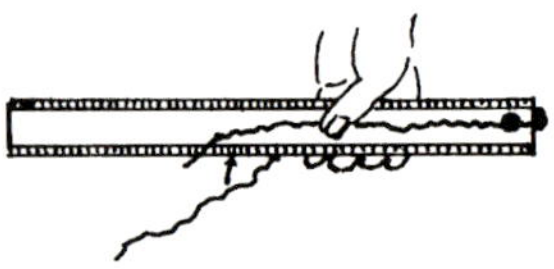

Lineal drehen (zu 3.) …

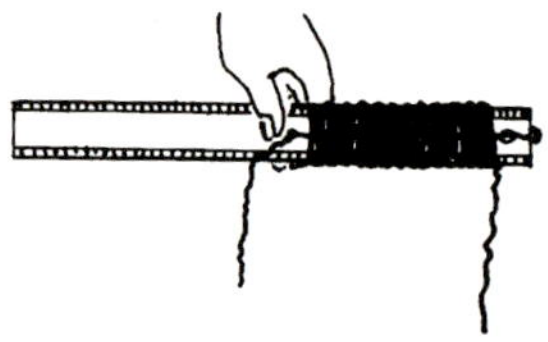

und bis zum Loch mit langem Faden wickeln (zu 4.)

5. Lineal senkrecht halten, Loch nach unten, Faden auf der Rückseite festhalten mit der linken Hand.
6. Mit der rechten Hand oberen Linealteil festhalten.
7. Das Gewickelte mit einem Ruck vom Lineal nach unten abziehen.

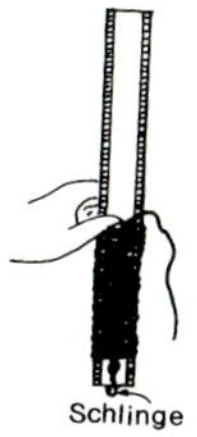

Lineal wieder drehen (zu 4.)

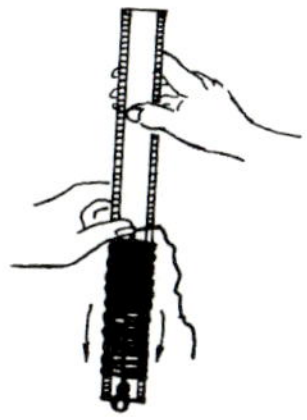

oben festhalten und mit der anderen Hand (zu 6.) …

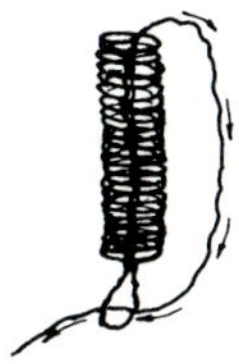

das Gewickelte mit einem Ruck nach unten abziehen (zu 7.)

8. Die entstandene „Spirale" runden, den Faden durch die Schlinge führen und mit dem anderen Fadenende locker! verknoten.

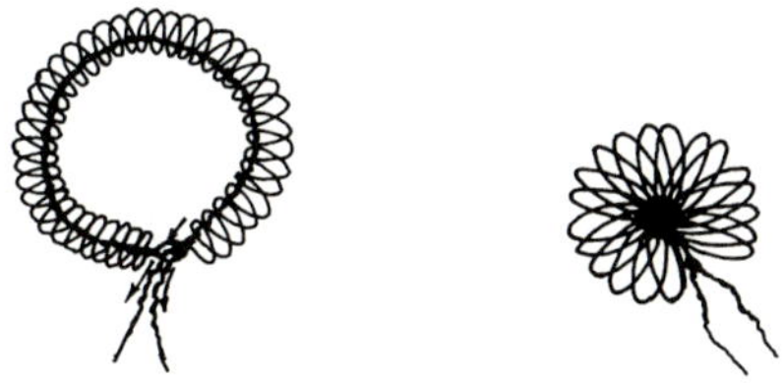

Faden durch Schlinge führen und Fadenenden verknoten (zu 7. u. 8.)

Hinweis: Für kleinere Blüten wird das Lineal von 20 cm benutzt mit ca. 2 m Faden. Die feinmotorischen Anforderungen erhöhen sich damit erheblich.

Die Fadenlängen lassen sich nur grob bestimmen:

1. Es gibt keine einheitlichen Lineale, was die Breite und/oder das Material angeht (z.B. Holz oder Kunststoff).
2. Die Vielfalt der Wolle verarbeitet sich in ihren unterschiedlichen Fadenstärken ebenso unterschiedlich im Verbrauch.

3.4.10 Textilbild Blumenkorb

Material, Werkzeug, Hilfsmittel

• Mohair- oder Angorawolle, himbeerrot • Wolle, grob, rohweiß • Schafwolle, grün	• Pappe, dünn • Preßspanplatte oder Sperrholzplatte oder sehr stabile Pappe. Maß: 50 x 70 cm
• Wolle, braun • Textiltapete, farbneutral • Lineal 30 cm	• Bildaufhänger • Pfriem/Ahle • Stecknadeln mit Kopf
• Lineal 20 cm • Bleistift • Schere	• Klebstoff • Leder-/Kunstlederrest • Arbeitsplatten 30 x 40 cm

Vorbemerkung

Wollblüten (siehe Werkbogen „Blüten aus Wolle" 3.4.9) bieten etliche Möglichkeiten zu bildnerischem Gestalten. Wird die Technik eingeführt und verstanden, entfacht sie einen wahren Produktionseifer unter den Betagten. Der AB sollte daher von vornherein verhindern, daß immer ein und dasselbe Motiv geradezu serienmäßig dargestellt wird.

Empfehlung

Damit sich der AB in der Werkstunde den Betagten bei der Herstellung von Blüten und Kordeln genügend widmen kann, sollte die Bildvorlage (die mit Textiltapete bezogene Preßspanplatte etc.) fertig beklebt vorliegen. Je nach Zusammensetzung der Werkgruppe müssen ohnehin Blüten und Kordeln in getrennten Werkstunden gestaltet werden.

Herstellung von Blüten siehe Werkbogen 3.4.9.
Herstellung von Kordeln siehe Werkbogen 3.4.19.

Der Korb

- Die Größe des Korbes richtet sich nach den Maßen der bezogenen Preßspanplatte.
- Als Grundlage zur Formgebung wird aus der dünnen Pappe eine Schablone geschnitten.
- Das Bekleben der Schablone mit der Kordel:
  1. Eine schmale Spur Klebstoff wird am unteren Schablonenrand entlang geträufelt und der Kordelanfang linksbündig angelegt.
  2. Die Kordel wird leicht auf die Klebespur angedrückt bis zum rechten Schablonenrand.
  3. Dort wird die Restkordel abgelegt,
  4. über dem festgeklebten Kordelstück eine neue, schmale Klebespur geträufelt,
  5. nun der Kordelstrang so nach links umgebogen, daß
  6. die Kordel auf der neuen Klebespur festgedrückt werden kann bis zum linken Schablonenrand.
  7. Dort wird Ablegen, Beträufeln, Umbiegen und Kordelfestdrücken in Gegenrichtung genauso gehandhabt.
  8. Mit diesem Hin- und Herwinden der Kordel wird so allmählich die ganze Schablone angefüllt: Es entsteht der Effekt eines Blumenkorbes aus Weidengeflecht.

Schablone aus dünner Pappe

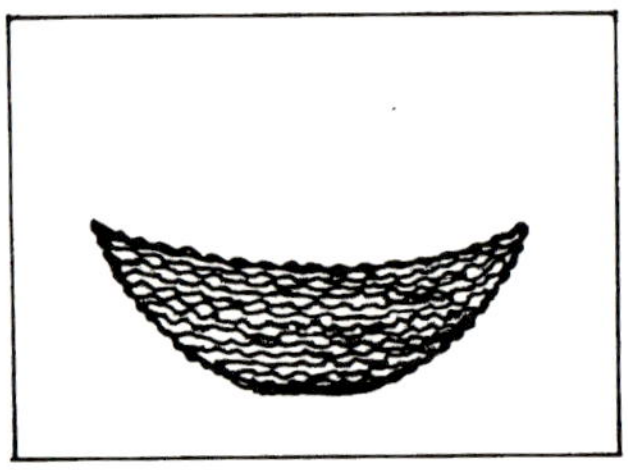

auf Bildvorlage plazieren (oben Platz für Henkel lassen) und mit Kordel bekleben

Weil das notwendige Kordelstück für einen ganzen Blumenkorb ziemlich lang ist und daher von den PB nicht gehandhabt werden kann, müssen ein oder mehrere Kordelstücke angesetzt werden.

- Dazu wird der Knoten am Endstück der vorhergehenden Kordel abgeschnitten
- und das nun freie Endstück mit der Ahle an die letzte klebrige Stelle angedrückt.
- Das Anfangsstück der neuen Kordel wird auf der Klebespur bündig an das vorgehende Kordelstück angeschlossen.
- Ist die Schablone ganz beklebt, wird die Kordel abgeschnitten und
- das Schlußstück ebenfalls mit der Ahle an das letzte klebrige Schlußstück angedrückt.

- Der fertige Korb wird auf der Bildvorlage so plaziert, daß für einen Henkel genügend Raum bleibt.
- Der Henkel wird separat mit einer ebenfalls braunen Kordel gestaltet, die der Proportion des Korbes entspricht.
- Zuerst wird mit der Kordel ein eleganter Henkel gelegt und mit Stecknadeln fixiert.
- Ein dünner Bleistiftstrich entlang der Kordel markiert den Henkelbogen.
- Jetzt wird die Kordel wieder abgenommen und entlang der Bleistiftmarkierung etappenweise aufgeklebt.

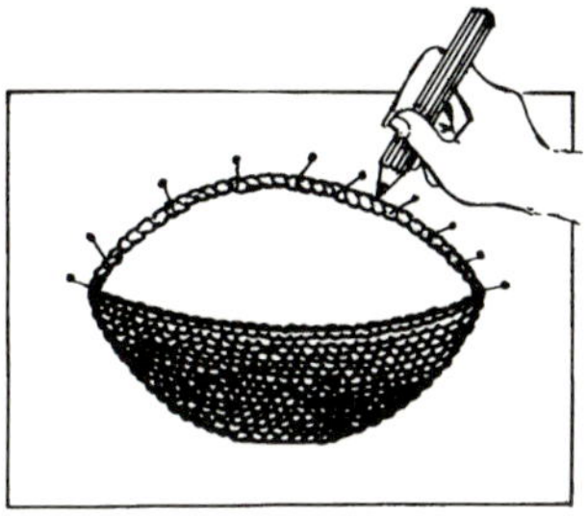

Lose Kordel mit Nadeln fixieren

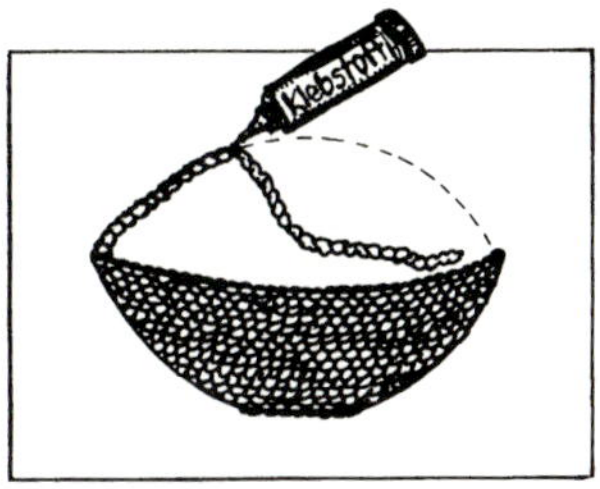

mit Bleistift markieren und darauf die Kordel als Henkel kleben

Das Blütenarrangement

Ist der Korb fertig, kann er mit den leuchtenden Blüten bestückt werden:

- Blüten ebenfalls zunächst nur mit Stecknadeln fixieren. (Vorzeitig verwendeter Klebstoff erlaubt keine Korrektur!)
- Erst nach gründlicher, gemeinsamer Begutachtung wird jede Blüte einzeln abgenommen, die leere Stelle mit etwas Klebstoff beträufelt und die Blüte am vorgesehenen Platz angeklebt.

Vor dem Kleben: Lage der Blüten erst mit Stecknadeln prüfen

Sanfter Fingerdruck auf die Mitte der Blüte unterstützt die Haftung: Der Klebstoff bindet die unteren Fäden der Blüte.

- Etwas „Grünzeug“, z. B. aus aufgedröselter Schafwolle, läßt sich (mit Pfriem/Ahle) harmonisch einfügen und lockert das Blütenarrangement in natürlicher Weise auf.

Hinweis: Die Einrahmung mit einer Kordel sollte keinesfalls dominierend sein, um den Gesamteindruck der Komposition nicht zu schmälern.

3.4.10 Textilbild Blumenkorb

Einrahmung und Bildaufhängung

Material, Werkzeug

• Bildaufhänger • Pappe, dünn • Lineal	• Bleistift • Pappe • Leder- oder Skairest

Die Umrandung der tapetenbezogenen Preßspanplatte sollte wegen der kräftigen Farben der Blumen zuletzt bestimmt werden. Geübte PB kommen im Gespräch von selbst darauf, daß jede weitere Farbe störend wirkt. Die Umrandung ist daher neutral bzw. naturfarben zu halten. Sehr schön wirkt die Umrandung in der Farbe des Korbes.

Vor der Anwendung von Klebstoff Kordel genau dem Außenrand der Platte anpassen, d. h. links unten Kordel anlegen, nach oben und links um den Außenrand der Platte führen, bis das geknotete Schlußstück der Kordel am linken Eck der Bildunterkante zum Abschluß kommt. Nun wird die Kordel etappenweise – sie kann sich leicht verziehen – am Außenrand der Platte festgeklebt. Jeder angeklebte Teilabschnitt der Kordelumrahmung wird sofort mit einer Leiste so aufgedrückt, daß sich durch den Preßdruck die Kordel leicht über die Plattenebene wölbt.

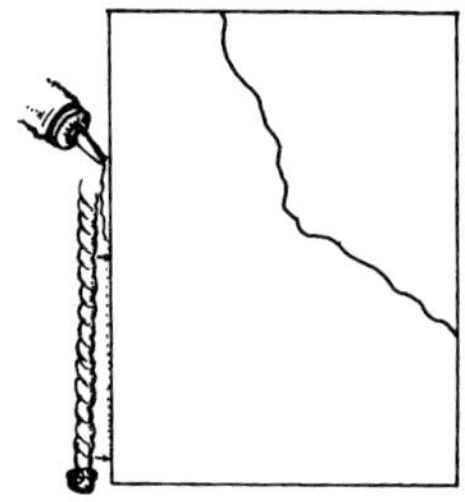

Weitere attraktive Umrahmungstechniken haben die Autoren in ihrem „Handbuch zur Aktivierung“ aufgeführt.

Bildaufhänger sind im Handel erhältlich. Je nach Format, Bildgröße und Gewicht wird einfache oder doppelte Bildaufhängung benötigt.

Aufhänger nicht befeuchten, sondern mit Klebstoff, eventuell Spezialkleber, versehen. Die vorhandene Klebeschicht haftet auf Kunststoff – oder Gummiauflage – nicht ausreichend. Es empfiehlt sich, die so angeklebten Aufhänger mit einer dünnen Pappschicht zusätzlich zu verstärken. Ein Pappe-, Leder- oder Skairest wird so geschnitten, daß er den linken, rechten und mittleren Rand des Aufhängers mindestens um 1 cm überlappt. Damit wird optimale Stabilität erreicht.

Zu guter Letzt können die Einhänder zum Zuge kommen. Durch kräftigen Daumendruck auf die Klebestellen wird den Einhändern bewußt, daß sie an der unmittelbaren Vollendung einer sehr farbenfrohen Bildkomposition beteiligt sind.

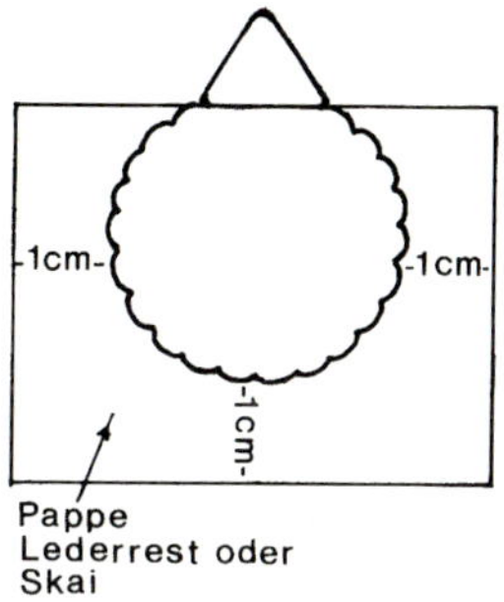

3.4.11 Serviettenringe

Material, Werkzeug

• Papierringe Durchmesser ca. 6–7 cm Höhe 4–4,5 cm	• Bast in verschiedenen, leuchtenden Farben • Schere

Vorbemerkung

Jeder Betagte benutzt im Zimmer oder Eßzimmer eine Stoffserviette. Damit diese schön aufgerollt und gepflegt am Eßplatz liegt, wird sie in einen mit Bast umwickelten Papierring gesteckt. Die Papierringe herkömmlicher Klebebänder eignen sich bestens als Serviettenringe. Sie sind bei Tisch auch von Einhändern gut zu handhaben.

Herstellung

- Der Papierring wird mit Bast sorgfältig umwickelt.
- Das Ende des Bastfadens aufschlitzen in einer Länge von ca. 10–15 cm.
- Dort, wo sich der Faden teilt, die beiden Enden miteinander verknoten.
- Jetzt wird ein Fadenstück von oben in den Ring geführt, das andere von unten.
- Nun können sie an der Innenwand des Ringes miteinander verknotet werden.

Hinweis: Erfahrungsgemäß lernen Einhänder schnell, die Serviette zur Hälfte zu falten, aufzurollen und in den Serviettenring zu schieben.

3.4.12 Maibäumchen (Tischmodell)

Material, Werkzeug, Hilfsmittel

• Kreppapier – rot – blau – grün – gelb/orange	• Ein Borstenpinsel • Ein Lappen • Messer
• Ring aus Holz oder Plastik, Durchmesser ca. 25 cm, Rohrstärke max. 1,5 cm	• Stecknadel • Eine Schürze • Pappe
• Pappröhre, Länge 45 cm, Durchmesser 2,5 cm • Schnur	• Schotter
• Watte • Sektflaschenpfropf	– Der Baumstamm – Der Kranz
• Dispersionsfarbe, weiß und schwarz • Gefäß zum Mischen	– Die Bänder – Der Blumentopf als standfestes Behältnis

Vorbemerkung

Mit einem Maibäumchen ist der Wonnemonat auch am Treffpunkt auf der Pflegestation eingekehrt. Bei der geringsten Luftbewegung flattern die Kreppbänder. Farbe und Bewegung aktivieren besonders Sehschwache und anderweitig sinnesabgebaute PB. (Siehe auch geselliges Programm Monat Mai 9.2.3.)

Vorbereitungsarbeiten des AB

- Tische zum Block zusammenstellen. Eine Tischecke mit Zeitungspapier abdecken. Dispersionsfarbe, Pinsel, Gefäß zum Mischen und Pappröhre bereitstellen; Lappen und Schürze in Griffnähe.
- Auf der Tischfläche: Kreppapier und restliche Materialien dekorativ ausbreiten. Behältnis mit Scheren, Messer aufstellen. Wegen der bevorstehenden Schneidearbeiten (lange Kreppbänder) wird auf Arbeitsplatten verzichtet.

Hinweis: Gruppierung der Teilnehmer nach manuellen Fähigkeiten

Die verschiedenen Arbeitsgänge

- Pappröhre als Birkenstamm anmalen lassen (Trockungszeit einkalkulieren).
- Unterdessen schneiden die PB Bänder aus Kreppapier. Länge ca. 45 cm, Breite ca. 2,5 cm.

Hinweis: Bei den Farben darauf achten, daß Sehschwache gelbes Krepppapier schneiden!

- Das Breitenmaß der Streifen muß nicht unbedingt markiert werden: Zuerst nach Augenmaß schneiden lassen, vielleicht geht es noch!
- Während eine Gruppe PB Streifen herstellt, polstern die anderen PB den Kranzring mit Watte und umwickeln anschließend mit dunkelgrünem Kreppapier.
- Inzwischen ist der Baumstamm trocken.
- Zum Aufhängen des Kranzes werden an der Röhre vom AB ca. 2 cm tiefe Kerben eingeschnitten.
- Am Kranz werden jetzt vier Schnüre befestigt und oben verknotet.

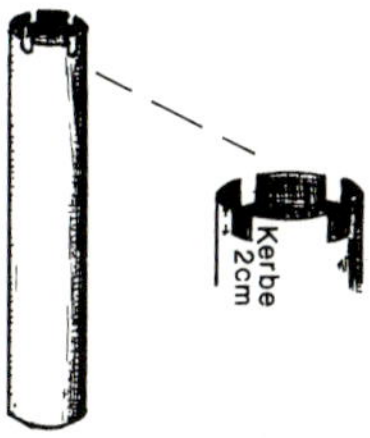

Kerben von 2 cm

4 Schnüre befestigen und ...

oben verknoten

- Nun wird der Baumstamm senkrecht in den Blumentopf gestellt, dessen Boden vorher mit Pappe innen bedeckt wird (Abdeckung des Loches).
- Ist ein Einhänder in der Werkgruppe, kann er das Schottermaterial von Hand einfüllen. Damit es gleichmäßig verteilt ist, hilft der AB durch Drehen des Topfes.
- Steht der Baumstamm, kann der Kranz an den Kerben eingehängt werden.
- Ein Sektflaschenpfropf verschließt den Baumstamm und hält den Kranz waagrecht.
- Zum Schluß wird das Bäumchen von PB zu PB gereicht: Jeder legt seine geschnittenen Kreppbänder abwechslungsweise über den Kranz.
- Mit Stecknadeln jeweils derselben Farbe werden die Bänder befestigt.

Baum in Blumentopf

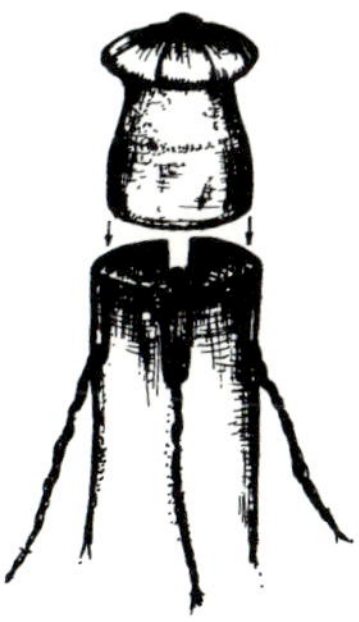

Kranz einhängen
– mit Sektkorken verschließen

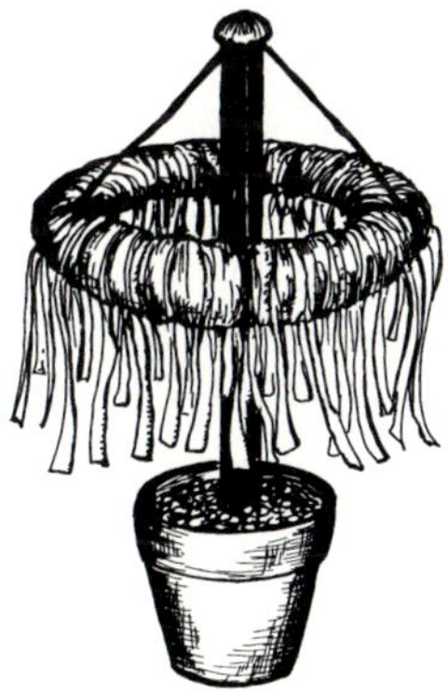

Kreppbänder über Kranz
mit Nadeln befestigen

Empfehlung:
Das Bäumchen ab Juni aufbewahren und jedes Jahr zum 1. Mai die Bänder erneuern.

3.4.13 Arbeit mit Furnieren
Vögel, Blütensterne, Blätter für kahle Äste

Material, Werkzeug, Hilfsmittel

• Kiefernzapfen in allen vorkommenden Größen – halboffen und fast geschlossen	• Bleistift • Behältnis, flach und lang, zum Einweichen
• Furnierreste, hell und dunkel • Holzperlen, rot, verschiedene Stärken • Pappe, dünn • Schere	• Wasser, lauwarm • Lappen/alte Handtücher • Arbeitsplatten, hell bis weiß, 30 x 40 cm

Vorbemerkung

Mit Kiefernzapfen, naturbelassen, und Furnierabfällen im Rohzustand lassen sich verschiedene Elemente der Wälder harmonisch vereinen und neu gestalten.

Vögel

Methodik

Vorbereitung: Für einen Vogel benötigen wir:
- einen kleinen Kiefernzapfen (Kopf)
- einen größeren Kiefernzapfen (Rumpf)

Gefieder aus Furnier
- Federnpaare verschiedener Größe
- Einzelfedern verschiedener Größe
- ein Schwänzchen (je nach Größe des Vogels)
- zwei Teile für den Schnabel (je nach Größe des Vogels)

- Auf Furnier lassen sich Entwürfe nicht gut ausführen und noch schlechter korrigieren.
- Wir zeichnen daher die aufgeführten Teile auf dünne Pappe und erhalten durch Ausschneiden Schablonen. So wird die Übertragung auf Furnier möglich.

Ungefähre Federnform:

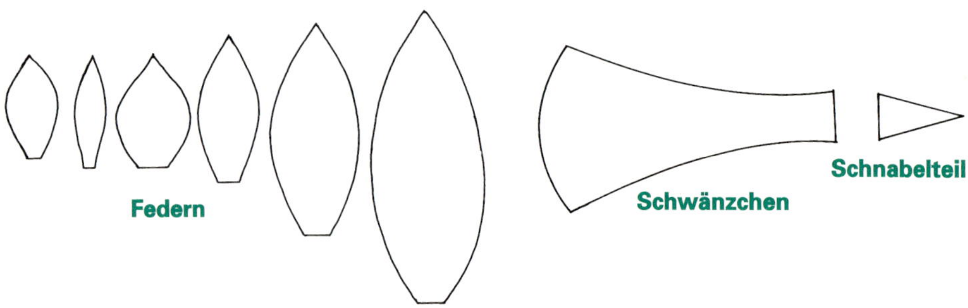

- Die ausgeschnittene Schablone wird längs zur Maserung auf das Furnierstück aufgelegt und mit Bleistift umfahren.

Wir benötigen
– drei Teile jeder Federform: Ein Flügelpaar und eine Einzelfeder.

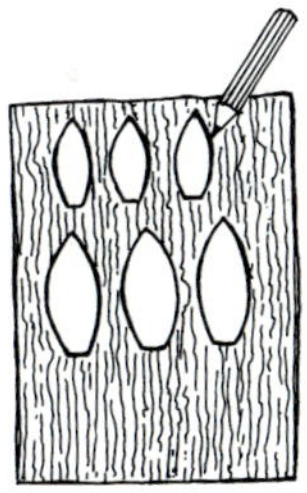

Schablone jeweils längs zur Maserung

- Vorsicht: Bei Querverarbeitung des Furniers sind die Teile schwer schneidbar und werden leicht brüchig!
- Damit die Vögel besonders kontrastreich aussehen, wechseln wir für jedes Flügelpaar die Furnierart. Der Wechsel der Holzarten kann beispielsweise so aussehen:

– Esche
– Nußbaum
– Fichte
– Palisander
– Eiche
– Mahagoni

→ Sehr wichtig für **Sehschwache**, die Braun-in-Braun-Töne nicht mehr unterscheiden können

- Da Kiefernzapfen verhältnismäßig dunkel sind, sollte das erste Flügelpaar hell sein. Dies gilt auch für den Schnabel und das Schwänzchen.

Furnierstücke mit aufgezeichneten Federn 20 bis 30 Minuten in lauwarmes Wasser legen. Durch das Einweichen wird das Material biegsam; es kann mit der Schere geschnitten werden und erhält exakte Konturen. Furnier, im trockenen Zustand geschnitten, splittert oder reißt entlang der Maserung!

Während der Einweichzeit

- kümmern wir uns um die Kiefernzapfen: Vogelkopf und -körper müssen gesucht und angepaßt werden.

Einhänder einbeziehen! Sie können formschöne Zapfen und Zäpfchen auswählen und die vorgesehenen Vogelkörper auf gute Standfestigkeit überprüfen.

- Der Körper wird zusammengesteckt. Der Kopf „verzahnt" sich mit dem Körper; das Ganze sieht aus wie gewachsen.

- Harmonieren Kopf und Körper, werden beide Teile mit etwas Klebstoff verbunden.

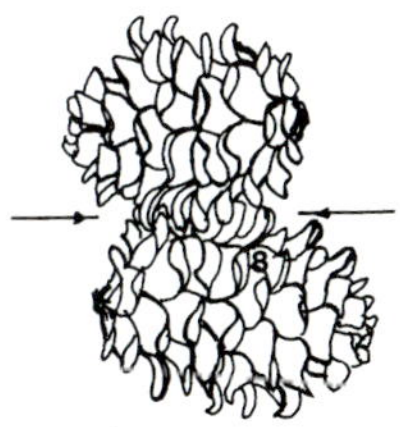

Die Augen bestehen aus zwei roten Perlen (als Kontrastfarbe), werden eingepaßt, auch wenn es eventuell nicht ganz „vogelgerecht" ist.

- Wir suchen nach dem günstigsten Hohlraum am entsprechenden Zäpfchen und kleben die Perlen fest. Wird in das kleine Loch der Perle Klebstoff so geträufelt, daß der letzte Tropfen außen stehen bleibt, erhalten wir eine wirkungsvolle Pupille!

Das Gefieder

Inzwischen sind die Furnierstücke schneidbar, gleichzeitig aber auch dunkler geworden!

- Die nassen Stücke werden auf alte Handtücher/Lappen gelegt und vorsichtig abgetupft. Vor dem Ausschneiden sollten wir prüfen, welcher PB das Aufgezeichnete auf Nußbaum-, Mahagoni- oder gar Palisanderfurnier noch sehen kann.
- Die Ausschneidearbeit wird entsprechend verteilt.
- Für die Seitenfedern werden jeweils die Teile doppelt ausgeschnitten, damit die rechte Vogelseite mit der linken symmetrisch ist.

Gestaltung der Vögel

- Sind alle Teile ausgeschnitten, beginnen wir mit dem Einpassen der seitlichen Federn. Dabei sollte auf das Verhältnis Körper/Gefieder geachtet werden.

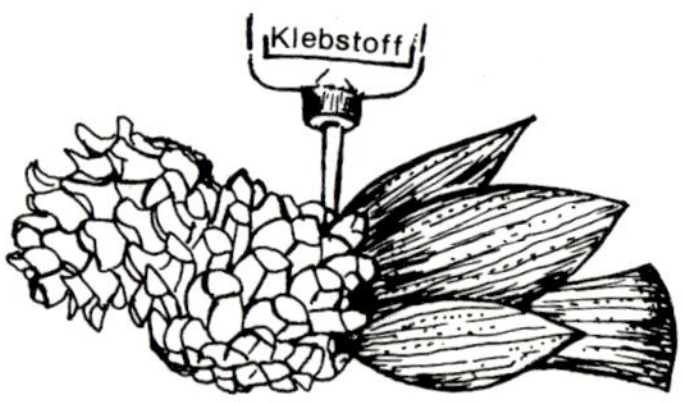

- Wenn die Zusammenstellung paßt und gefällt, werden die Federn eingeklebt. Etwas Flüssigklebstoff zwischen den Zapfenschuppen hält die Federn an gewünschter Stelle fest.
- Für die Oberseite werden die vorgeschnittenen Einzelfedern deckend hintereinander gesteckt und ebenfalls eingeklebt.

Das Schwänzchen vervollständigt den Körper und ist dem Gefieder anzupassen, sowohl in der Größe als auch in der Farbe (Kontrast zum letzten Federnpaar). Klebstoff hält das Schwänzchen an der vorgesehenen Stelle.

Der Schnabel wird zuletzt angefügt; ob in geschlossener oder offener Form, bleibt der Phantasie überlassen. Auch die Neigung des Kopfes oder der Ausdruck der Augen kann die Schnabelform bestimmen. Die Köpfe geraten nämlich äußerst verschieden, je nach Öffnungszustand des verwendeten Zäpfchens.

Blütensterne

Für die Blütensterne können die Formen der Federn (siehe Bild 1) als Blätter verwendet werden.

Material pro Stern:

1 Kiefernzäpfchen	5–6 mittlere Blätter
5–6 große Blätter	5–6 kleine Blätter

Die Größe der Blätter ist vom Wuchs des Kiefernzäpfchens abhängig. Damit auch die Sterne besonders kontrastreich aussehen, wechseln wir pro Blätterrunde ebenfalls die Holzarten hell/dunkel.

Gestaltung (Probestecken ohne Klebstoff)

1. Wir beginnen mit dem Einpassen der großen Blätter an der untersten geöffneten Schuppenreihe des Zäpfchens, bis sich die Blätter zum Kreis schließen.
2. In der nächsthöheren Schuppenrosette werden die Blätter mittlerer Größe plaziert und zwar versetzt.
3. Darüber, abermals versetzt eingepaßt, füllen die kleinen Blätter den Blütenstern.
4. Wenn die Zusammenstellung paßt und gefällt, werden alle Blätter wieder vorsichtig herausgezogen.
5. Einkleben der Blätter (siehe Vogelgraphik •••).

Blätter für kahle Äste

Material, Werkzeug, Hilfsmittel

• Furnier • Ast vom Laubbaum	• Blumenvase • Sand
• Bast in leuchtenden Farben • Stopfnadel	• Wäscheklammern

Diese Werkarbeit eignet besonders gut für die Aktivierung in den Wintermonaten. Mit der Gestaltung von kahlen Ästen können wir dem Winter ein Schnippchen schlagen und beblätterte Zweige in die Vase zaubern.

Technik

1. Furnierbearbeitung siehe Graphik •••
   Größe der Blätter: Größte und zweitgrößte Form
   Farbe: Einheitlich, d. h. eine Furnierart verwenden
2. Mit dem ausgeschnittenen gut feuchten Blatt wird ein Knospenansatz des Astes umschlossen.

3. Einige Tropfen Flüssigklebstoff halten das Blatt an gewünschter Stelle fest. Eine Wäscheklammer umschließt das Blatt an der Klebestelle bis zum völligen Trockenwerden des Klebstoffs.
4. Der vollständig beblätterte Ast wird zum Trocknen in die mit Sand gefüllte Vase gestellt.
5. Mit Bastquasten lassen sich die Furnierblätter beleben. Farbvorschläge: leuchtendes Rot, Sonnengelb.

Bearbeitung des Bastes (siehe Werkbogen „Vogelscheuche" 3.4.14; jedoch mit ca. 40 cm langen Bastfäden)

Klebstoff trocknen lassen (Wäscheklammer)

Bastfäden etwa 40 cm

6. Sind alle Bastquasten fertig, können die Wäscheklammern an den Furnierblättern abgenommen werden.
7. Zur weiteren Gestaltung bleiben der Ast/die Äste in der Vase. In das Blattinnere werden einige Tropfen Flüssigklebstoff geträufelt, um den Knoten der Bastquaste zu fixieren.
8. Den Ast/die Äste so arrangieren, daß für die faserigen Bastquasten jeweils genügend Freiräume übrigbleiben.

3.4.14 Vogelscheuche

Material, Werkzeug

• Latten • Dübelholz oder Bambus (Abfälle) • Schnur	• Stoffreste – dunkles Tuch – bunte Fetzen • Metallfolienreste – bunt – silber • Baumwollgarn
• Käseschachtel • Blumentopf mit Pappeboden • Schotter	• Faden • Bast, rot • Scheren
• Filzstoff, grau • Nadeln	• Fuchsschwanz • Klebstoff

Vorbemerkung

Ähnlich dem Maibäumchen (Werkbogen 3.4.12) haben wir mit der Vogelscheuche ein bewegliches Objekt, doch diesmal mit Glitterzeug. Die Vogelscheuche gibt bei dem Juni-Nachmittagsprogramm Gesprächsstoff über Acker, Feld und Garten.

Vorbereitung des AB

- Tische zu rechteckigem Block zusammenstellen. Arbeitsplatten bereitlegen. Längs über den Tisch Stoffreste ausbreiten.

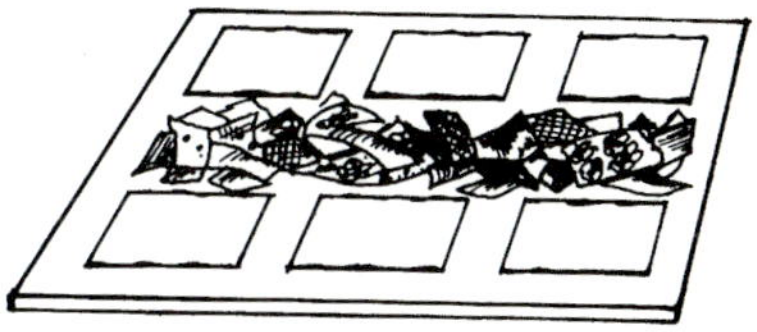

Anmerkung:
Sind Einhänder dabei, plazieren wir an deren Platz besonders bunte Stofffetzen, um auch diese Betagten durch Suchen und Auswählen beschäftigen zu können.

Ist die Auswahl für einen derben Kittel und bunte Flicken getroffen.

- werden alle anderen Stoffreste weggeräumt, um auf der Tischfläche Übersicht zu schaffen.
- Erst jetzt werden die bereitgestellten Materialien und das Werkzeug aufgelegt.

Anmerkung:
Gruppierung der Teilnehmer nach manuellen Fähigkeiten notwendig.

1. Zuerst wird das Gestell gefertigt. Dazu werden zwei Latten (eventuell auch Dübelholz oder Bambus) zurechtgeschnitten und überkreuz gelegt, aber noch nicht am Schnittpunkt zusammengebunden.
2. Nach dem Ausmaß des Gestells richtet sich die Größe des Kittels bzw. das Gewand der Vogelscheuche.
3. Der AB entwirft (falls es in der Werkgruppe niemand kann) auf dünne Pappe die Bekleidung so unkompliziert wie möglich, also am Stück.

Das Gestell – noch nicht gebunden

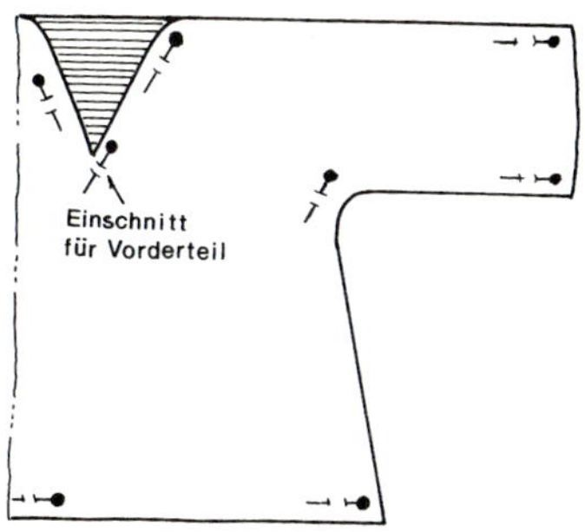

Dünne Pappe und Nadeln als Hilfsmittel

4. Das Muster ausschneiden lassen,
5. auf den Stoff heften, Stoff ausschneiden. Muster wieder abnehmen. Jetzt haben wir das Rückenteil.
6. Für das Vorderteilmuster an der Halspartie keilförmig einschneiden,
7. Muster erneut auf den Stoff heften und ausschneiden.
8. Vorder- und Rückenteil sind fertig und werden auf dem Tisch ausgebreitet.
9. Provokative Frage des AB: „Welche Farben heben sich vom dunklen Stoff besonders gut ab?" „Rot", „Gelb" usw.

Einhänderin hat inzwischen alle leuchtenden Farben ausgesucht; sie sucht weiterhin in der reichhaltigen Knöpfesammlung (gehört zum Basislager eines AB!) nach schillernden Exemplaren. Sie benötigt dazu eine Styroporplatte mit flachem Rand. Auswahl wird vom AB lobend hervorgehoben.

10. Um den Vogelscheuchencharakter zu betonen, wird das Gewand mit bunten Flicken geschmückt. Deshalb Stoffetzen zum Zuschneiden anbieten: *„Wer möchte Rot haben?"* usw. Beim Flickenschneiden ist natürlich keinerlei Präzision erforderlich.
11. Mit großer Wahrscheinlichkeit findet sich noch eine PB, welche das zugeschnittene Vorder- und Rückenteil zusammennähen kann. Dies dauert länger als die übrigen Vorbereitungsarbeiten, weshalb die „Näherin" die angefangene Arbeit – auf eigenen Vorschlag – zur Fertigung ins Zimmer mitnimmt. Aktivierung also, die über das Werken hinausgeht. Der AB hat eine zusätzliche Möglichkeit der Kontaktaufnahme beim Abholen des Gewandes, das am selben Tag fertig wird: AB: *„Guten Tag, ich komme vom Bekleidungshaus für Vogelscheuchen und möchte Ihre Heimarbeit abholen."* Es gibt Gelächter, und die PB grinst noch ein paar Tage lang, sooft sie den AB sieht.
Das fertige Kleid wird auf der Vorder- und Rückseite mit bunten Flicken beklebt.

12. Der Hut muß entworfen werden. Wir verfahren wie beim Gewand, kleben jedoch beide Teile an den Rändern zusammen.

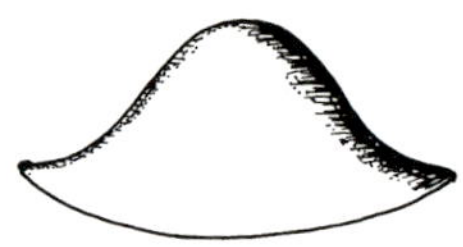

13. Solange geschnitten wird, bemüht sich eine manuell geschickte PB um das Zuschneiden und Auffädeln von Glitzerzeug aus Metallfolie (Reste) nach eigener Phantasie. Der Hut ist fertig.
Die Einhänderin hat die geklebten Ränder gut angedrückt. Frage des AB: *„Was tragen die Bayern am Hut?" „Einen Gamsbart"*, tönt es vielfach.
14. Roter Bast wird in ca. 16 cm lange Stücke geschnitten, auf die Hälfte zusammengelegt und abgebunden. Mit einer Nadel werden die Bastfäden feinfaserig ausgefranst. Es entsteht ein gamsbartähnliches Gebilde, das an den Hut angenäht wird.

ca. 16 cm langen Bast

zusammengeklappt

abgebunden

mit Nadel ausgefranst

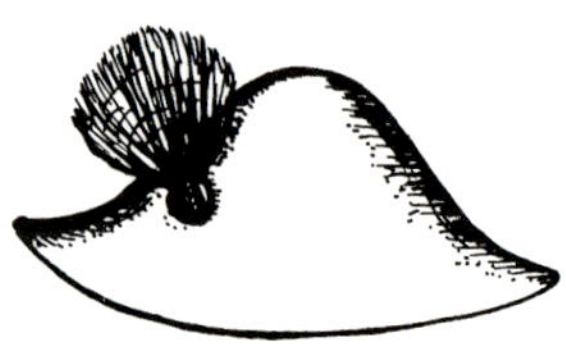

...und da ist er.

15. Jetzt muß noch der Deckel der Käseschachtel beklebt werden: Er verschließt nachher den mit Schotter gefüllten Blumentopf und stellt gleichzeitig ein Stück Beet mit Grünzeug dar.

16. Haben wir keinen geeigneten Stoff, der zufällig mit Blättern bedruckt ist, müssen solche entworfen, auf grünen Stoff übertragen und ausgeschnitten werden. *(Bewährte Methode mit Schablone.)*
In die Käseschachtel wird ein Loch gebohrt, so groß wie der Durchmesser des Gestell-Längsstabes.

← **So wird es zusammengesetzt**

Der durchbohrte Deckel der Käseschachtel
Bekleben mit Blättern: Am Außenrand beginnen

Das Bekleben der Schachtel mit Blättern wird am äußeren Rand begonnen. Dabei die Blätter zur Mitte hin versetzt aufkleben. Das Loch muß frei bleiben.

17. Jetzt kann die Vogelscheuche zusammengesetzt werden:
- Querstab durch die Ärmel schieben.
- Längsstab von oben nach unten vorsichtig durch den Halsausschnitt führen.
- Vor dem Zusammenbinden des Gestells „Hutanprobe". Er sollte die Schultern der Vogelscheuche knapp berühren. Hut abnehmen und das Gestell an der Überkreuzung zusammenbinden.

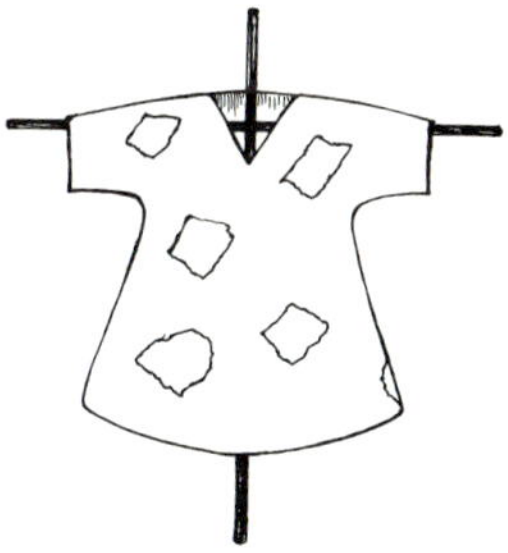

- Jetzt wird die Käseschachtel (das Beet) von unten her an der Längsstange nach oben geführt und festgehalten.
- Die Vogelscheuche in den Blumentopf stellen und Einhänder Schotter einfüllen lassen. Der AB ist durch Drehen des Topfes bei der gleichmäßigen Verteilung behilflich.
- Das Käseschachtelbeet schließt nun Topf und Schotteroberfläche ab. Die Vogelscheuche steht im Grünzeug. Das Glitzerzeug vervollständigt den lustigen Gesellen.

3.4.15 Kulissenherstellung

Material, Werkzeug, Hilfsmittel

• Papierrolle, weiß, Breite ca. 50–60 cm • PVC-Bodenbelag, Reststück, ca. 3–4 m, glatt	• Deckel von Marmeladengläsern, flach • Zeitungspapier • Haarpinsel, verschiedene Stärken
• Schere • Wasserglas • Wasserfarben	• Deko- oder Stecknadeln • Lappen • Schürzen

Vorbemerkung

Das Malen einer Kulisse, eines Hintergrundes, erfordert keinerlei Präzision (siehe Werkbogen „Naß-in-Naß-Malerei“ 3.4.5) und sollte daher dem entsprechenden Personenkreis vorbehalten bleiben.
Das großflächige Anstreichen ist außerordentlich lustbetont und verscheucht erfahrungsgemäß depressive Verstimmungen.

Beispiele: *Fruchtsäule* 3.4.1 Nr.10 oder *Wäscheleine* 3.4.17

Vorbereitung

- Aus mehreren Tischen lange Tafel zusammenstellen (je nach Anzahl der Betagten) und
- mit Zeitungspapier abdecken;
- PVC-Belag über die Tische hinweg aufrollen

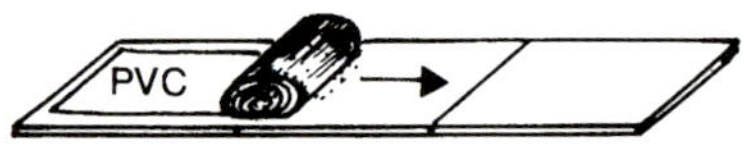

- und mit einem ebenso langen Papier von der Rolle bedecken
- Mehrfach mit Deko-/Stecknadeln fixieren.

Fertig ist die durchgehende Malfläche.

Vorbereitung der Farben

Bei einer Malfläche von 3–4 m Länge ist der Farbverbrauch nicht unerheblich. Daher muß ein bestimmtes Quantum schon zu Beginn verfügbar sein.

- ca. 1/8 Liter Farbe anrühren (Farbwahl jeweils objektbezogen), in den angeführten Beispielen Preußisch-Blau und Ultramarin in wässeriger Konsistenz (jeweils überprüfen!).

Wichtiger Hinweis: Erst wenn die Betagten am Werktisch plaziert sind und das Vorhaben erklärt ist, die Deckel mit Farbe und die Pinsel austeilen. So einfach das Anmalen ist: Wildes Klecksen und Schmieren macht noch lange keine schöne Kulisse.

Technik

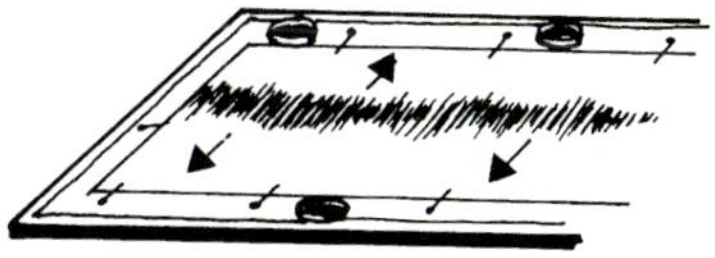

- Ist alles vorbereitet, beginnen die Betagten von der Mitte aus (= Mitte ist in diesem Fall oben) von oben nach unten mit stetiger Pinselführung das Papier zu bemalen.
- Bei eingeschränkter Bewegungsfreiheit mancher Betagter hat der AB auf gegenseitige Hilfe zu achten, oder er muß selber die Farbflächen vollends miteinander verbinden.

Aufgabe:

Plazieren Sie folgenden Personenkreis:

Zwei Betagte *rechtsseitig gelähmt*	Ein Betagter *bewegungseingeschränkt (Arm-Schulter-Syndrom)*
Drei Betagte *linksseitig gelähmt*	Ein Betagter *mit Parkinson-Syndrom*
Ein Betagter *voll einsatzfähig*	

Nachbemerkung

Die Herstellung einer Kulisse ist nicht nur lustbetont. Das 3–4 m lange sichtbare Ergebnis, entstanden als Gemeinschaftsarbeit in relativ kurzer Zeit, bestärkt die Betagten – vornehmlich diesen so beeinträchtigten Personenkreis – in ihrem Selbstwertgefühl ganz erheblich.

3.4.16 Blüten aus Seidenpapier

Material, Werkzeug, Hilfsmittel

• Seidenpapier in kräftigen Farben z.B. Gelb, Rot, Pink, Türkis, Blau (und Weiß für Zwischenlagen)	• Flachzange • Bleistift • Filzstifte in mehreren Farben
• Arbeitsplatten 30 x 40 cm • Blumendraht • Scheren • Pfriem/Ahle	• Garn, dünn, in Weiß • Ast (ohne Blätter) • Zweige (ohne Blätter)

Vorbemerkung

Dekorativ wirkt Raumschmuck, gestaltet mit duftigen Blumen aus Seidenpapier. Bei entsprechender Farbwahl ist eine Ähnlichkeit mit den Blütenbällen der Ranunkeln gegeben.

Vorbereitung

Pro Blume werden ca. 20 kreisrunde Lagen Seidenpapier gleichen Durchmessers benötigt:

- Große Blüten: Durchmesser 20 cm
- Mittlere Blüten: Durchmesser 15 cm
- Kleine Blüten: Durchmesser 12 cm

Wichtiger Hinweis: Mit Lagen unter 12 cm Durchmesser kann die Blüte von Betagten erfahrungsgemäß nicht mehr gestaltet werden.

Aufzeichnen der Kreise

- Teller mit angegebenen Durchmessern umgekehrt auf das Seidenpapier legen und mit Filzstift (in Kontrastfarbe zum Papier) deutlich umfahren.
- Die Bögen in handgerechte Quadrate schneiden (mit jeweils einem Kreis, denn Seidenpapier ist ohnehin schwierig zu schneiden),
- Kreise ausschneiden.

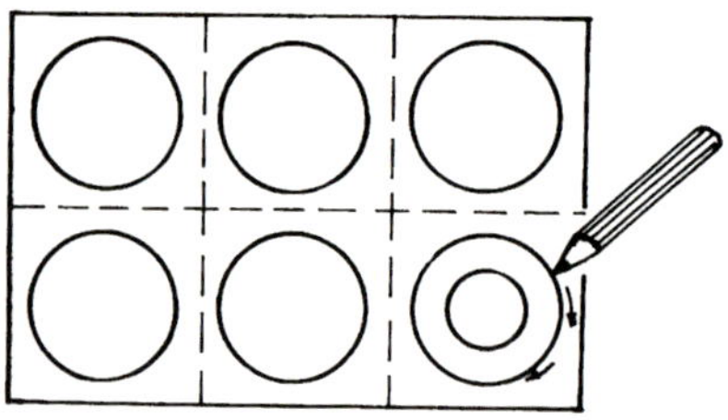

Teller umgekehrt auf Seidenpapier

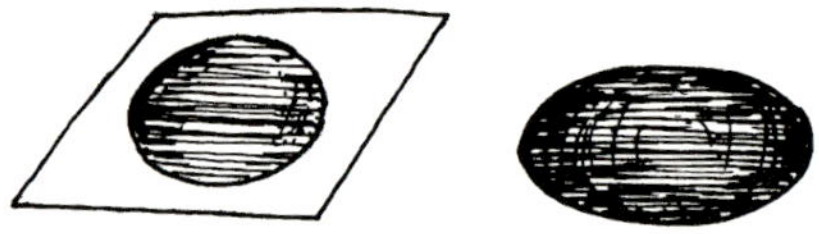

Kreise ausschneiden

Technik

- 20 runde Papierblätter exakt aufeinanderlegen,
- das oberste Papierblatt zum Viertel falten
- und wieder auseinanderfalten; so ergibt sich die Mitte für die sich anschließende Fixierung (durch den Aktivierungsbetreuer vorzunehmen).

oberstes Blatt falten ($^1/_4$)

aufgeklappt wieder auf den Stapel

- Mit Pfriem/Ahle alle Blätter von oben nach unten in der Mitte behutsam durchstechen;
- Blumendraht in ca. 5–6 cm Länge abschneiden.
- An einem Drahtende mit der Flachzange Schnecke mit ca. 1 cm Durchmesser drehen.
- Drahtspitze von oben nach unten durch die gelochten Blätter führen, die auf der Arbeitsplatte liegen.

Mit Zange Schnecke drehen

Mit Drahtspitze von oben durch den gelochten Stapel

- Nach dem Anschlag der Drahtspitze auf der Arbeitsplatte Werkstück wenden und wieder auf die Arbeitsplatte legen.
- Den Restdraht ebenfalls zur Schnecke drehen. Jetzt sind alle Blätter fixiert.

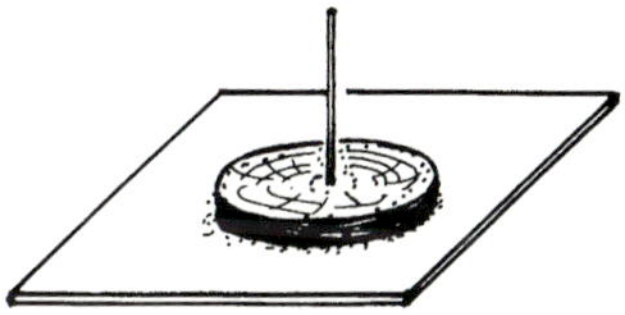

gewendet auf Arbeitsplatte legen

Restdraht auch zur Schnecke drehen

Gestaltung der Blume

- Beginnend mit dem zuoberst liegenden Blatt werden die Blätter 1 bis 10 nacheinander von der Mitte aus nach oben gewölbt, leicht gekräuselt und blütenartig ausgeformt.
- Werkstück wenden, denselben Vorgang mit den weiteren zehn Blättern wiederholen.

Die ersten 10 Blätter nach oben wölben

Stapel drehen

und die anderen Blätter ebenfalls wölben

- Zwischen den beiden aufgewölbten Blätterlagen vorsichtig den Garnfaden knüpfen. (Die Länge richtet sich nach der Höhe der zu dekorierenden Räume, der Anordnung bzw. Aufhängung der Äste etc.)

Hinweis: Die Einhänder in der Werkgruppe können die ausgeschnittenen Seidenpapierblätter abzählen und schichten.
Werden bei einer Blüte mehrere Farben verwendet, hat der AB darauf zu achten, daß die Betagten mit der Schichtung einer bestimmten Anzahl verschiedenfarbiger Papierblätter nicht über-, aber auch nicht unterfordert werden.

geschafft

3.4.17 Wäscheleine

Material, Werkzeug, Hilfsmittel

• Stoffreste • Papier, weiß und bunt • Bleistift • Stecknadeln	**zusätzlich:** • Grüne Farbe • Dübelholz (als Pfosten für die Wäscheleine), Durchmesser ca. 1,25 cm
• Bügeleisen • Bügelunterlage • Miniwäscheklammern	• Kleister • Hartkleber • Messer
• Tapete (für Wäschekorb) • Kulisse (siehe Werkbogen 3.4.15)	• Schnur • Bildaufhänger (siehe Werkbogen 3.4.10 Teil: Einrahmung und Bildaufhängung)

Vorbemerkung

Wie bei der „Collage mit Stoffresten – Markt" (Werkbogen 3.4.8) wirken die vielerlei Stoffreste erlebnisaktivierend. Hinzu kommt die bunte Vielfalt von Bekleidungsstücken und Wäsche, die als Nachbildung auf der Leine baumeln sollen. Der AB sollte nicht versäumen, aus den Gedächtnisfähigkeiten und -inhalten der Betagten die Werkarbeit zu entwickeln. Dabei müssen möglichst viele Anregungen und Ideen der Betagten berücksichtigt werden.

Vorbereitung

Mehrere Schnittmuster auf Vorrat, verschiedenartige Schnitte für ein Kleidungsstück (z. B. Bluse mit langem Arm, Halbarm, spitzer oder runder Ausschnitt und ähnliches).

Methode

- Als Blickfang und zum Auslösen von Erinnerungen werden die Stoffreste auf der Tischmitte in einer langen Bahn ausgebreitet.

- Der AB erklärt das Vorhaben und lenkt die Gedanken der PB auf Bekleidung und Wäsche. Erfahrungsgemäß bewährt sich auch bei diesem Thema eine Aufteilung in Rubriken:

Was gehört wohin?

Oberbekleidung für Damen: – Kleider – Jacke usw. – Blusen – Sakko – Röcke – Mantel	Oberbekleidung für Herren: – Anzug – Hut usw.
Leibwäsche	
– Bettwäsche – Tischwäsche	– Gardinen usw.

Der AB schreibt alles auf.

Aufgabe:
Welche Schlüsse lassen sich ziehen aus den Beiträgen der Betagten auf deren psychophysische Befindlichkeit?

- Jetzt werden die Betagten ermuntert, sich für ein Bekleidungs- oder Wäschestück zu entscheiden und den entsprechenden Stoff auszuwählen. Wühlen und wählen, begleitet von spontan geäußerten Kommentaren, beleben die Werkgruppe: *„Ich hatte ein dunkelblaues Kleid mit weißem Muster"* oder *„Wir hatten im Garten eine rotweiße Tischdecke, diesen Stoff möchte ich haben"* usw.

Technik

- Stöffchen, die nun in Betracht kommen, werden zunächst gebügelt. Der AB hat zu prüfen, ob das noch jemand der Betagten kann, ohne sich eine Brandwunde zuzuziehen.

- Jetzt kann das entsprechende Schnittmuster aufgelegt und mit Stecknadeln fixiert werden (Verletzungsgefahr durch herausragende Nadelspitzen vermeiden!).
- Nun können sich – im doppelten Wortsinn – die Schneiderinnen der Werkgruppen betätigen: Zuschnitt des Stoffes wie in alten Zeiten!
- Danach Schnittmuster entfernen.

Herstellung der Gesamtkulisse

- Die bemalte Kulisse wird mit Kleister auf das Stück Pappe geklebt.

<u>Hinweis:</u> Die **Einhänder** können die Oberfläche mit der flachen Hand glattstreichen und die Ränder sorgfältig festdrücken.

- Jetzt werden die Pfosten für die Wäscheleine mit dem Messer eingekerbt.
- Länge der Wäscheleine: Schnur an der Länge der Kulisse messen, abschneiden, die Enden jeweils in die Kerbe legen und festbinden.
- An beiden vorgesehenen Stellen für die Pfosten, auf der Kulisse Bleistiftstriche ziehen und entlang beider Markierungen eine schmale Spur Hartkleber träufeln (Gebrauchsanweisung beachten) und die aufgelegten Pfosten fest andrücken. Sobald der Kleber bindet, kann die Wäscheleine bestückt werden.

Pfosten einkerben

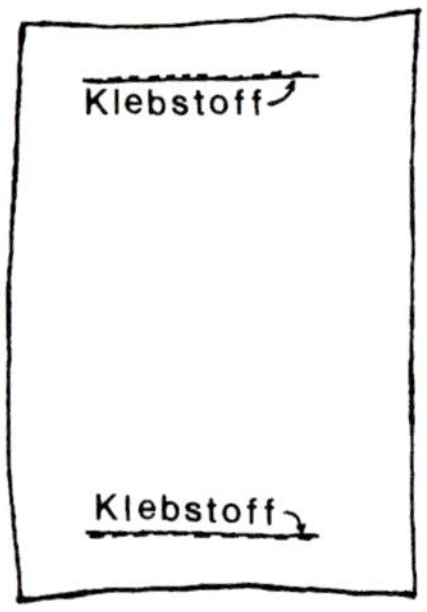

Vorgesehene Stellen (Markierung) für die Pfosten mit Hartkleber beträufeln

<u>Hinweis:</u> Immer wieder kann das Aussehen der Wäscheleine-Collage verändert werden, und zwar durch Austauschen der Wäsche- und Kleidungsstücke. Deshalb können von Zeit zu Zeit neue Schnittmuster und Stoffe bearbeitet werden.

<u>Nachbemerkung</u>
In den meisten Institutionen für Altenhilfe (und sonstwo) ist das Untergeschoß mit seinen technischen Einrichtungen trist und farblos. Betagte und Angehörige finden sich in den Gängen oft schwer zurecht. Die bunte Wäscheleine bringt einen lustigen Akzent in den öden Flur und ist gleichzeitig Wegweiser neben der Waschküchentür.

3.4.18 Plakatgestaltung/Schriftgestaltung

Computer verdrängen die aufwendigen Arbeiten manueller Schriftgestaltung mehr und mehr. Dennoch sollten Aktivierungsbetreuer die Grundelemente der Plakat- und Schriftgestaltung beherrschen: Müssen z. B. kurzfristig erhaltene Informationen, Programmangebote oder Veränderungen rasch bekannt gemacht werden, ist die manuelle Plakatherstellung der schnellere Weg zur Lösung des Problems.

Bei der Plakat- und Schriftgestaltung in Einrichtungen der Altenhilfe ist die Vielzahl der Sehschwachen besonders zu berücksichtigen.

Material

• Konzeptpapier • Papier, weiß • Plakatkarton vorzugsweise gelb, grün, rot	• Bleistift • Lineal • kariertes Papier
• Filzschreiber, verschiedene Stärken in Schwarz, Dunkelblau, Rot, Grün, Pink	• Dekonadeln • Lappen

Spezielle Kriterien

Ein Plakat muß auffallen, wahrnehmbar und lesbar sein, sich vom Hintergrund abheben, Neugier wecken und somit aktivieren!
Erfahrungsgemäß ist von betagten Menschen die Blockschrift optisch am besten erfaßbar.

Allgemeine Kriterien

1. Ein Plakat soll werben, es muß deshalb eine gewisse Größe haben.
2. Schrift (evtl. Bild, Graphik, Motiv), Form und Farbe sind in Einklang zu bringen, d. h.
3. die Gestaltung des Schriftbildes erfordert ein ständiges Verteilen der Elemente, auch ist die Dicke der Schriftfelder zu beachten.
4. Schrifthöhe, Zeilenabstand, Schriftstärke stehen zueinander in Wechselbeziehung und erfordern Augenmaß.

Hinweis: Das Größenverhältnis von Groß- und Kleinbuchstaben bemißt sich bei allen Schrifttypen folgendermaßen:
Großbuchstaben 3/3 Größe
Kleinbuchstaben 2/3 des Großbuchstaben

Plakatgestaltung

1. Textaussage formulieren.
2. Textverteilung (zunächst auf Konzeptpapier, aber in Originalgröße des zu gestaltenden Plakats).

3. Entsprechend dieser Vorgabe dann auf dem endgültigen Plakatpapier und mit Bleistift dünne Hilfslinien ziehen.
4. Plakatpapier fixieren.
5. Filzschreiber und Lappen bereitlegen, um einen reibungslosen Schreibablauf zu gewährleisten; Korrekturen sind bei Plakatgestaltung nicht möglich.

Ist der Text zu Papier gebracht, empfiehlt es sich, dieses mit Plakatkarton so zu unterlegen, daß optisch der Eindruck eines Bilderrahmens entsteht (siehe spezielle Kriterien). Die Farbe des Plakatkartons muß auf das Umfeld wie schwarzes Brett, Flur, Aufzug, Beleuchtung etc. abgestimmt werden, um eine optimale Wirkung zu erzielen.
Weiterführender Literaturhinweis: Jegensdorf, Schriftgestaltung und Textanordnung, Otto Maier Verlag.

3.4.19 Kordel

Material, Werkzeug, Hilfsmittel

• Wolle, Garne (je nach Verwendungszweck) – Resteverwertung!	• Bleistifte, zwei Stück pro Kordel • Schere

Vorbemerkung

Die Herstellung von Kordeln ist erfahrungsgemäß sehr beliebt. Der Vorgang läßt sich unmittelbar verfolgen und führt rasch zu einem Ergebnis. Insbesondere Einhänder sind gut zu aktivieren, zu faszinieren und vollkommen abzulenken.

Grundtechnik (für zwei Zweihänder)

- Je nach Stärke der Wollfäden/Garne werden mehrere Fäden in gleiche Längen geschnitten, an den Enden gebündelt und verknotet.
- Direkt an den Knoten werden die Bleistifte zwischen den Fäden eingeführt und von zwei Betagten zunächst mit ganzem Handgriff festgehalten und leicht gespannt.

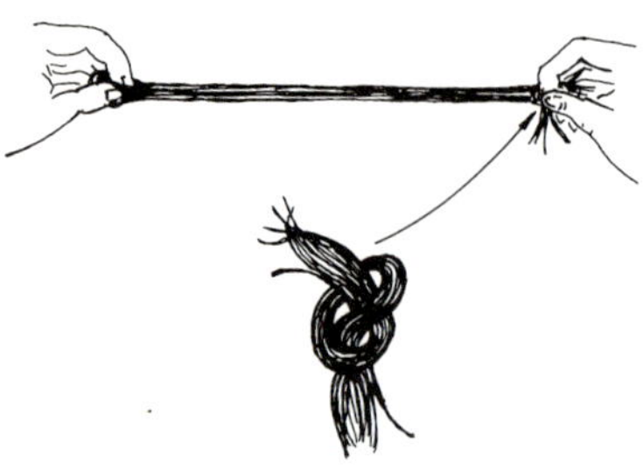

An den Enden verknoten

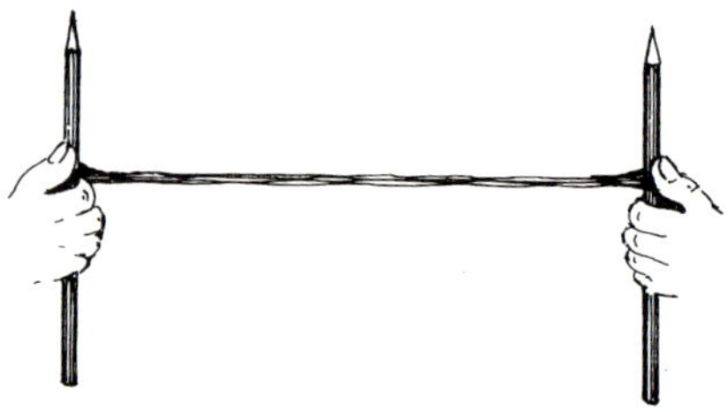

Bleistifte einführen und Fäden leicht spannen

- Im Pinzettengriff, also mit Daumen und Zeigefinger der linken Hand, werden die Fäden direkt am Bleistift 1 festgehalten.
- Dasselbe geschieht mit Bleistift 2.
- Jetzt werden die Fäden beiderseits wieder leicht gespannt. Mit dem Zeigefinger der rechten Hand werden beide Bleistifte gleichzeitig nach vorwärts gedreht.
- Die Fäden verzwirbeln sich zu einem schnurartigen, strammen Gebilde;

festhalten

drehen…

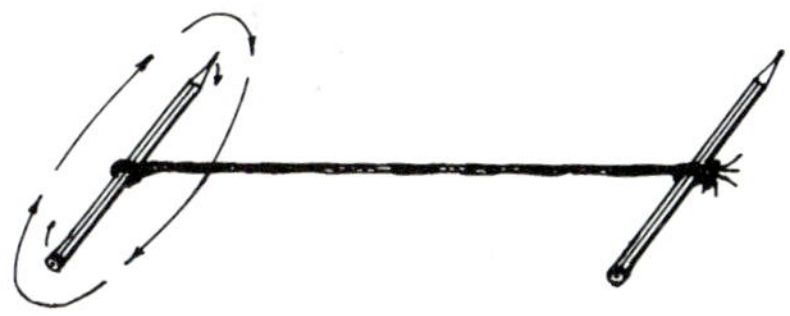

…bis die Schnur stramm sitzt

- jetzt ist das richtige Stadium erreicht:
  Die PB hören auf zu drehen.
- Der AB greift das Gebilde mit einer Hand in der Mitte und führt mit der anderen Hand Bleistift 1 zu Bleistift 2, wobei die Spannung der Fäden zu halten ist!
- Beide Bleistifte werden nun von einer Betagten mit einer Hand festgehalten.

stramm halten…

…umlegen – Bleistifte zusammen

- Sobald der AB seinen Handgriff löst, bildet sich augenblicklich, jedoch noch etwas verschnörkelt und eigenwillig, die Kordel.
- Mit abwärts streichenden Handbewegungen, angesetzt unterhalb der Bleistifte, wird die Kordel ausgeformt.
- Danach werden die Bleistifte entfernt und beide Kordelenden rasch miteinander verknotet.

…die Kordel bildet sich

ausformen mit der Hand

Bleistifte weg –
Enden rasch verknoten

Technik (ein Zweihänder, ein Einhänder)

- Vorbereitung wie zuvor.
- Bleistift 1, mit bereits eingehängten Fäden, wird dem Einhänder zugereicht. Er hält ihn im Faustgriff so umschlossen, daß sich die Fäden zwischen Zeige- und Mittelfinger befinden.
- Der Zweihänder, ein PB oder AB, dreht jetzt mit Bleistift 2 die Fäden allein. Dies dauert entsprechend länger.
- Fertigstellung wie zuvor.

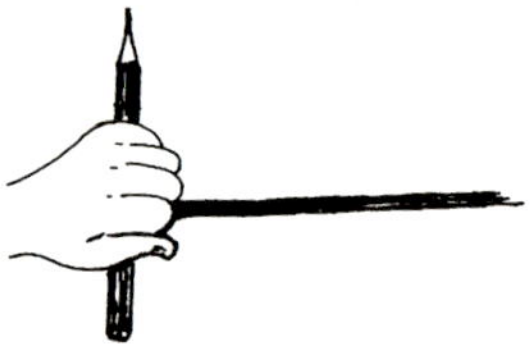

Einhänder hält

Zweihänder wickelt

Hinweis: Einhänder können die Ausformung der Kordel sehr gut übernehmen. Der AB hält die Bleistifte in angemessener Höhe fest und ermöglicht dem PB die Benutzung des gesunden Armes.
Wichtig! Wurde eine gelähmte Körperseite durch Krankengymnastik teilweise reaktiviert, kann die Ausformung der Kordel eine gute Greifübung sein.

- Der AB zieht die Kordel etappenweise und sehr behutsam von unten nach oben durch die gelähmte Hand des PB. Dessen Fähigkeiten, aber auch Grenzen, abwärts streichende Bewegungen durchführen zu können, werden so rasch bemerkt. Der sensorische Reiz der Innenhand durch die Kordel wird erfahrungsgemäß als wohltuend empfunden.

3.4.20 Webbild: Getreide unter dem Regenbogen

Material, Werkzeuge, Hilfsmittel

• Metall, Durchmesser 50 cm • Metallring, Durchmesser 3 cm	• Häkelnadel • Straminnadel, grob
• Wolle in den Regenbogenfarben: – Rot – Gelb – Blau – Orange – Grün – Lila – Indigo (Violett)	• Schere • Wasserbehältnis • Wasser, lauwarm • Pappe
• Wolle in den Farben: – Himmelblau – Gelb (Rapsblüte) – Braun – Saatengrün • Schnur, Stärke 1–1,2 mm	• Japanischer Lampenschirm, eventuell aus Altmaterialvorrat • Lappen • Handtuch

• Getreide am Halm: – Weizen – Roggen – Maisblätter – Gerste – Hafer	• stabile Pappe, sie muß den Durchmesser des Metallrings überragen! • Bananenschachtel

Vorbemerkung

Die psychophysische Verfassung einzelner Betagter rechtfertigt die Anregung zu einer individuellen gestalterischen Aufgabe, die durchaus innerhalb der Werkgruppe ermöglicht werden kann. Das Webbild beschäftigte eine depressive Betagte *(Heimaufnahme nach Suizidversuch)* über mehrere Wochen. Zielvorstellung der Aktivierungsbetreuerin war, Frau O mit leuchtenden Farben konstant zu konfrontieren, sie an ein Objekt zu fesseln, ihr Interesse daran zu steigern, den fragwürdig gewordenen Lebenssinn neu und positiv auszurichten, der räumlichen Desorientierung gegenzusteuern.

Vorbereitung

Der Metallring wird von der AB mit Schnur von recht nach links umhäkelt. Ca. 15 cm Schnur unverarbeitet hängen lassen, sie wird später für den Aufhänger benötigt. Auch am Schlußstück lassen wir 15 cm Schnur unverarbeitet hängen, sobald der Metallreif umhäkelt ist. Anfang und Ende werden provisorisch miteinander verknotet, um die Lockerung der Anfangs- und Schlußmasche zu verhindern.

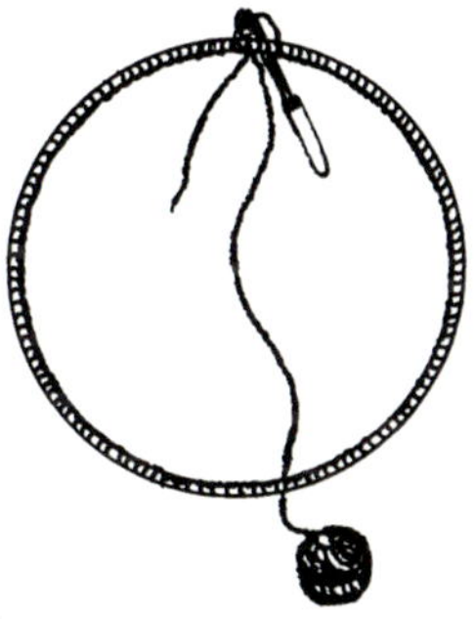

Abb. 1:
Umhäkeln von rechts nach links

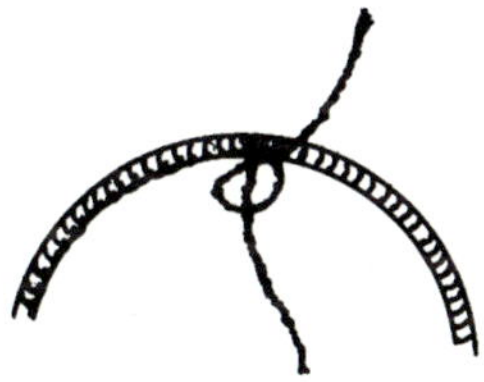

Abb. 2:
Enden verknoten – je 15 cm freilassen

Das Spannen der Kettfäden (Schnur) erfolgt über kleinen Metallring, in den die Schnüre unter Anwendung des Lerchenkopfknotens eingehängt werden.

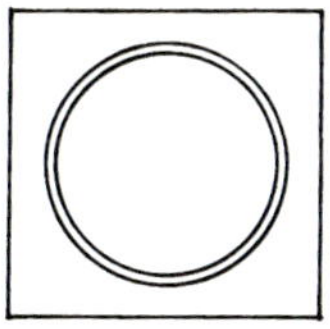

Abb. 3:
Kleinen Metallring ...

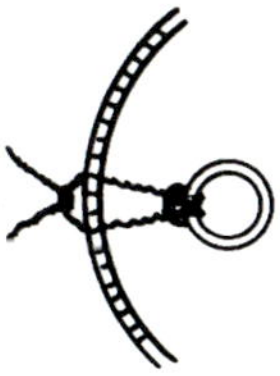

Abb. 4:
über kleine Schnur mit großem Ring verbinden – Lerchenkopfknoten

Hinweis: Um ein spannungsreiches Bild gestalten zu können, wird der innere Metallring im „Goldenen Schnitt“ angelegt. So bleibt für die Getreidezone genügend Platz. Außerdem liebt Frau O Asymmetrie.

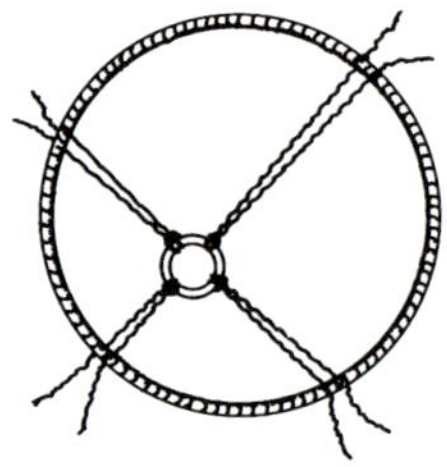

Abb. 5: **Schnurenden mit Häkelnadel**

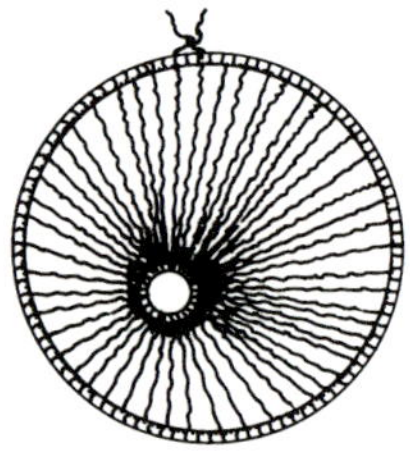

Abb. 6: **Alle Kettfäden verknoten und durch die Maschen ziehen**

- Um dem Innenring Halt zu geben, werden die Kettfäden jeweils in der Diagonale verspannt: Die Schnurenden werden mit der Häkelnadel durch die dichten Maschen gezogen.
- Sind alle Kettfäden gespannt, werden die Enden miteinander verknotet. Dies geschieht wiederum in der Diagonale, um einen stabilen Webrahmen und gleichmäßige Spannung zu gewährleisten.
  Der neugeschaffene Webrahmen ist in sich ästhetisch und interessant, weil er von den üblichen Handwebrahmen mit zwei rechtwinklig zueinander verlaufenden Fadensystemen abweicht.

Anmerkung:
Der so bespannte Webrahmen veranlaßte Frau O zu dem spontanen Ausspruch: „So einen schönen Webrahmen haben Sie für mich gespannt!“

Hinweis: Um bequemes Weben zu ermöglichen, kann der bespannte Rundrahmen auf eine Bananenschachtel gelegt werden. So entsteht genügend Hohlraum, um mit Wolle und Getreide hantieren zu können.

Gestaltung

Um die ganze Werkgruppe für die etwas exponierte Einzelarbeit zu interessieren, wird der Rundwebrahmen vorgestellt. Auf die provokante Frage der Aktivierungsbetreuerin, ob es in der Natur etwas Rundes, Mehrfarbiges... tönt es fast einstimmig: „Der Regenbogen!“

Die AB erklärt, daß der Rundwebrahmen eigens für ein Webbild mit Regenbogen konstruiert sei und Frau O in nächster Zeit weben werde, da sie als einzige in der Werkgruppe zeitweise stehend arbeiten könne. Das Argument wird akzeptiert, und alle besinnen sich auf die Reihenfolge der Regenbogenfarben...

Hinweis: Die Gruppe beschäftigt sich mit der Herstellung von Wollblüten (siehe Werkbogen •••). Die Technik ist bereits eingeführt. So besteht Gemeinsamkeit, was das Material betrifft: Alle arbeiten mit weicher Wolle in leuchtenden Farben eigener Auswahl.

- Jetzt stellt Frau O die Regenbogenfarben zusammen. Die AB zeichnet – als Gedächtnisstütze für Frau O – ein Regenbogenstück, um die Reihenfolge der Farben optisch festzuhalten.
- Frau O wählt himmelblaue Wolle aus und beginnt (als Rechtshänderin), im oberen Rund ein „Stück Himmel" zu weben, ohne Hilfsmittel, nur mit den Händen:

Das weiche Material schmeichelt der Haut; angenehme taktile Wahrnehmung – verbunden mit schönen Farben – wirkt stimulierend.

Abb. 8: **Regenbogenfarben**

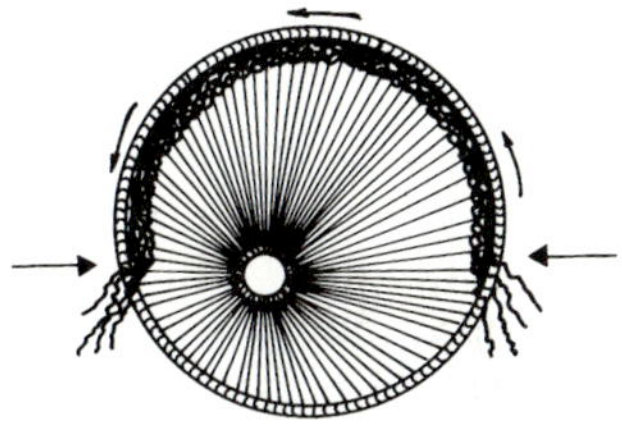

Abb. 9: **... mit den Händen weben**

- Die Werkstunde ist so angelegt, daß Frau O die erste Regenbogenfarbe, nämlich leuchtendes Rot, noch einweben kann. Es hebt sich kontrastreich vom dezenten Himmelblau ab. Frau O wirkt angeregt und zufrieden. Sie verläßt nach dem ersten Abschnitt ihrer Arbeit erhobenen Hauptes den Werkraum.

Anmerkung:
In den folgenden Wochen richtet es die AB so ein, daß Frau O immer wieder eine Stunde weben kann, und zwar dann, wenn die AB andere Werkarbeiten vorbereitet.
– Frau O benutzt inzwischen den Aufzug – findet allein den Werkraum im Untergeschoß – kommt jeweils fünf Minuten vor der vereinbarten Zeit mit der munteren Bemerkung: „Da bin ich wieder."
Mit diesem Satz signalisiert Frau O der AB etwas von wiedergewonnener Ich-Stärke.

Das unter dem vollständigen Regenbogen eingewebte Stück blauer Himmel bringt die Leuchtkraft seiner Farben in einem hohen Maß zur Geltung. Ein von der AB provoziertes Gruppengespräch, worüber sich denn im Frühsommer ein Regenbogen wölbe, bringt Frau O auf die Idee, erdbraune und saatengrüne Wolle zu verwenden.

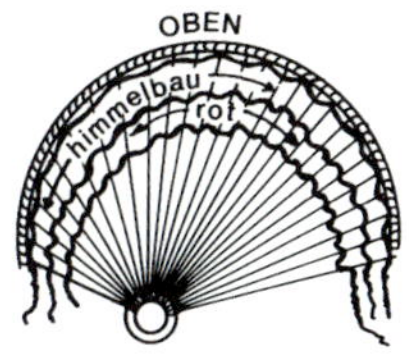

Das Getreide

Vorbereitung

– Das Getreide ist in trockenem Zustand widerspenstig und brüchig.

Hinweis:	Einhänder können das Getreide nach den Arten sortieren und bröckelnde Ähren ausmustern.

- Das Stroh wird in ganzer Länge eingeweicht.
- Den Ähren dagegen bekommt das Wasser nicht. Diese müssen das Wasserbehältnis überragen.
- Selbstverständlich muß beim Einweben von Weizen, Hafer, Gerste, Roggen jeweils mit dem Halm begonnen werden!
- Die Ähren werden nicht eingewebt. Sie ragen als plastisches Element über die Bildebene heraus und kommen durch diesen dreidimensionalen Effekt besonders schön zur Geltung.

- Als Gegenschwung zum dominierenden Regenbogen webt Frau O Weizen von links nach rechts ein, d.h. die Ähren auf der linken Seite gestuft anordnen, die Halme nach rechts auslaufend.

Abb. 11: Einweichen

Abb.12: Ähren gestuft, Halme auslaufend

Abb. 13: Maisblätter zuletzt

- Lücken lassen sich geschickt mit Hafer oder Gerste schließen.
- Um der dünnen Strohzone zu einem kräftigen Randabschluß zu verhelfen, werden als letzte Reihe einige (ebenfalls eingeweichte) Maisblätter eingewebt.

Der Aufhänger

(siehe Abb. 1)

Er wird aus dem eigens dafür belassenen Schnurstück gehäkelt: Nach ca. 5 bis 6 cm Luftmaschen werden diese und die beiden Schnurenden sorgfältig miteinander verknotet.

Abb. 14: So sieht das Bild jetzt aus

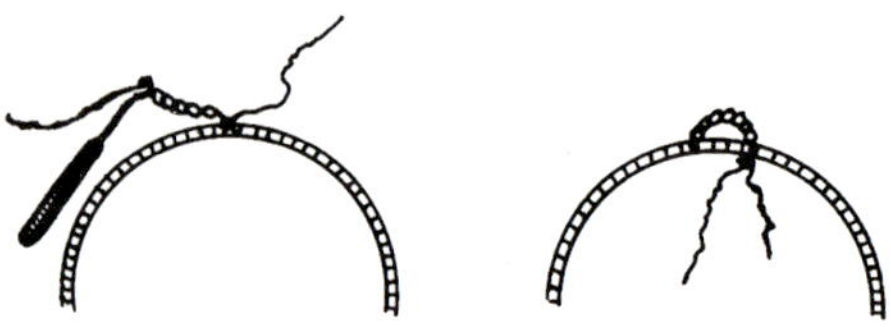

Abb. 15/16: Häkeln des Aufhängers

Die Verarbeitung der Wollfäden

wäre bei der Konstruktion des Rundwebrahmens ein schwieriges Unterfangen: Für den Betagten unmöglich, für AB zu zeitaufwendig. Wird das Webbild jedoch mit einem japanischen (ausgedienten) Lampenschirm unterlegt, löst sich das Problem von selbst: Man läßt die Wollfäden zwischen Webbild und flach zusammengelegtem Lampenschirm einfach verschwinden.

Befestigung des Webbildes am Lampenschirm

- Das Webbild wird vorsichtig, mit der Oberseite nach unten, auf die Tischplatte bzw. Pappe gelegt.
- Die jetzt sichtbaren Wollfäden sind so zu verteilen, daß sie so flach wie möglich und gleichmäßig wie nur möglich auf die mit Wolle gewebte Zone zu liegen kommen.

Anmerkung
Da es sich bei dem japanischen Lampenschirm nicht um ein neues, sondern beschädigtes Objekt handelt (Altmaterialsammlung), fehlen Fassungen für die Glühbirne und der untere hölzerne Abschluß. In jedem Fall müssen diese entfernt werden.

Abb. 17: **Japanischer Lampenschirm (ohne Fassung und Rahmen)**

Abb. 18: **flach zusammenlegen**

- Jetzt wird das Webbild mit dem zusammengelegten Lampenschirm bedeckt. Hierzu muß die ursprüngliche Öffnung der jetzt fehlenden Fassung nach unten zeigen.

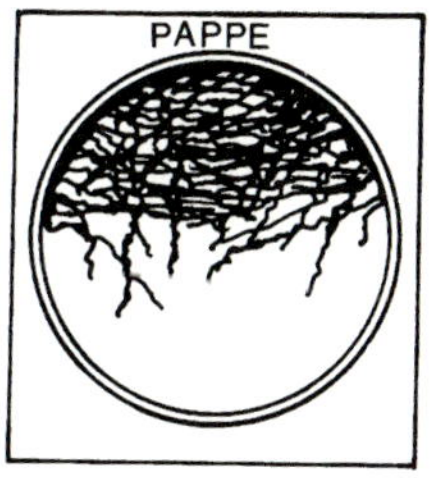

Abb. 19: **Webbild auf Pappe (Oberseite nach unten)**

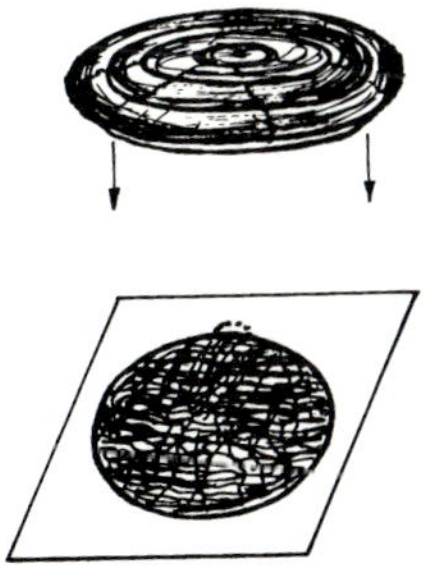

Abb. 20: **... die flache Lampe darauf legen**

- Die AB greift mit der linken Hand unter die Pappe, hält mit der rechten den Lampenschirm fest, dreht das Ganze behutsam um und nimmt die Pappe wieder ab.
- Jetzt liegt das Webbild auf seinem Rahmen: Nichts ist verrutscht; alle Wollfäden liegen verwahrt zwischen Webrahmen und Bilderrahmen.

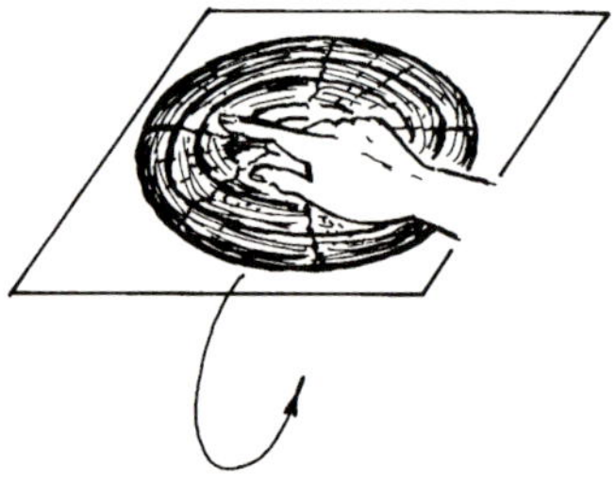

Abb. 21: **Umdrehen**

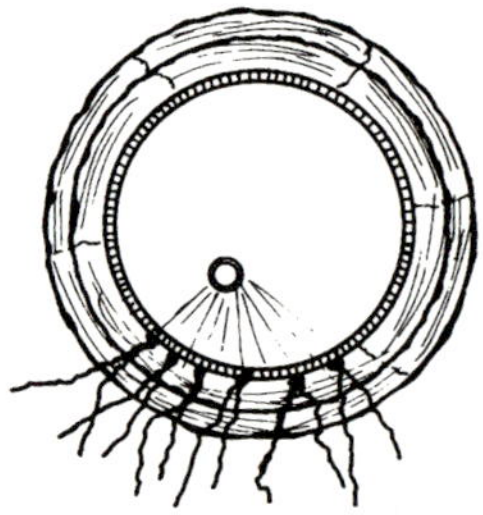

Abb. 22: **Webbild liegt auf seinem Rahmen**

- Die Reste der Kettfäden (siehe Spannen der Kettfäden) ermöglichen die Befestigung des Rahmens, wobei sein Peddigrohrgerippe zum besseren Halt einbezogen wird:
- Webbild mit Rahmen so auf die Tischplatte legen, daß er diese überragt;
- dann einen Kettfaden vor dem umgehäkelten Metallring und vor den dort liegenden Peddigrohrteilen mit der Nadel nach unten führen, ausfädeln;
- mit dem zweiten Kettfaden verfahren wir ebenso, jedoch hinter dem umhäkelten Metallring.

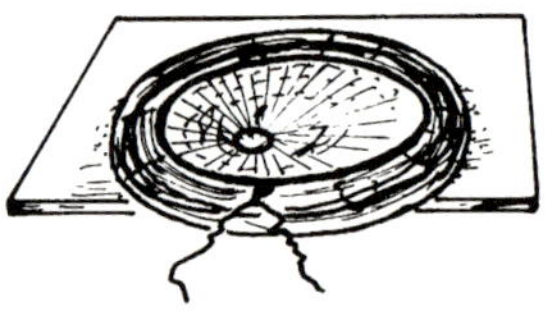

Abb. 23:
über Tischkante

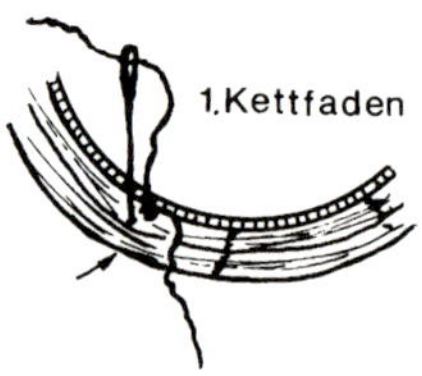

Abb. 24:
Nadel vor dem Ring …

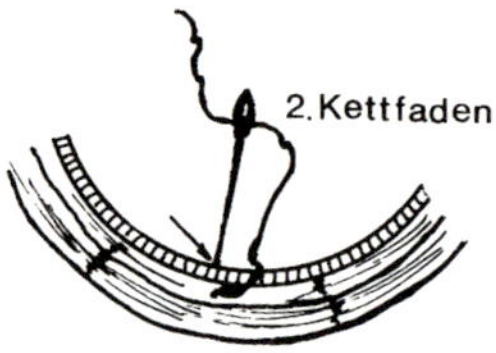

Abb. 25:
… hinter dem Ring nach unten

Dieses Prinzip wird für die Kettfadenpaare beibehalten, bis alle nach unten durchgezogen sind.

- Mit Hilfe der Pappe wird das Webbild gewendet (siehe Graphik 20), damit auf der Rückseite die Kettfäden miteinander verknotet werden können.
- Mit demselben Griff – wie gehabt – wird das Webbild wieder auf die Vorderseite gedreht. Die schlichte, fast farblose Einrahmung hebt die gestalterischen Elemente des Webbildes besonders schön hervor.

Nachbemerkung
Um Frau O in ihrem wiedergewonnenen Selbstwertgefühl weiterhin zu bestärken, wird ihr Kunstwerk als Blickfang an einer Wand im Flur plaziert.

Zu 3.4.20 Webbild: Variante

Material, Werkzeug, Hilfsmittel

• Wolle wie zuvor, außer Saatengrün und Rapsgelb			Gymnastikreifen aus Holz, Durchmesser ~ 80 cm
• Bohrer	• Schnur	• Schere	Holzring, Durchmesser 4 cm Straminnadel

Angeregt durch die Einzelarbeit möchte eventuell die ganze Werkgruppe ein Webbild mit Regenbogen gestalten. Bei der Verwendung eines großen Gymnastikreifens aus Holz kann großräumig hantiert werden. Daher wird die gesamte Wolle-Zone mit dicken Kordeln gestaltet. Somit können die ganze Werkgruppe und auch die Einhänder beschäftigt werden.

Herstellung von Kordeln (siehe Werkbogen 3.4.19)

Vorbereitung des Gymnastikreifens

- Das Reifenholz wird im Abstand von 2,5 cm mit dem Bohrer gelocht. (Gerade Zahl an Löchern notwendig,)
- Das Spannen der Kettfäden (siehe Graphik 2) unterscheidet sich nur geringfügig:
- Die Kettfäden (Schnüre) werden in den kleinen Holzring eingehängt, die beiden Fäden durch zwei Löcher geführt und auf der Rückseite verknotet. So wird mit allen Kettfäden verfahren, bis sich der Rundwebrahmen schließt.

Von seiner Größe her können zwei Betagte gleichzeitig Kordeln einweben, denn der Gymnastikreifen nimmt die gesamte Tischbreite ein.

Befestigung der Kordelenden

- Kordeln haben ein in sich geschlossenes und ein verknotetes Ende:
- Die Restfäden von diesem Knoten werden jeweils an den Kettfaden geknüpft.
- Das geschlossene Kordelende wird mit einer Straminnadel durchstochen, in die ein Wollfaden in Kordelfarbe eingefädelt ist. Die beiden Fadenenden werden um den jeweiligen Kettfaden geknüpft. Der Reifen bildet mit seinem schönen naturbelassenen Buchenholz gleichzeitig die Einrahmung.

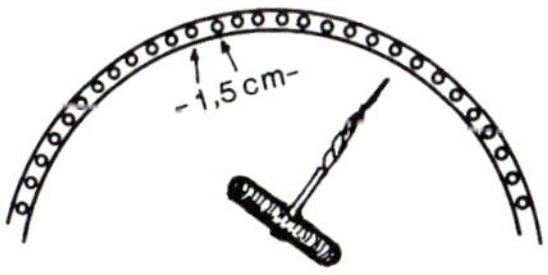

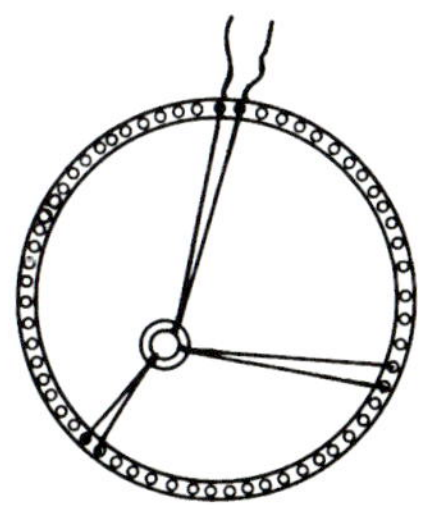

4 Klänge und Töne

Die Welt der Klänge und Töne hat sich für den Menschen eröffnet und fesselt seine Aufmerksamkeit, vom Rasselgeräusch der Kinderklapper, dem Glockenschlag der Turmuhr über das Sausen des Windes bis zum Schmerzschall des Rockkonzertes und das Tosen in einer Maschinenhalle.
Bald lernt der Mensch zu unterscheiden zwischen Klang und Geräusch. Beides wird von Tönen erzeugt, also durch Luftschwingungen erzeugte Frequenzen. Der Einzelton, der meist kurz ist, hat eine bestimmte Schwingungszahl. Der reine Ton wird auch als Sinuston bezeichnet, doch dieser existiert nur selten in unserer Umgebung und wird meist elektronisch erzeugt, um Lautsprecher zu prüfen. Gelegentlich werden Sinustöne auch von tinnitusgeplagten Menschen vernommen.

Jeder Ton zeichnet sich durch eine Hauptfrequenz aus; daneben sind geringer schwingende und damit tiefere sowie schneller schwingende und damit höhere Nebentöne beigemischt. Je nach dem Anteil der Nebentöne bekommt der Hauptton eine bestimmte Klangfarbe. Sowohl Klang wie Geräusch sind Tonmischungen, also durch kürzere oder längere Luftschwingung erzeugte Vielfachfrequenzen. Doch im Gegensatz zur harmonisch zueinandergeordneten Frequenzmischung des Klanges ist das Geräusch eine (meist kurzfristige) Mischung dissonanter Töne. Manchmal sind die Grenzen zwischen Geräusch und Klang fließend, beispielsweise bei vielen Schlaginstrumenten.
Die Vorstellungen davon, ob ein Klang oder eine Klangabfolge als angenehm, also harmonisch, empfunden wird, hängt ab von dem Kulturkreis, in dem ein Mensch aufgewachsen ist. So haben mitteleuropäisch geschulte Ohren meist Schwierigkeiten mit den Klangbildern arabischer oder chinesischer Musik.

Wichtig:

Klänge und Töne beeinflussen nachhaltig das Seelenleben des Menschen und sind daher unverzichtbarer Bestandteil jeglicher Aktivierung.

4.1 Affektauslöser Musik

Gleichviel ob Freude oder Wut, Heiterkeit oder Betrübnis – Musik jedweder Sorte löst unmittelbare emotionelle Empfindungen im Menschen aus. Ein gänzliches Abschotten gegen diese seelische Beeinflussung ist in keinem Falle möglich (und häufig auch gar nicht wünschenswert). Diese affektauslösende, also stimmungsauslösende Wirkung von Musik wird vom Werbejingle ebenso verwendet wie von einer Militärkapelle oder einem Chor, der liturgische Weisen anstimmt. Selbst rein intellektuell konstruierte Musik, wie sie von manchen modernen Komponisten bevorzugt wird, kann, wenn sie erklingt, die Anflutung von Gefühlen nicht verhindern. Musik ist deshalb immer klingende Sinnlichkeit, auch wenn die Musik selbst nicht originell ist und nur aus einer Aneinanderreihung von Melodie-, Rhythmus- und Akkordschablonen besteht. Nicht die Qualität der Musik entscheidet über die Affektauslösung, sondern nur die Musik als gebündeltes Klangmuster, das über den Weg des Ohrs ins Gehirn dringt und dort die entsprechenden Nervenzellen aktiviert.

4.1.1 Musik statt Antidepressiva

Ernsthaft zu überlegen ist, ob nicht durch Aktivierung und ihre stimmungsaufhellenden Mittel und Wege die häufige Verabreichung von Antidepressiva gemindert werden kann. Zumal Experten immer wieder mit kritischem Unterton anmahnen, die wahllose Anwendung solcher Präparate bei schon leichten Stimmungsschwankungen deutlich einzuschränken. Die pharmakologische Fachliteratur verweist auf die körperlichen Aus- und Nachwirkungen der Psychopharmaka, vor allem beim Langzeitgebrauch. Auch ökonomisch wird eine Verminderung der Antidepressiva-Verabreichung positiv zu Buche schlagen.

Überhaupt sollte vor der Gabe von Antidepressiva ausprobiert werden, wie depressive Betagte auf Musik reagieren (oder auf andere Formen der Aktivierung). Allerdings muß gefragt werden, ob manche Stimmungstrübungen nicht „hausgemacht“ sind: Mangelnde Beleuchtung in den Fluren und Eßzimmern; mangelnde Ansprache der Betagten durch das Personal und anderes mehr. Ursache mancher Stimmungstrübungen bei Betagten sind selbstverständlich auch organische Abbauprozesse des Gehirns (Schläfenlappenbereich).

Vorausgesetzt, die Auswahlkriterien eines Musikangebotes sind sorgfältig berücksichtigt worden, kann es beim einzelnen Betagten oder in der Aktivierungsgruppe merklich positive Veränderungen hervorrufen, ja kleine und große Wunder bewirken.

4.1.2 Gesang als Erinnerungsaktivator

Recht häufig ist zu beobachten, daß Liedertexte von den Betagten automatisch heruntergesungen werden. Das mechanische Absingen verschafft dem Betagten wohl eine gewisse Befriedigung: Erstens, weil die gesungene Melodie ein ausgesprochen starker Erinnerungsträger ist; zweitens, weil die physiologisch wohltuende Wirkung der durch Gesang ausgelösten Körpervibration dem Betagten ein Behaglichkeitsgefühl gibt. Die Gefahr eines Abgleitens in mechanisches Singen ist um so größer, je stärker das Lied als Gefühlsauslöser beim einzelnen Betagten wirkt. Zwar wird so kurzfristig zunächst der einzelne aktiviert, andererseits aber kann in der Gruppe durchaus ein Widerwille erwachsen.

Allerdings sollte der Nachteil des mechanischen Singens zumindest dem Aktivierungsbetreuer geläufig sein:

> Rasches Erreichen eines monotonen, undynamischen Singsangs und damit verbunden der Verlust an Aktivierungsstärke.

Das eigentliche Ziel, die Aktivierung unter Einbeziehung der verschiedenen Wahrnehmungsebenen, kann nur erreicht werden, wenn der Aktivierungsbetreuer

- das automatische Absingen von vornherein unterbindet, oder
- falls bereits begonnen, es mit freundlichen Worten abstoppt.

Die der Stereotypie verwandten seelischen Grundmuster, die durch das mechanische Liedersingen hervorgerufen werden, wirken bei der Gruppenaktivierung kontraproduktiv.

Wichtig:

Das Auslösen negativer Affekte sollte rechtzeitig vermieden werden!

Die Aktivierungsbetreuer müssen im Einzelfall sorgfältig prüfen, *wann* eine Unterbrechung des mechanisierten Singens angezeigt ist und damit die Gefahr der stereotypen Wiederholung gestoppt wird.

Als vorteilhaft erweist sich der sofortige Übergang zu einer anderen gruppenverbindenden Aktivität, z. B. mit den Worten: „Etwas ganz anderes, damit ich es nicht vergesse ..."

Wort und Musik

a) Wie kaum ein anderes Medium löst das Wort als Inhaltsträger von Begriffen ganze Assoziationsketten aus. Dies beim Betagten um so mehr, da er durch die ihm zur Verfügung stehende Zeitfülle viele Erinnerungen hin- und herwälzt, die bei der *Benennung* durch das Wort erst *richtig bewußt* werden. Die dadurch ausgelöste emotionelle Bewegtheit beim Betagten kann sowohl positive als auch negative Aspekte haben. Dies setzt voraus, daß Aktivierungsbetreuer den gesamten Text, also alle Strophen eines Liedes kennen bzw. vor der Verwendung gelesen haben.

Um einer möglichen Gemütsverstimmung der Betagten vorzubeugen, muß daher unbedingt darauf verzichtet werden, Texte über Tod, Sterben, Krieg etc. einzusetzen. Dies gilt auch für Lieder, die in den ersten Strophen fröhlich und lustig sind, dann aber einen (poetisch durchaus vertretbaren) Wandel vollziehen, z. B. „In einem kühlen Grunde" (Eichendorff). Läßt sich das Erfüllen eines Liedwunsches mit entsprechendem Text (Geburtstagfeier für den Betagten) nicht umgehen, so muß danach sofort ein anderes Aktivierungsziel vorgeben werden. Damit kann eine mögliche Gefühlstrübung beim Betagten umgangen bzw. aufgefangen werden.

b) Das Volkslied, ebenso wie der Schlager, hat eine einfache Sprache. Durch die klare Gliederung wird der Inhalt leicht verständlich. Dies kommt der Absicht von Aktivierungsbetreuern zugute, noch eine sprachliche Aktivierung zu erreichen, selbst bei Betagten mit eingegrenzten Denkfähigkeiten. So kann durchaus auch ein Kinderlied eingesetzt werden, wenn durch sprachlich komplizierte Texte keine Aktivierung erreichbar ist. Bei der Gruppenaktivierung muß sorgfältig darauf geachtet werden, dem Betagten nicht das Gefühl zu geben, er sei auf den Bewußtseinszustand eines Kindes zurückgefallen und deshalb nur noch in der Lage, ein Kinderlied zu singen. Dies gilt insbesondere für Betagtengruppen, bei denen einzelne lediglich pflegebedürftig sind, jedoch keinen intellektuellen Abbau aufweisen.

4.2 Grundlagen der Musikgestaltung

Wer Klänge und Töne in komplexer Form, nämlich als auskomponierte und interpretierte Musik, auf die Pflegestation zaubern will, muß sich meistens mit Tonträgern behelfen. Dabei ist folgendes zu beachten:

- Wie ist die Zusammensetzung der jeweiligen Betagtengruppe hinsichtlich Biographie und Kulturkreis der einzelnen?
- Wer hört gern welche Musik?
- Wie sind die psychophysischen Befindlichkeiten der Betagten (Wetterumschlag, Eintrübung, Regen, Sturm)?

Musikgestaltung, ob mit Tonträgern, Instrumenten, Begleitung zum gemeinsamen Gesang oder als Solostimme, muß immer so angelegt sein, daß die unterschiedlichen musikalischen Bedürfnisse des Betagtenkreises annähernd abgedeckt werden. Dabei ist zu berücksichtigen, zwischen die einzelnen, womöglich vom Musikgeschmack her weit auseinanderliegenden Stücke eine kleine Pause zu schieben, die am besten mit einer erklärenden Zwischenmoderation ausgefüllt wird oder mit Blickkontakt zum jeweiligen Betagten dessen nachfolgenden Musikwunsch ankündigt. So lernen die Betagten, sich gegenseitig zu tolerieren und den Musikgeschmack der anderen zu respektieren. Ist Einzelaktivierung möglich, sollte der individuelle Musikwunsch eines Betagten, falls möglich, erfüllt werden. Es könnte der letzte Wunsch überhaupt sein.

4.2.1 Tonarten und Rhythmen

Musik wird gewöhnlicherweise in Dur-Tonarten und Moll-Tonarten komponiert. Dur-Tonarten sind allgemein heiterer Natur und bei der Musikauswahl für Betagte zu bevorzugen.
Moll-Tonarten haben zumeist einen schwermütig-traurigen Charakter und eignen sich nur ganz selten für die Aktivierung. Ähnliches gilt auch für die alten Kirchentonarten wie phrygisch oder myxolydisch, die ebenfalls von ihrer Stimmung her recht schwermütig klingen und entsprechende Gefühle auslösen.
Die jeweiligen Tonarten sind im Notenbild durch sogenannte Vorzeichen gekennzeichnet.

Nicht nur die Tonart wirkt auf den Musikhörer stimulierend. Auch Rhythmen wirken dabei anteilig mit.
Beispielhaft ist der 3/4-Takt, der Walzertakt. Vielen Betagten fährt er gewissermaßen in die Beine, sie wiegen den Oberkörper hin und her und sind zumeist

sofort hellwach. Erinnerungen fluten an, ausgesprochen positiv gefühlsbesetzt. Von ähnlicher Wirkung ist der 2/4-Takt. Er erinnert Betagte an den Polkatanz.

Im 4/4-Takt ertönen Wanderlieder, die stets aktivierenden Charakter haben und das Wippen mit den Füßen anregen.

Auch der Tango im 6/8-Takt bewirkt diese Reaktionen, ist er doch noch vertraut aus den besseren Tagen im Leben der jetzt Betagten.

Bei der Auswahl und Zusammenstellung von Musikprogrammen sollte auf jeden Fall auf Tonarten und Rhythmen geachtet werden.

4.2.2 Melodiemuster

Werden mehrere Töne unterschiedlicher Tonhöhe aneinandergereiht beim Singen oder Musizieren, entsteht daraus eine Melodie. Dabei spielt es keine Rolle, ob die Töne nacheinander einzeln musiziert werden oder gebunden ineinandergleiten. In jedem Kulturkreis haben sich bevorzugte Melodiemuster entwickelt, die Grundlage sind für neue Melodien. In der musikalischen Struktur der mitteleuropäischen Volkslieder beispielsweise lassen sich – ohne Berücksichtigung des Rhythmus – alle Melodien im wesentlichen auf verschiedene Kombinationen dreier Melodiemuster zurückführen: Die Tonleiter, der Dreiklang, der Quartsprung.

Mit diesem Material der drei Grundmuster lassen sich nun alle Melodien beschreiben.

Andere Tonsysteme haben ebenfalls recht charakeristische Abfolgen. Während in der europäisch beeinflußten Musik die achtstufige Tonleiter mit Ganz- und Halbtönen vorherrscht, benutzen andere Kulturen auch Vierteltonschritte, z. B. in der arabischen Musik.

4.2.3 Einsatz von Musikinstrumenten

Die Generationen jetzt Betagter hatten wenig Möglichkeiten, das Spielen eines Musikinstrumentes zu erlernen. Das blieb meistens privilegierten Schichten vorbehalten. Daher sind unter den Betagten immer nur einzelne, die z. B. Klavier spielen und Lieder begleiten können. Doch selbst dann sind die Möglichkeiten des Einsatzes gering, denn üblicherweise steht das Klavier im Speisesaal, der Cafeteria oder sonstwo. Wichtig ist aber, auf der Pflegestation selber oder bei ambulanter Betreuung – und ohne großen Aufwand – Musikinstrumente einzusetzen. Spielen Aktivierungsbetreuer Gitarre, ist diese als Begleitinstrument stets zur Hand und kann auch problemlos zu einer Aktivität ins Pflegezimmer mitgenommen werden. Für die Betagten selber eignen sich kleine Instrumente zum Rhythmisieren von Liedern, aber auch zur Musik von Tonträgern. Dabei sind keinerlei Musik- und Notenkenntnisse erforderlich. Besonders geeignet sind kleine handliche Orffsche Instrumente, die zum Teil auch von Einhändern betätigt werden können.

4.2.4 Orffsche Instrumente

Besonders rasch kann aktiviert werden mit dem Einsatz des Orffschen Instrumentariums. Schon allein die dabei entwickelte Lautstärke reißt die Betagten aus einer möglichen Lethargie. Das sofort erwachende Interesse an der Herkunft des Klanges, bzw. an der Eigenerzeugung, überdeckt durch seine Intensität alle übrigen Befindlichkeiten. Dies läßt sich erfahrungsgemäß vor allem an trüben, regnerischen Tagen nutzen. Witterungsbedingt ausgelöste depressive Verstimmungen können schnell und nachhaltig behoben oder doch weitgehend zurückgedrängt werden. Auch halbseitig gelähmte Betagte können am Spiel mit den Instrumenten teilhaben. Der Aktivierungsbetreuer wird daher geschickterweise beim Instrumentenverteilen die Kastagnetten erst zum Schluß vorzeigen und dann den Halbseitengelähmten mit aufforderndem Lächeln anbieten. Diese Instrumente können sehr gut sowohl mit der rechten wie mit der linken Hand bedient werden.

4.2.5 Künstlerkonzerte für Betagte

Künstlerkonzerte gehören zu den Höhepunkten im Jahreslauf der Alten- und Pflegeheime. Die Betagten fühlen sich durch den Besuch und die Darbietung eines Künstlers bzw. von Künstlergruppen besonders geehrt. Ein Künstlerkonzert kann am Nachmittag als in sich geschlossene Kulturveranstaltung stattfinden. In Verbindung mit einem Kaffeenachmittag wird (aus Erfahrung) dringend empfohlen, die Betagten zuerst zu bewirten und danach die Tische bis auf den Tischschmuck vollständig abzuräumen. Jetzt sind die Betagten gesättigt und zufrieden. Was ablenken könnte, ist beseitigt. Nun gilt alle Aufmerksamkeit dem beginnenden Konzert. (Dies gilt auch für sonstige Veranstaltungen.) Dabei ist notwendig, die bisherige Sitzordnung aufzulösen und alle Betagten so zu plazieren, daß sie den/die Künstler und das jeweilige Musikinstrument auch sehen können. Nur so kann die Aufmerksamkeit der Betagten auf das Geschehen gelenkt werden. –

Ein Mikrofon zur Ansage der Musik muß verfügbar sein. Künstler müssen dazu angeregt werden, das Mikrofon auch zu benutzen, da Außenstehende meistens keine Ahnung haben, wieviel Hörgeschädigte unter den Betagten sitzen.

4.2.6 Einsatz von Tonträgern

Weil in der Aktivierung Betagter keinesfalls auf Musik und Lieder verzichtet werden kann, gibt der Einsatz von Tonträgern die Möglichkeit, Klänge und Töne auf die Pflegestation zu zaubern. Ein handlicher, tragbarer Kassettenrecorder und/ oder CD-Player ist der praktischste aller Tonträger. Auch dieser kann problemlos ins Pflegezimmer zu einer Aktivität mitgenommen werden. Mit Hilfe von Tonträgern lassen sich auch Lied- und Musikwünsche der Betagten erfülllen. In Einrichtungen der Altenhilfe müßte daher ein Musikarchiv zur Verfügung stehen, zumindest aber eine Anzahl bespielbarer Tonträger (Kassetten oder CD), um einen Musiktransfer aus der Privatsammlung des Aktivierungsbetreuers (oder seines Freundeskreises) zu ermöglichen.

4.2.7 Planungskriterien

Beim Einsatz von Tonträgern ist auf folgendes zu achten:

sachbezogene Planung	personenbezogene Planung
– Stolperfalle (Kabel) vermeiden – Sitzordnung planen Schwerhörige Nähe Lautsprecher plazieren – auf gute Klangqualität achten: Hörgeräte können nicht unterscheiden zwischen: Nutzschall und Störschall Daher wirken unsaubere Töne und kleinste Geräusche auf Hörgeräteträger schier unerträglich	– Brille – Hörgerät – Taschentuch – Schwerhörige (auf einem Ohr und ohne Hörgerät) mit intaktem Ohr in Richtung Lautsprecher und beim Konzert in Richtung Musikinstrument plazieren – Sehschwache möglichst nahe beim Musiker

4.2.8 Notwendiges für die Musikpraxis

Wer mit Betagten singen will, hat folgendes zu beachten:
Bauchatmung, Notenpapier, Notizblock, Protokoll, Stimmpfeife, farbenfrohe Kleidung, Grundkenntnisse der Stimmführung.

Wichtiger Hinweis:

Der Einsatz von Blockflöten in der Aktivierung ist nicht zu empfehlen. Erfahrungsgemäß wird der Klang von den Betagten als zu hart und zu durchdringend empfunden und daher nur mit Widerwillen ertragen. Besonders Hörgeräteträger klagen darüber, daß die Blockflötentöne ausgesprochen störend sind.

4.3 Einführung in die Musik

Erst im 20. Jahrhundert wurde Musikhören zur alltäglichen Gewohnheit. Vor allem durch das Radio und die Schallplatte. Die stete Verfügbarkeit von Musik und ihre Verwendung als Hintergrundgeräusch (in gastronomischen Betrieben, Kaufhäusern etc.) läßt sie manchmal sogar den Charakter einer akustischen Umweltverschmutzung annehmen. Selbst beim Autofahren (Radio, Kassette oder CD-Player), beim Spazierengehen (Walkman), bei Schularbeiten (Radio, Tonträger), im Krankenbett (Kopfhörer) wird Musik in x-beliebiger Menge und Zusammenstellung konsumiert.
Melodiefiguren, Tonintervalle, Akkorde und die einheitliche Stimmung der Instrumente in der heute weltweit verbreiteten Musik, meist sogenannte U-Musik,

fußen fast durchgängig auf der Entwicklung der abendländischen Musikgeschichte. Von den außereuropäischen Einflüssen sind dabei lediglich Jazz und Blues der amerikanischen Schwarzen von besonderem Gewicht, daneben noch lateinamerikanische Rhythmen, wenige arabische Klangmuster und Einsprengsel der Zigeunermusik.
Zum Fundament einer halbwegs guten Allgemeinbildung gehört selbstverständlich auch die Grundkenntnis der Musikgeschichte, vor allem für diejenigen, die sich mit Aktivierung beschäftigen.

4.3.1 Musikalische Epochen

Gregorianik und nachfolgende Stile — Mit den lateinischen liturgischen Gesängen, die bis ins 8. Jahrhundert zurückreichen, nimmt die abendländische Musik ihren Anfang.

Renaissance — Musikalische Epoche von der Mitte des 15. bis zum Ende des 16. Jahrhunderts. In dieser Zeit entstand die Kompositionsform der sogenannten **Niederländischen Vocalpolyphonie des G.P. da Palestrina**, dessen Kompositionsregeln noch bis heute angewendet werden.

Barock — Ziemlich genau um das Jahr 1600 entstand in Florenz eine Bestrebung, die Musik nicht mehr allein nach klanglichen Gesichtspunkten zu schreiben, sondern den Gehalt der Worte (den Affect) in bestimmten musikalischen Figuren auszudrücken. Hin und wieder wird die musikalische Epoche des Barock auch als **Generalbaßzeitalter** bezeichnet. Die **Empfindsamkeit** bildet den Abschluß des Generalbaßzeitalters und hat ihren Namen durch zarte, verhaltene und leicht anmutende Musik erhalten. Wichtiges Bindeglied zwischen Barock und der nachfolgenden Wiener Klassik ist die sogenannte **Mannheimer Schule**.

Wiener Klassik — Die wortbezogene Musik – und mit ihr ebenfalls die Kirchenmusik – verliert am Ende des 18. Jahrhunderts an Bedeutung und wird durch die sogenannte **absolute Musik** ersetzt, die nur vom Klangeindruck und vom rein musikalischen Genie getragen wird. Da ihre Hauptvertreter in Wien tätig waren, wurde diese Musikepoche mit dem Begriff „Wiener Klassik" benannt.

Romantik — Fast übergangslos begannen in der ersten Hälfte des 19. Jahrhunderts die Komponisten mit Versuchen, Empfindungen und Stimmungen in ihre Musik einfließen zu lassen.

20. Jahrhundert — In der Musik des 20. Jahrhunderts verliert sich die Bindung an den durch die Tonart vorgegebenen Grundton. Eine harmonische Zuordnung wird mehr und mehr unmöglich.

4.3.2 Zeittafel der klassischen abendländischen Musik

– von der Frührenaissance bis zur Gegenwart –

1500	**Renaissance**	Heinrich Isaak	um 1450–1517
1550		Giovanni Perluigi da Palestrina	um 1525–1594
		Orlando di Lasso	um 1532–1594
		Michael Praetorius	1571–1621
1600	**Frühbarock**	Claudio Monteverdi	1576–1643
		Girolamo Frescobaldi	1583–1643
		Heinrich Schütz	1585–1672
1650	**Hochbarock**	Georg Friedrich Händel	1685–1759
		Antonio Vivaldi	1678–1741
		Georg Philipp Telemann	1681–1767
		Johann Sebastian Bach	1685–1750
1750	**Empfindsamkeit**	Carl Philipp Emanuel Bach	1714–1788
	Mannheimer Schule	Carl Stamitz	1745–1801
1800	**Wiener Klassik**	Joseph Haydn	1732–1809
		Wolfgang Amadeus Mozart	1756–1791
		Ludwig van Beethoven	1770–1827
	Romantik	Franz Schubert	1797–1828
		Felix Mendelssohn-Bartholdy	1809–1847
1850		Richard Wagner	1813–1883
		Guiseppe Verdi	1813–1901
		Johannes Brahms	1833–1897
	Spätromantik	Claude Debussy	1862–1918
		Richard Strauss	1865–1949
1900	**20. Jahrhundert**	Maurice Ravel	1875–1937
		Béla Bartók	1881–1945
		Igor Strawinski	1882–1971
		Benjamin Britten	1913–1976
		Dmitri Schostakowitsch	1906–1975
1950	**Avantgarde**	Karl-Heinz Stockhausen	
		Olivier Messiaen	
		Pierre Boulez	
		John Cage	

Diese Auflistung der Komponisten ist eine Minimalauswahl der allerwichtigsten Namen.

4.3.3 Parallele Strömungen in der Musikgeschichte

Klassik Klassische Musik war bis zur französischen Revolution (1789–1794) eine streng elitäre Angelegenheit (vielleicht mit Ausnahme der Kirchenmusik), da dem „gemeinen" Volk der Zutritt zum Konzertsaal verwehrt blieb. Dieser Makel des elitären

Charakters haftet der klassischen Musik leider bis heute noch an.

Volksmusik Die Volksmusik ist wohl die Sparte, die der klassischen Musik als zweiter Oberbegriff gegenübersteht. Sie ist im Grunde ihrer Art tief verwurzelt mit der Geschichte und dem Brauchtum der Bevölkerung in einer Region. Die Frage der Verwurzelung bzw. der Heimat spielt für viele Betagte eine große Rolle, daher ist dem Thema Volksmusik in der Aktivierung besondere Aufmerksamkeit zuzumessen. Einige Beispiele für Volksmusik im ursprünglichen Sinn:

- das Volkslied — Aus dem Volke entstanden und oft mündlich überliefert, besingt meist einen bestimmten Themenkreis.
- der Volkstanz — Stark mit dem Brauchtum verbunden. Hauptsächlich heute noch in Europa bei Trachten- und Folkloregruppen gepflegt.
- instrumentale — Typische Volksinstrumente sind etwa das Akkordeon, die Volksmusik-Gitarre, die Instrumente der Blasmusik. Die instrumentale Volksmusik war zunächst dazu bestimmt, das Volkslied und den Volkstanz zu begleiten und bekam erst später Eigenständigkeit, wie z. B. die alpenländische Stubenmusik.

Eine Abart der Volksmusik ist die **volkstümliche Musik**, bei der versucht wird, „jedem" etwas zu bringen. Eine Sonderstellung nehmen **Lönslieder** ein. Hermann Löns (1866–1914) – auch Heidedichter genannt und Verfasser hervorragender Tiernovellen („Mümmelmann") – schrieb unter dem Titel „Der kleine Rosengarten" eine vielgelesene Sammlung von Gedichten im Volksliederton.

Die U-Musik Der Begriff der U- wie Unterhaltungsmusik soll für Erscheinungen in der Musik benutzt werden, die sich entweder nicht eindeutig zum einen oder anderen Themenkreis zuordnen lassen.

- Die Popmusik: Meist kurzlebige, gefällige Melodien (oft zum Tanzen). Häufig Verwendung von elektronisch erzeugten Klängen. Schlagerähnliche einfache Texte.
- Die Rockmusik. – Rockmusik hat sich als eigene Art aus einem Teil der Popmusik, dem Rock n' Roll, entwickelt.
- Der Jazz – Diese Musik kann ohne Studiotechnik gespielt werden. Sie ist Volksmusik im eigentlichen Sinn, da sie tief in der Geschichte der Schwarzen in den USA verwurzelt ist.

Das Lied Der Begriff des Liedes orientiert zunächst daran, daß es sich um eine singbare Melodie mit Text handelt. Einige Untergruppierungen des Liedes sind:

- das Kunstlied — Komponierte (nicht einfach erfundene) Melodie mit oft schwieriger Klavierbegleitung.
- das Volkslied — siehe Volksmusik
- das Kirchenlied — Häufig aus der Gregorianik entnommene Melodie mit hinzugefügtem geistlichem Text.
- das Chanson — Die sogenannten Liedermacher sind es, die sich auf diese Weise (meist mit nur einem Instrument als Begleitung) kritisch, spöttisch oder poetisch mit bestimmten Themen (politisch/soziologisch) auseinandersetzen.
- die Arie — Meist sehr kunstfertiges und schwierig zu singendes Solostück innerhalb von Kantate, Oratorium, Oper oder Operette.

4.4 Bereiche der Musik

1. Autonome Musik ist, wie der Begriff selbst, erst jüngeren Datums. Als Grundtyp der autonomen Musik können die Sonate und die Sinfonie angesehen werden. Auch der Jazz gehört zum Bereich der autonomen Musik, ebenso wie die nichtkommerzielle Rockmusik.

2. Funktionale Musik hat, wie der Name schon sagt, eine Funktion, also eine Aufgabe, einen Zweck. Ob Tanzmusik oder Choral, Kinder- und Wiegenlied oder politisches Chanson, Marschmusik oder Ballettkomposition, Arbeitslieder oder Festchöre: ihnen allen gemeinsam ist der zweckhafte und häufig zweckgebundene Anlaß ihrer Entstehung. Auch kommerzielle Schlager, volkstümliche Musik, Film- und Fernsehmusik oder Olympiafanfaren gehören zur funktionalen Musik.

4.4.1 Volkslied

Alle Kulturen, Völker und Regionen haben im Lauf ihrer Geschichte eigene, unverwechselbare Singstücke geschaffen, die sowohl allein, als auch in Gemeinschaft vorgetragen werden: das Volkslied. Dabei haben sich jeweils sehr typische Melodie- und Rhythmusformen herausgebildet, die manchmal so unverwechselbar sind, daß selbst nur am Summen dieser Lieder ihre Herkunft erkennbar wird. Da in den vergangenen Jahrhunderten wesentlich mehr gesungen wurde – teilweise als einzig mögliche Form transportabler Musik – und überdies der gemeinsame Gesang eine soziale Funktion hatte bei Arbeit und Spiel, entstand so eine Fülle von Liedern, die in ihrer Gesamtheit fast alle Themen des menschlichen Lebens behandeln. Kaum ein anderes Medium gibt so gut Auskunft über Lebensgefühl, Sozialgefüge und Mentalität wie das Volkslied. Durch die weltweite Verbreitung von Pop, Rock und Schlager wird das ursprüngliche Volkslied immer mehr zurückgedrängt in ein Nischendasein. Die Generation heute Betagter aber hat meist noch einen reichen Volksliederschatz.

Dies kann und muß in der Aktivierung unbedingt genutzt werden Religiöse Volkslieder und Choräle haben ihren Platz in der Andacht und beim Gottesdienst. Auch bei Tod und Trauer ist die Verwendung (wenn vom Betagten gewünscht) recht sinnvoll.

Die zunehmende Anzahl Betagter, die ursprünglich nicht aus dem deutschsprachigen Raum kommen, gilt es selbstverständlich auch in die musikalische Aktivierung einzubinden. Durch einfühlsames Befragen der betreffenden Betagten können Hinweise gewonnen werden auf die Musikkultur der jeweiligen Völker.

4.4.2 Oper und Operette

Durch die Weiterverbreitung beider Kunstgattungen sind manche Arien und Lieder Allgemeingut geworden; z. B. „Wie eiskalt ist dies Händchen", La Bohème; „Ich bin die Christl von der Post", Vogelhändler. Es ist durchaus empfehlenswert, solche Melodien auf Tonträger in der Aktivierung einzusetzen. Der hohe Wiedererkennungswert und die fast durchweg positiven Gefühlsassoziationen dienen oft als Erinnerungsauslöser. Wie bei anderen musikalisch unterlegten Texten ist auch bei Oper und Operette fraglich, ob der Textinhalt noch vollständig begriffen wird. Insbesondere da die Sprache auf ihre Singbarkeit hin formuliert wurde.

4.4.3 Schlager und Popmusik

Erst durch Radio und Tonträger (Schallplatte, CD, Kassette, Tonband) ist der Siegeszug des Schlagers möglich geworden. Da der Schlager in der Alltagskultur die psychologisch wichtige Rolle eines Gefühlsauslösers und Gefühlssteuerers spielt, gehören Schlagermelodien zum musikalischen Bewußtseinszustand weiter Bevölkerungskreise. Dies bezieht sich auch auf die Betagten, denen die Schlager ihrer Jugendzeit emotionell oft viel bedeuten. Aktivierungsbetreuer sollten daher keinesfalls auf den gelegentlichen Einsatz dieser Schlager verzichten. – Eine ähnliche Grundlage und Wirkungsweise wie der Schlager hat die Popmusik. Sie ist erst in den 60er Jahren des 20. Jahrhunderts entstanden, hat jedoch den Schlager teilweise abgelöst und einen noch größeren Verbreitungsgrad. Der Einsatz von Popmusik in der Aktivierung wird etwa ab dem Jahr 2020 erst eine Rolle spielen. Bestimmte Formen wie Beatles-Songs können schon heute verwendet werden.

4.4.4 Chanson und Couplet

1. Musikalisch geht das Chanson recht eigene Wege; lehnt sich einerseits an der harmonischen Gefälligkeit des Schlagers an, benutzt manchmal diese sogar als ironisches Zitat, sucht andererseits aber völlig eigenständige Melodieformen zu verwirklichen durch die Hereinnahme kompositorischer Elemente aus Volkslied, Kunstlied, Jazz, Blues, klassischer Musik und neuerdings manchmal auch Pop-

musik. Gewöhnlicherweise hat das Chanson seinen Platz im literarischen Kabarett, auf der Kleinkunstbühne. Manchmal werden aber Chansons weltweit gesungene Schlager, z. B. „La vie en rose", „Amsterdam".

2. Das Couplet ist eine weniger anspruchsvolle Liedform, die fast ausschließlich im Kabarett dargeboten wird und häufig tagespolitische Themen zum Inhalt hat. Typisch ist der immer wiederkehrende Endreim. Besonders in den 20er und 30er Jahren in Deutschland gab es bedeutende Coupletinterpreten. Ihre Tonträgeraufnahmen sind auch heute noch erhältlich. Viele der heute Betagten kennen und lieben diese Couplets, z. B. „Ein Wagen von der Linie 8". Deshalb können mit viel Erfolg solche Stücke in der Aktivierung eingesetzt werden.

4.4.5 Jazz

Harmonik, Melodik und Instrumente sind vorwiegend europäischer Herkunft; Rhythmik, Phrasierung und Tonbildung jedoch haben außereuropäische Wurzeln. Der Jazz enstand im Süden der USA. Haupttragendes Element war die geistliche und weltliche Musik der amerikanischen Schwarzen, die ihrerseits eine Reihe musikalischer Eigentümlichkeiten ihrer afrikanischen Ursprungsländer verwendeten. Auch Einflüsse spanischer, französischer und englischer weißer Musiker haben den Jazz mitgeformt. Besonders die Polyrhythmik (verschiedene gleichzeitig gespielte Taktarten) afrikanischen Ursprungs hat dem Jazz seine Lebendigkeit gegeben.

Dixie und Swing können wegen ihres Beliebtheitsgrades und ihres Erinnerungswertes bei den Betagten durchaus mit Erfolg in der Aktivierung verwendet werden. Bei anderen Jazzarten ist, trotz ihrer musikalischen Qualität, Vorsicht geboten beim Einsatz in der Aktivierung. Dies trifft ebenfalls auf den Blues zu, der hie und da sogar stimmungstrübend wirken kann.

4.4.6 Religiöses Liedgut

Religiöses Liedgut ist grundsätzlich seiner Natur nach ein in Melodie gefaßtes Gebet, wobei es unerheblich ist, an welche Gottheit in welcher Religion sich das Lied richtet. Jede Gottheit, insbesondere im Monotheismus (z. B. Christentum, Islam, jüdische Religion), ist letztlich entscheidende Instanz und damit auch absoluter Machtfaktor für das Welt- und Lebensverständnis des Gläubigen.

Selbstverständlich kann bei der Aktivierung auch religiöses Liedgut verwendet werden. Doch muß strikt darauf geachtet werden, nur Texte oder ganze Lieder zu verwenden, die eine emotionell negative Rückkoppelung beim Betagten mit hoher Wahrscheinlichkeit ausschließen. Dies erfordert eine sorgfältige Textanalyse des verwendeten Liedgutes, und zwar vor Verwendung im Aktivierungsprozeß.

In der Aktivierung muß es *vordringliche Aufgabe* sein – ungeachtet des eigenen, möglicherweise stark religiös bestimmten Weltbildes –, die Aktivierung durch Singen so zu gestalten, daß *Betagte froh und ausgeglichen gestimmt* werden. Religiöses Liedgut über Tod, Schmerz, Verzicht und die strafende oder richtende Allmacht Gottes sollte deshalb nach Möglichkeit gemieden werden.

Hinweis:

Manche Menschen haben keinen Bezug zu religiösen Dingen. Vor allem beim Gruppenprogramm müssen Aktivierungsbetreuer die persönlichen Auffassungen der Betagten so einzubinden versuchen, daß Mißstimmungen weitestgehend vermieden werden.

4.4.7 Singen mit Betagten

Der musikalisch begabte Aktivierungsbetreuer hat beim Singen mit Betagten keine Probleme. Spielt er dann noch ein Musikinstrument, kann er eine Melodie, die den Betagten bekannt, aber nicht geläufig ist, schnell erlernen. Zur Liedbegleitung ideal ist die Gitarre. Im Gegensatz zum Klavier ist sie ein transportables Instrument, kann überall mitgenommen werden – auch ins Pflegezimmer. Schlagtechniken sind zur Liedbegleitung weniger geeignet und erfahrungsgemäß bei den Betagten auch nicht so beliebt. Mit Fingerpicking wirkt die Begleitung von Liedern gefälliger. Ausnahmen sind eventuell Wanderlieder: Ein flott geschlagener Rhythmus wirkt belebend und fährt in die Beine.

Der nichtmusikalische Aktivierungsbetreuer hat es schwer: Ohne Notenkenntnisse kann er möglicherweise das Lied nicht anstimmen, geschweige denn die Melodie führen, den Ton und die Tonart halten. Um jedoch in der Aktivierung nicht aufs Singen verzichten zu müssen, empfiehlt sich die Benutzung eines sehr praktischen Hilfsmittels: In Musikaliengeschäften werden Stimmpfeifen verkauft, die sämtliche einzelnen Töne der Tonleiter umfassen, und zwar genau die Tonleiter, deren Stimmhöhe noch von den Betagten gesungen werden kann.

4.5 Musik und Bewegung

Musik und Bewegung gehören zusammen. Das zeigen uns kleine Kinder. Sobald Musik ertönt oder ein Lied erklingt, wiegen sie sich im Takt oder drehen sich um die eigenen Achse. Dabei sind die Kinder vollkommen glücklich und gelöst. So kommt es nicht von ungefähr, daß sich in der Geschichte der Menschheit viele Tanzformen entwickelt haben. Bei Naturvölkern ist das gemeinsame Singen und Tanzen weit verbreitet, und zwar als ursprüngliche Lebensäußerung. Weil nun Musik ausgesprochen bewegungsaktivierend wirkt und darüber hinaus gemütserhellend, findet Musik, kombiniert mit Bewegung, auch bei Betagten lebhaften Anklang.

Diese Form der Aktivierung darf auf keinen Fall fehlen!

4.5.1 Rhythmik und Grobmotorik

Großräumige Bewegungen des Körpers zählen zur Grobmotorik und lassen sich zu Musik und deren Rhythmus harmonisch und schwungvoll ausführen. Mit grobmotorischer, musikunterstützter Aktivierung können noch manche Betagte erreicht werden, die den psychomotorischen Anforderungen der Feinmotorik nicht mehr oder nur unzulänglich gewachsen sind. Selbst bei sehr retardierten Persönlichkeiten ist ein Aktivierungsversuch mit Musik, der auf die selbständig angeregte Bewegung des Betagten abzielt, durchaus erfolgversprechend.

4.5.2 Rhythmik und Feinmotorik

Kleinräumige und präzise Bewegungen zählen zur Feinmotorik und lassen sich zu Musik und deren innewohnendem Rhythmus treffsicherer ausführen. Dazu gehören beispielsweise Fingerschnippübungen, mit den Zehen (nicht mit dem ganzen Fuß!) auf- und abwippen oder gezielt die Lippen hin- und herbewegen. Durch besonders stark betonte Rhythmen in der Musik kann manchmal bei Betagten manche verloren geglaubte feinmotorische Fähigkeit zumindest ansatzweise wiedergewonnen werden. Das daraus resultierende Erfolgserlebnis hebt die Allgemeinstimmung.

4.5.3 Tänzerische Bewegungsspiele

Manche Aktivierungsbetreuer erinnern sich zu gerne und lustbetont an Liederspiele/Singspiele aus ihrer Kinderzeit, können sie möglicherweise noch auswendig und müssen sich daher nach eigenem Dafürhalten auf Bewegungsspiele mit Betagten nicht vorbereiten. Kritik- und bedenkenlos werden dann so der Aktivierungsgruppe Kleinkinderlieder übergestülpt. Diese Vorgehensweise ist strikt abzulehnen. Statt dessen sollten erwachsenengerechte Bewegungsspiele erdacht werden; Aktivierungsbetreuer können so im Lauf der Zeit auf eine ganze Sammlung zurückgreifen. Stets muß sorgfältig geprüft werden, inwieweit der gewünschte Aktivierungserfolg mit dem Respekt vor der Persönlichkeit der Betagten in Einklang zu bringen ist.

Tänzerisches Bewegungsmodell (Musik siehe 4.5.4 Abschnitt 1)

Sitzordnung:

Sitzkreis – die Runde wird geschlossen, und zwar so, daß sich die Teilnehmer gegebenenfalls auch an den Händen fassen können.

1. Erwärmungsphase (siehe 7.2.2, einschließlich Hinweis 1 und 1. Übung)
2. Fußsohlen berühren den Boden; die Füße sind beisammen. Rechten Fuß nach rechts drehen und zurück, linken Fuß nach links drehen und zurück.
3. Beide Füße nach rechts drehen und zurück, beide Füße nach links drehen und zurück.
4. Beide Füße auswärts drehen und zurück.
5. Beide Füße nach rechts drehen und zur Mitte und gleich nach links und zur Mitte.
6. Rechter Fuß: Schritt nach rechts, Fuß auf Innenkante stellen und zurück. Linker Fuß dasselbe.

7. Rechter Fuß: Fußspitze aufstellen. Linker Fuß: Ferse aufstellen. Wechselseitig und gleichzeitig auf und ab wippen.
8. Polkatanz-Bewegung: Im Wechsel Ferse – Spitze.

   Für die folgenden drei Übungen gilt: Fußsohlen berühren den Boden, die Beine sind leicht gespreizt.

9. Vor dem Körper in die Hände klatschen, dann auf die Schenkel.
10. In die Hände klatschen, rechte Hand auf rechten Schenkel. In die Hände klatschen, linke Hand auf den linken Schenkel. In die Hände klatschen, rechte Hand auf den linken Schenkel. In die Hände klatschen, linke Hand auf den rechten Schenkel. Steigerung mit vorgegebener Anzahl der Bewegungen als Kurzzeitgedächtnisübung!
11. Viermal in die Hände klatschen. Viermal auf die Schenkel klatschen. Viermals jeweils Bewegungsmuster Nr. 10 (siehe dort).
12. Die Teilnehmer fassen sich paarweise an den Händen zum Tanzlied: Es geht nichts über die Gemütlichkeit (Volkstanz aus Nord- und Mitteldeutschland).

    Als Musik: Tonträger oder gesungen oder beides.

    Takte 1 bis 8: Leichte Armschwünge nach oben. Takte 9 bis 16: In die Hände klatschen. (Dabei sollte der Aktivierungsbetreuer, zumindest am Anfang, den Takt laut mitzählen.)

4.5.4 Seniorentanz

In Einrichtungen der Altenhilfe sind die Zahlen rüstiger Bewohner rückläufig, d. h., viele der Altenheimbewohner sind mit den Jahren auch pflegebedürftig geworden. Schon früher konnte in einem Alten- und Pflegeheim Seniorentanz nur in der Besetzung ein Betagter/ein Schüler ausgeführt werden. Schon damals mußten vorgebene Seniorentanzformen erheblich vereinfacht werden. Als musikalische Grundlage für den Seniorentanz empfiehlt sich die Verwendung von Evergreens und alten Schlagern, die in der Jugendzeit der Betagten gängig waren. Verschiedene Tonträgerfirmen haben Zusammenstellungen von diesbezüglichen Musiktiteln geschaffen. Die Verwendung solcher Musikstücke aktiviert sehr stark das Erinnerungsvermögen der Betagten, weckt z. T. freudige Gefühle und läßt manche Assoziationen an die Tanzstunde, Jugendlieben, Feste und Feiern vergangener Tage aufleben. Meist sind die Reaktionen der Betagten ausgesprochen positiv, es wird mitgesummt, die Stimmung hebt sich merklich. Die angestrebte und erwünschte Mehrfachaktivierung, die durch altbekannte Melodien leicht hervorgerufen werden kann, wiegt allemal die geringe Mühe auf, sich um entsprechende Tonträger zu kümmern.

Um einem gerade noch gehfähigen Personenkreis ein wenig Freude und Spaß zu bereiten, wurde mit Schülern der Fachschule für Altenpflege Calw-Wimberg die nun folgende Tanzform entwickelt und erprobt.

Tanzmodell

Aufstellung:
Paare im Kreis aufstellen mit Blick zur Kreismitte, insgesamt (auch mit den Füßen) leicht nach links = sogenannter Innenstirnkreis
Alle fassen sich an den Händen und drehen sich leicht nach links. Musik setzt ein.

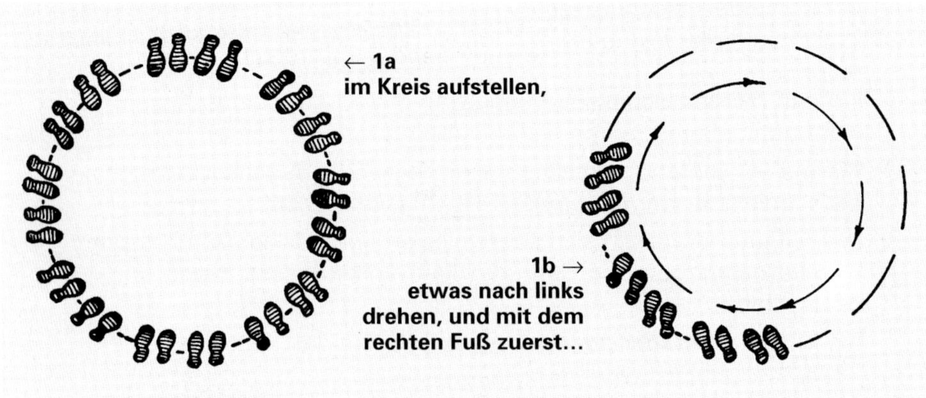

Ein Schüler zählt auf den Rhythmus der Musik vier vor. (Eventuell auch von Betagten machbar, die noch geistig fit sind und Gefühl für Rhythmus haben.)

1. Mit dem rechten Fuß beginnen alle auf „eins" im Uhrzeigersinn in etwa gleichgroßen 15 Schritten vorwärts zu gehen. Der 16. Schritt ist der Abschlußschritt.

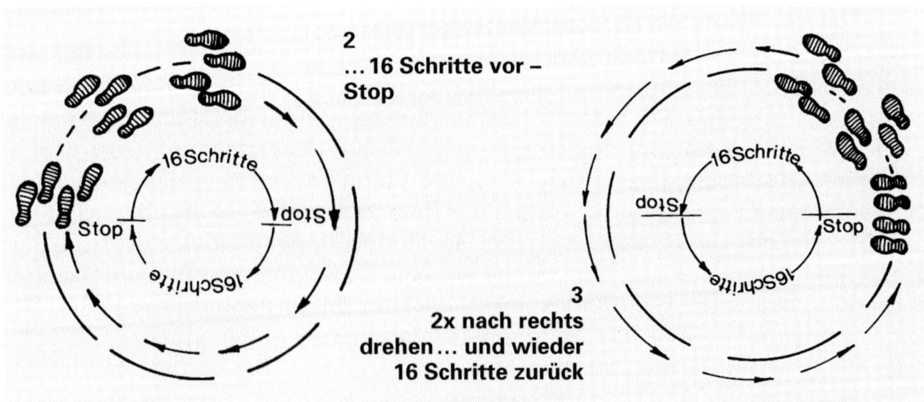

Danach wird der rechte Fuß in etwa 60-Grad-Drehung nach rechts gesetzt und der linke Fuß daneben.

Dasselbe noch einmal wiederholen, damit alle nun entgegen dem Uhrzeigersinn im Kreis leicht nach rechts gedreht stehen.
Nun werden, beginnend mit dem linken Fuß, wieder 15 Gehschritte gemacht und mit dem 16. Schritt, dem Abschlußschritt, beendet.
Danach linken Fuß mit kleinem Schritt nach links drehen, rechten Fuß nachziehen, absetzen und noch einen kleinen Schritt mit dem linken Fuß und rechten Fuß als Abschlußschritt parallel danebensetzen.
Alle Mitwirkenden stehen wieder im Innenstirnkreis.

2. Jeweils paarweise gehen alle nun gemeinsam, beginnend mit dem linken Fuß, sieben Schritte zur Kreismitte und beenden mit Abschlußschritt.

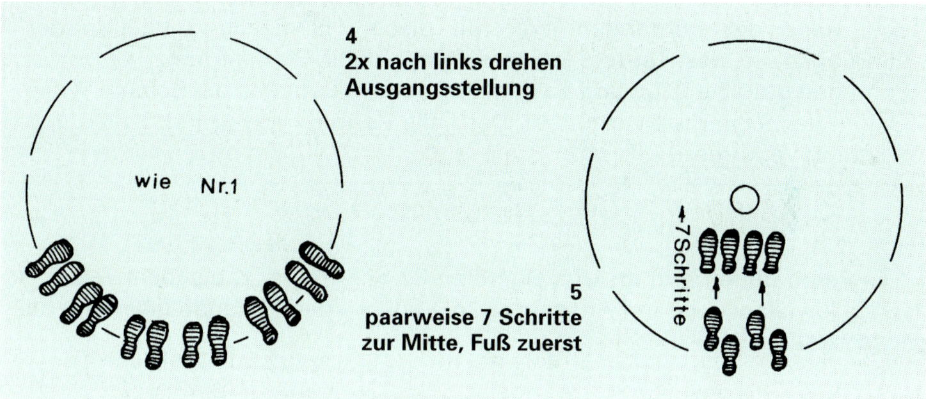

Sofort, mit rechtem Fuß beginnend, nun rückwärts ebenfalls sieben Schritte, mit Abschlußschritt beenden.
Der ursprüngliche Kreis ist wiederhergestellt. – Alle fassen sich wieder an den Händen.

3. Punkt 1 und Punkt 2 wiederholen.

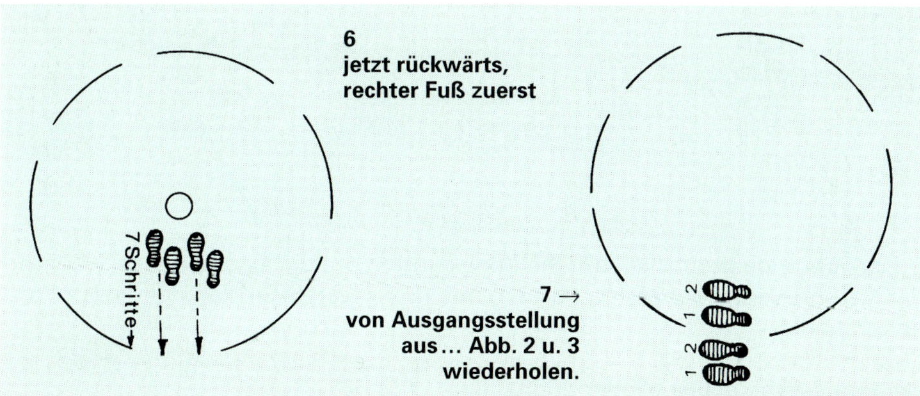

4. Linker Partner setzt linken Fuß etwas auswärts leicht zurück und setzt den rechten Fuß parallel daneben.

Rechter Partner setzt linken Fuß auswärts leicht vor und setzt rechten Fuß daneben.

Beide Partner wiederholen, so daß sie nebeneinander stehen.

> **Wichtig:**
>
> Einer der Partner (meist Schüler) muß führen. Das geschieht so, daß der Geführte seine flache, aber lockere Hand von oben in die offene, wenig gerundete Hand des Führenden legt. Mit dieser Handstellung (analog der Führungshand des Tänzers bei der Dame beim Standardtanz) kann der Führende gut abstützen und so dem Partner (im Regelfall die Betagten) das Gefühl der Sicherheit vermitteln. Der linke Partner wird grundsätzlich von Schülern verkörpert.

5. Die Paare gehen nun im Uhrzeigersinn 32 Schritte im Kreis (acht Takte), so daß sie jeweils wieder am Ausgangspunkt ankommen. – Hände ineinander liegen lassen.

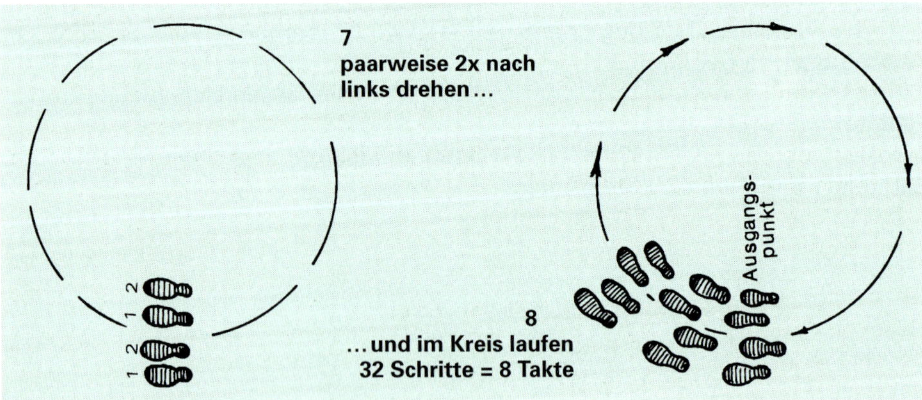

6. Der Führende dreht sich nun mit Minischritten um die eigene Achse, während der Geführte, also der rechte Partner, mit 12 Vorwärtsschritten den linken Partner umkreist.

Der Innenstirnkreis ist wieder entstanden.

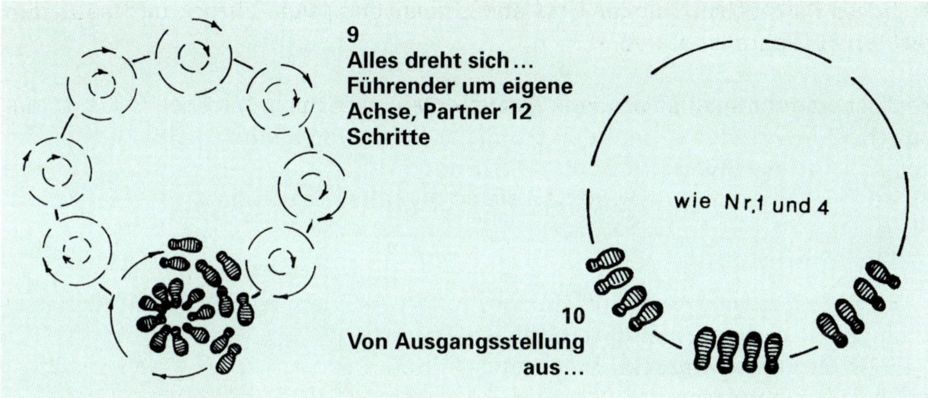

7. Die Paare 1, 3, 5, 7 (je nach Teilnehmerzahl) gehen nun zur Kreismitte und zurück wie bei Punkt 2.
8. Die Paare 2, 4, 6, 8 machen darauf dasselbe.

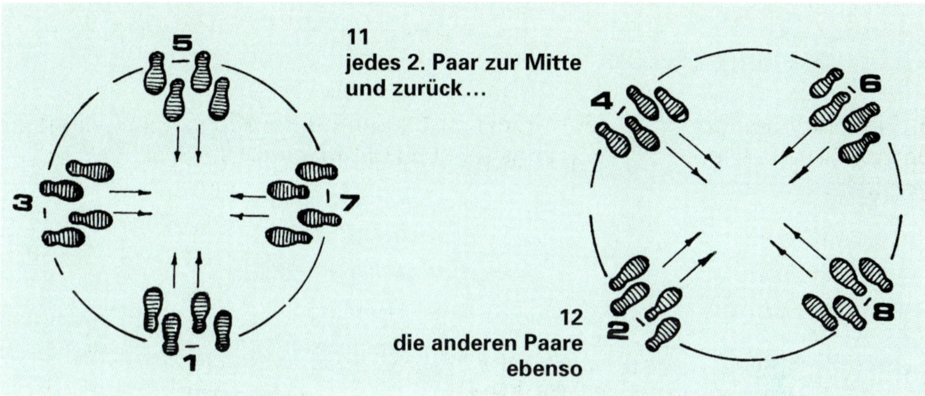

9. Kreis hintereinander paarweise auflösen. (Meist aber nicht mehr möglich bei den teilnehmenden Betagten.)

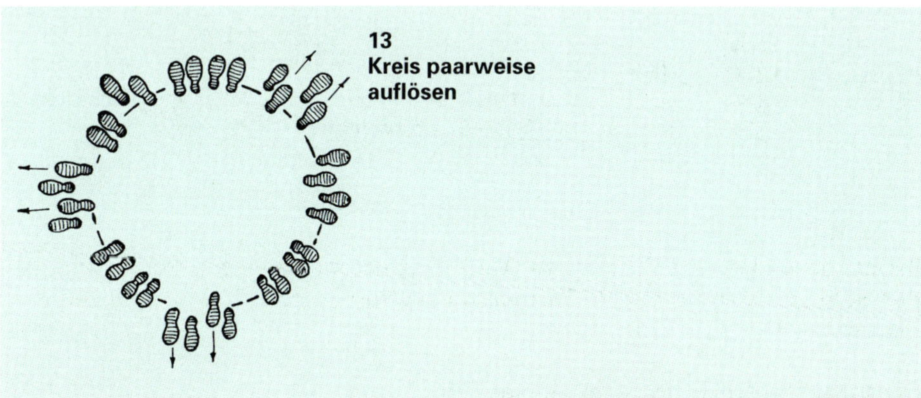

In jedem Fall: Jeder Schüler begleitet seinen betagten Tanzpartner behutsam zum Sitzplatz.

Jetzt ist eine Ruhepause notwendig. Dabei läßt sich zwanglos über Tanzstunden aus der Jugendzeit der Betagten plaudern. Erfahrungsgemäß belebt dieser Gesprächsstoff die etwas ermüdete Tanzgruppe.

Wichtiger Hinweis:

Die Betagten sind während der gesamten Aktivität von Schülern/Aktivierungsbetreuern sorgfältig zu beobachten hinsichtlich

- **Gesichtsausdruck**
- **Gesichtsfarbe**
- **Schwäche**
- **Schwindel**
- **Schweiß**

4.5.5 Planungskriterien

personenbezogen	**sachbezogen,** *einschließlich Sicherheitsmaßnahmen*
– Brille – Hörgerät – Zahnprothese – Taschentuch **Spezielle Planung** – Gehfähigkeit abwägen – Herz-Kreislauf-Erkrankungen berücksichtigen – Kleidung bequem (nicht hitzestauend) – beengende Gürtel vermeiden	– Raumkontrolle: – Größe – Boden rutschfest! – Belüftung – Temperatur – Lichtverhältnisse intakt? – Anschlüsse für Tonträger wo? – Haustelefon wo? – Fernsprecher wo? – Schwesternruf/Klingel wo? – Toilette wo? – Stolperfallen, wie Kabel, vermeiden – Gegenstände/Mobiliar mit scharfen Ecken und Kanten entfernen – Stühle entlang den Wänden für alle Teilnehmer

5 Olfaktorische Reize

Als olfaktorisch werden all die Reize bezeichnet, die eine Geruchsempfindung verursachen. Der olfaktorische Reiz ist der mit Abstand wirkungsvollste in bezug auf das Auslösen menschlicher Gefühle.
Wahrscheinlich hatte, wie ethnosoziologische Untersuchungen nahelegen, die Geruchswahrnehmung (einschließlich der Ausdünstungen von Menschen) früher eine weitaus bedeutendere Rolle gespielt, sowohl was die Nahrungssuche und -auswahl, die Wetterprognose und die geographische Ortsbestimmung anbetrifft als auch die Wahl des Sexualpartners. Bei Naturvölkern haben auch heutzutage olfaktorische Reize noch eine erheblich größere Bedeutung, auch im Hinblick auf individuelle und gesellschaftliche Verhaltensweisen.

5.1 Düfte und Gerüche

Düfte und Gerüche begleiten den Menschen ein Leben lang. Sie sind im Ringencephalon, d. h. im Riechhirn, gespeichert, vielmehr programmiert. Die Wahrnehmung eines Duftes oder Geruches löst Erinnerungen, vielleicht sogar ganze Assoziationsketten aus. „Geruchsbilder" lassen sich wieder heraufbeschwören. Daher ist dem Einsatz von Düften und Gerüchen gerade in der Aktivierung besondere Bedeutung beizumessen.

Die Grundbedeutungen:

1. Gerüche und Geschmack sind **kulturgebunden**
   Durch die Dauergewöhnung an bestimmte, typische Gerüche entwickeln Menschen ein positives Verhältnis zu dem sie umgebenden Geruchsfeld.

2. Gerüche und Geschmack sind **zeitgebunden**
   Es ist durchaus zutreffend, von Geruchs- und Geschmacksmoden zu sprechen, sei es das Würzen mit Oregano (auf der Pizza) oder das Vorherrschen einer bestimmten Duftnote in Haushaltsreinigern.

Wichtiger Hinweis:

Für Aktivierungsbetreuer eröffnet sich ein weites Feld der olfaktorischen Aktivierung, wenn durch Befragen der Betagten die Geruchs- und Geschmacksmoden ihrer Kinder- und Jugendzeit erkundet werden. Mit diesem Wissen und den daraufhin besorgten Geruchs- und Geschmacksträgern können Aktivierungsbetreuer ganz gezielt das Erinnerungsvermögen der Betagten stimulieren.

3. **Geruch hat eine soziale Funktion**
   Der individuelle Körpergeruch wird von den Mitmenschen meist nur unbewußt wahrgenommen, entscheidet aber durchaus auch über Antipathie oder Sympathie.

4. **Geruch ist notwendig**
   Von angenehmen Gerüchen und Düften einmal abgesehen, hat der Geruch eine notwendige Signalfunktion: Er warnt uns vor Gefahren in Alltags- oder bedrohlichen Lebenssituationen.

5. **Geruch hat eine situative Bedeutung**
   Da Geruch fast immer intensive Affekte bewirkt, wird vom Wahrnehmenden meist unmittelbar auch die Örtlichkeit ins Gedächtnis gerufen, an die der Geruch angekoppelt war oder ist.

   Bei Verwirrtheitszuständen und Desorientierung Betagter muß auch stets daran gedacht werden, inwieweit Gerüche diese hervorrufen oder verstärken.

6. **Ein Dauergeruchsfeld kann andere Geruchsvarianten überlagern**
   In der Arbeitswelt entstehen durch die Herstellung und Verarbeitung von Produkten oftmals Dauergeruchsfelder. Dazu gehören auch Kantinen und Großküchen, insbesondere in Einrichtungen der Altenhilfe.

7. **Gerüche dienen der Orientierung**
   Die regelmäßige und zeitlich festgelegte Abfolge der Mahlzeiten, signalisiert durch die Düfte und Gerüche, trägt zur zeitlichen Orientierung mancher Betagter bei.

8. **Der Ausfall des Geruchs kann Desorientierung/Verwirrung auslösen.**
   Orientierung durch Gerüche ist vor allem für sehschwache und schwerhörige Betagte wichtig. Der Wegfall des Geruchsvermögens löst zusätzliche Verwirrung aus.

5.1.1 Gerüche als Erinnerungsträger

Geruchserinnerungen sind stets mit ureigenem Erleben verbunden. Sie reichen zurück bis in die früheste Kindheit und summieren sich im Lauf des Lebens zu großer Vielfalt. Geruchserinnerungen können sowohl positiv als auch negativ besetzt sein. Dies steht in engem Zusammenhang mit der jeweiligen Erlebnisweise einer Situation, mit der sich ein Geruch verbindet. Wer beispielsweise lebensbedrohliche Erfahrungen mit Feuer und Rauch gemacht hat, wird bei einem Brandgeruch sofort sein „Riechbild“ heraufbeschwören, begleitet von unangenehmen Empfindungen, vielleicht sogar Ängsten. Glücklicherweise sind angenehme Geruchserinnerungen in der Mehrzahl. Davon ist auch bei betagten Menschen auszugehen. Dabei spielen Kenntnisse über deren Biographie und Kulturkreis eine wichtige Rolle.

5.1.2 Was ist Gestank?

Gestank zeichnet sich durchweg durch die extreme Stärke eines Geruchsreizes aus, zunächst unabhängig davon, wie lange der Geruchsreiz wahrgenommen wird. Vor allem die Geruchsentwicklung bei Fäulnisprozessen, die Ausdünstungen von Fäkalien, besonders geruchsintensive Stoffe wie schweflige Säure, Buttersäure (entsteht auch bei der bakteriellen Zersetzung des Fußschweißes) oder Bitumen, Verwesunggerüche und speziell produzierte Naturstoffe (z. B. von der Stinkmorchel, Tagetes) sind so penetrant, daß sie (von wenigen Ausnahmen abgesehen) generell als Gestank klassifiziert werden. Ausschlaggebend für die Negativdefinierung eines Riechreizes ist die sehr subjektive Empfindung, die jeder Mensch ganz individuell entwickelt hat. Dabei spielen das Umfeld, die persönlichen Erfahrungen, aber auch die jeweiligen Kulturnormen eine entscheidende Rolle.

Der Dauereinwirkung unerfreulicher *Geruchsbelästigungen* werden sehr häufig auch *Bewohner und Personal von Pflegeeinrichtungen* ausgesetzt. Ursache der störenden Gerüche sind meist Urin, Desinfektions- und Putzmittel. Allerdings nehmen manchmal selbst sensible Pflegekräfte durch Dauergewöhnung das Vorhandensein solcher Gerüche nicht mehr wahr, im Gegensatz zu Besuchern der Einrichtung, denen sofort ein unangenehmes Geruchsfeld auffällt.

Wichtig:

Zu berücksichtigen ist bei der Aktivierung die subjektive Einstellung der jeweiligen Betagten zu verschiedenen Geruchsträgern. So wird beispielsweise Terpentin von manchen als anregend, wohlriechend und aromatisch begrüßt, von anderen jedoch als Gestank abgelehnt. Auch andere Materialien wie Klebstoff, Dispersionsfarben, Wachs, Essig u. a. m. rufen unterschiedliche Gefühle bei den Wahrnehmenden hervor.
Eine Mißstimmung bei Betagten kann durchaus durch einen Riechreiz bewirkt werden, der den Betreffenden subjektiv als Gestank erscheint. Das Pflegepersonal sollte im Fall einer scheinbar unerklärlichen, womöglich länger andauernden Mißstimmung auch das Geruchsumfeld kontrollieren.

5.1.3 Gerüche in der Aktivierung

Innerhalb der Programmgestaltung gibt es hervorragende Möglichkeiten, Düfte und Gerüche **themenbezogen** einzusetzen. Ob das Programm nun Gewürze oder Blumen, den Wald oder die Getreideernte zum Inhalt hat – oft lassen sich entsprechende Produkte beschaffen, notfalls die ursprünglichen Gerüche durch Aromen ersetzen.

Doch nicht nur innerhalb der Programmgestaltung ist der Einsatz von Düften/Gerüchen sinnvoll. Auch bei sehr retardierten Persönlichkeiten lassen sich **Gemütsbewegungen** anreizen, wie die Autoren durch zahlreiche Versuche in der Aktivierung herausfanden.

Wichtig:

Geruchsassoziationen wiederzuerwecken, ist unverzichtbarer Bestandteil der Aktivierung!

5.1.4 Natürliche Aromen

Schon früh in der Menschheitsgeschichte wurde die Vielfalt der natürlichen Aromen genutzt; Weihrauch und Myrrhe gehören zu den ältesten Duftstoffen. Auch Zimtrinde, Zedernholz, Ambra, Moschus, Rosenöl, Sandelholz, Nelkenöl und die Essenzen von Lilien, Maiglöckchen, Veilchen und anderen Blüten wurden schon vor Jahrtausenden benutzt. Die sensorische Wahrnehmung von Düften wird bereits durch Teile von Duftmolekülen angeregt. Diese Duftmoleküle aus pflanzlichen, tierischen, mineralischen oder sonstigen Stoffen herauszuholen, ist nicht immer einfach.

Natürliche Aromen in Reinform, auch zur Verwendung in der Aktivierung, sind in Apotheken und Naturkosmetikläden erhältlich. Trotz des höheren Preises sind natürliche Aromen den synthetischen vorzuziehen. Wenn möglich, können auch die Träger von Duftstoffen wie Blumen, Gewürze, Kräuter zur Aktivierung benutzt werden.

5.1.5 Synthetische Aromen

Der modernen Chemie ist es gelungen, eine ganze Reihe Duftstoffe in der Retorte herzustellen. Zum synthetischen Aufbau werden oft Petrochemikalien verwendet, also Produkte, die aus der Verarbeitung von Erdöl stammen. Doch auch verschiedene Alkohole, Säuren und andere chemische Grundstoffe dienen als Basis für die Herstellung synthetischer Duftstoffe, die in der Waschmittelherstellung, in Kosmetika, Parfums, Haushaltsreinigern etc. eingesetzt werden. Manche dieser Duftstoffe riechen nicht nur angenehm, sondern haben darüber hinaus auch noch andere günstige Eigenschaften. Das Einsetzen von synthetischen Aromen in der Aktivierung ist durchaus möglich, jedoch sollte zuvor durch Rückfragen bei Ökoinstituten oder fachlich versierten Apothekern erkundet werden, ob eine Verwendung gefahr- und problemlos ist. Manche synthetischen Duftstoffe können unter Umständen krebserregend wirken, wie die künstlich hergestellten Moschusxylole, die immer noch in Körperpflegemitteln, Weichspülern und Waschmitteln enthalten sind.

5.1.6 Praxiserprobte Duftträger

Neben der Vielfalt an duftenden Naturalien wie Blüten, Blumen, Kräuter, Heu, Getreide, Moos, Herbstlaub etc. (Einsatz jahreszeitlich begrenzt) haben sich etherische Öle mit den Duftkomponenten Zimt, Lavendel, Nelken, Zitrone, Rosenholz gerade in der tristen Winterzeit als anregend und aktivierend erwiesen. Gewürze der Weihnachtsbäckerei wie Anis, evtl. gemahlene Nüsse, Bittermandel, Kardamom, Piment, Lebkuchengewürz sind außerordentlich starke Erinnerungsträger. Gewürze der Weihnachtsbäckerei gehören durchweg zu den positiven Geruchserinnerungen. Dadurch lassen sich mit den Düften dieser Gewürze tatsächlich ganze Assoziationsketten auslösen: Duft – Gebäck – Form und Aussehen – Name des Gebäcks – Zutaten und Rezept – Zubereitung und Backzeit – Aufbewahrung/Verwahrung vor dem Zugriff Naschsüchtiger. Schmunzelnd ereifern sich vor allem die Hausfrauen unter den Betagten.

5.1.7 Gerüche in Worte fassen

Mit dem Einsatz von duftenden Naturalien, natürlichen oder synthetischen Aromen ist ein weiterer aktivierender Effekt zu verbinden: Die Sprache.

Aktivierungsbetreuer sollten die Betagten nicht nur den Duftträger bestimmen, sondern auch die Gerüche in Worte fassen lassen. Ob süßlich oder herb, bitter oder lieblich, mild oder würzig: Mit der Geruchswahrnehmung wird möglicherweise auch die besondere Geruchseigenschaft erinnerlich, samt dem dazu gehörenden Wort.

Außerdem kann durch den Einsatz von Düften – nebenbei zwar, jedoch gezielt – geprüft werden, ob der Geruchssinn der Betagten noch intakt, eingeschränkt oder unter Umständen nicht mehr vorhanden ist. Möglicherweise ist der Verlust des Geruchssinns Ursache für eine bislang nicht erklärbare Appetitlosigkeit. Hierfür kann ebenso ein Geschmacksverlust in Betracht kommen, denn beide Sinneseindrücke sind eng gekoppelt.

5.1.8 Planungskriterien

Bei jeder Programmgestaltung muß bereits im Vorfeld überlegt werden, ob sich, themenbezogen, Düfte und Gerüche zur Mehrfachaktivierung einsetzen lassen. Nur so können entsprechende Materialien rechtzeitig beschafft werden.

Einsatz von Naturalien

Fällt die Wahl auf duftende Naturalien, ist unbedingt darauf zu achten, daß sie **nicht giftig** sind. Naturalien sollen ja bedenkenlos angefaßt und unter die Nase gehalten werden können. Retardierte Persönlichkeiten fallen gelegentlich zurück in die orale Phase, d. h. sie lecken wie das Kleinlied Materialien ab, nehmen sie in den Mund oder kauen und schlucken sie schlimmstenfalls.

Beispiel:
Frau W hatte Geburtstag. Die Tochter brachte einen Strauß Maiglöckchen, die Lieblingsblumen ihrer Mutter. Diese saß, nachdem die Tochter am Spätnachmittag gegangen war, unbeaufsichtigt in ihrem Zimmer am Tisch. Darauf stand auch der Maiglöckchenstrauß, oder vielmehr das, was davon noch

übrig war: Mit großer Bestürzung entdeckte das Pflegepersonal kurze Zeit später die abgevesperten, blütenlosen Stengel. Frau W mußte sofort ins Krankenhaus gebracht werden.

Einsatz von natürlichen Aromen

Etherische Öle entfalten ihre Düfte durch die Körperwärme erstaunlich gut auf der menschlichen Haut: Mit einem Tropfen Öl auf dem Handrücken ist der Benutzer über Stunden von angenehmem und anregendem Duft umgeben. Dadurch sind möglicherweise die angereizten Gemütsbewegungen von längerer Dauer. Duftlampen verströmen die Aromen großräumig: Das aromatisierte Wasser verdampft über der Kerze/Teelicht.

Sicherheitsmaßnahmen

Duftlampe nie in Reichweite und nie unbeaufsichtigt stehen lassen:

- Gefahr des Verbrühens
- Gefahr einer Brandwunde
- Gefahr des Zündelns

Auch das Fläschchen mit dem Duftöl darf nirgends achtlos stehen; denn das Öl ist leicht entzündlich und außerdem giftig. Streichhölzer/Feuerzeuge nach Gebrauch am besten gleich wieder einstecken.

Einsatz von synthetischen Aromen

Synthetische Aromen können auf der Haut ein unangenehmes Brennen verursachen. Daher ist von ihrer Benutzung auf dem Handrücken abzuraten. (Die meisten alten Menschen haben ohnehin eine empfindliche Haut.) Bei der Benutzung synthetischer Aromen in der Duftlampe muß darauf geachtet werden, ob sie möglicherweise Augenbrennen oder/und einen Räusperbzw. Hustenreiz auslösen. Gegebenenfalls muß dann auf den Einsatz synthetischer Aromen ganz verzichtet werden.

6 Sensorische Aktivierung

Sensorische Aktivierung hat zum Ziel, Gefühle und Empfindungen sinnlicher Art anzuregen sowie das Empfindungsvermögen und die Wahrnehmung Betagter wieder deutlicher ins Bewußtsein zu heben. „Die Haut vergißt nichts" heißt ein geflügeltes Wort. Daher kommt der sensorischen Aktivierung große Bedeutung zu: Durch eine Vielzahl an Materialien können sinnliche Empfindungen im Altgedächtnis so angezapft werden, daß sie ganze Erinnerungsketten auslösen. Damit verbunden sind meistens fröhliche und lustbetonte Erlebnisse; sie entschlüsseln oft Ausschnitte aus der Biographie Betagter und sind Grundlage guter Gesprächsansätze.

6.1 Psychosensuelle Reize

Psychosensuelle Reize basieren zwar auf sinnlicher Wahrnehmung, also durch die Sinnesorgane, sind aber nicht rational und deshalb nur schwer beschreibbar. Psychosensuelle Reize bewirken unmittelbar einen seelischen Ausdruck und können die Gefühlslage augenblicklich verändern. Niemand weiß deshalb, warum gerade jetzt Frau B euphorisch, d. h. überbetont heiter, gestimmt ist, Herr C aber verstimmt, Frau H aggressiv und Herr O das Mittagessen verweigert. Am Beispiel des Herrn O, der das Mittagessen verweigert, sollte überlegt werden, was bei ihm möglicherweise (für ihn aber unbewußt) durch welchen psychosensuellen Reiz ausgelöst wird. Ausgangssituation: Das Mittagessen wird serviert. Herr O bekommt passierte Kost. Auf seinem Teller befinden sich Rosenkohl, Kartoffelbrei, ein Häufchen gemixter Schweinebraten und etwas Soße. Nein, heute mag Herr O nicht essen. Assoziationen? Und wenn, welche? Haben sie mit Krieg und Gefangenschaft zu tun? Hat der Essensgeruch einen psychosensuellen Reiz ausgelöst? Herr O kann nicht erklären (obwohl er sprechen kann), warum er nicht essen möchte.

Jedermann weiß um die sinnliche Faszination beim Anblick von Landschaften, Gewässern, einem Wolkenmeer, von Frühlingswiesen, wogenden Getreidefeldern usw., doch niemand weiß, wodurch der psychosensuelle Reiz zustande kommt. Dasselbe gilt auch für die außergewöhnlich starken psychosensuellen Reize, die Ekel hervorrufen, einen Würgreiz, Erbrechen oder sogar eine Ohnmacht auslösen.

6.1.1 Temperaturempfindungen

Temperaturempfindungen gehören zu den allerersten Sinneseindrücken des werdenden Menschen. Sein erster Schrei zur eigenständigen Atmung nach der Geburt ist mit Sicherheit auch ein Protestschrei, aus der „wohltemperierten Wohnstatt“ vertrieben zu werden. Das neue Umfeld ist meistens etliche Grad kühler. Mit zunehmendem Aktionsradius im Kleinkindstadium kommen weitere Temperaturempfindungen hinzu. Mit der Zeit entwickelt sich die Fähigkeit, von warm/lauwarm, heiß, siedendheiß, glühendheiß, kalt und eiskalt zu unterscheiden. Vergleichbar dem Geruchssinn hat auch der Temperatursinn Signalfunktion. „Gebranntes Kind scheut das Feuer“, urteilt der Volksmund.

6.1.2 Oberflächenempfindungen

Im Laufe seines Lebens kommt der Mensch mit unzähligen Materialien und Werkstoffen unterschiedlichster Beschaffenheit in Berührung. Schon der Säugling „be“-greift sein Umfeld buchstäblich im Sinne des Worts und sammelt vielfältige Erfahrungen. Den Geruchserinnerungen vergleichbar werden also auch Oberflächenempfindungen gespeichert. Ob sie positiv oder negativ besetzt sind, steht ebenfalls im Zusammenhang mit der Erlebnisweise einer Situation und ist eng an diese gekoppelt. Deshalb kann es nicht verwundern, wenn manche betagte Menschen, ob geistig rüstig oder retardiert, wieder ein Schmusetier wie den Teddybären im Bett haben.

Neben den Temperaturempfindungen, die durch Materialien ausgelöst werden können, spielen deren Eigenschaften für die Oberflächenempfindung der Haut eine große Rolle. Neben der speziellen Eigenschaft des Materials ist auch die Form des jeweiligen Gegenstands für die Oberflächenempfindung der Haut höchst bedeutsam. So verwundert es kaum, wenn bei einer spielerischen Übung zur sensorischen Wahrnehmung manchmal nicht zuerst der Gegenstand benannt wird, sondern seine Funktion! Der Schlüssel ist hierfür ein gutes Beispiel. Anstatt den Schlüssel zu benennen, kann die Antwort lauten: „Haustüre abschließen.“

Wichtig:

Für Blinde ist das „sensorische Gedächtnis“ von größter Bedeutung, um sich im Alltag zurechtzufinden. Sowohl die Gesamtform wie die Oberflächenbeschaffenheit eines Gegenstandes geben Auskunft über dessen Funktion bzw. dessen Verwendbarkeit. Beispiel: Tasse, Kleiderbürste, Türgriff, Blindenschrift auf Papiergeld. Andererseits kann die Oberflächentemperatur eines Gegenstandes ein Warnhinweis sein auf den Inhalt des Gegenstandes: Tasse – heißes Getränk.

6.1.3 Materialien zur sensorischen Aktivierung

Für Pflegebedürftige in Einrichtungen der Altenhilfe, aber auch in ihrer häuslichen Umgebung, ist die Verarmung an sensorischen Reizen programmiert: Die meisten notwendigen Tätigkeiten können nicht mehr verrichtet werden. Dadurch entfällt der Umgang mit der ganzen Vielfalt an Materialien und Gegenständen. Erfahrungsgemäß freuen sich betagte Menschen, wenn sie außer Blumen auch andere Naturalien zu Gesicht bekommen und anfassen können: Naturalien je nach Jahreszeiten, textile Materialien, kleine Gegenstände aus unterschiedlichen Materialien, vielfältig in den Form.

6.1.4 Praxiserprobte Techniken

In den Kapiteln 3.4. bis 3.4.20, „Praxiserprobte Werkbögen", finden sich viele Hinweise zur sensorischen Wahrnehmung des jeweiligen Werkmaterials. Damit und durch die Hantierung ergibt sich die senso-motorische Aktivierung von selbst.

Auch bei der Programmgestaltung wird immer wieder auf themenbezogene Materialien hingewiesen, die sich zur sensorischen Aktivierung eignen.

Ein Beispiel (in den vorliegenden Programmen nicht enthalten):

Zum Thema „Der Schäferlauf in Markgröningen" wurde in der Werkstunde ein Stück Stoppelfeld wie folgt gestaltet:

Die Aktivierungsbetreuerin füllte ein Kuchenblech (Rand ca. 6 cm hoch, Durchmesser 35 cm) mit Sand und befeuchtete ihn. Zwei Frauen der Werkgruppen saßen sich für diese bevorstehende Tätigkeit gegenüber. Frau T schnitt das Stroh in ca. 12 bis 15 cm lange Stücke. Frau A, im Rollstuhl, rechtsseitig gelähmt, depressiv, steckte die Strohstücke stoppelfeldartig in den Sand. Damit war sie etwa 45 Minuten so beschäftigt, daß sie ihre Bekümmernisse vollständig vergaß. Zufrieden konnte sie auf die Station zurückgebracht werden.

Verwendung des Stoppelfeldes:
Nach einleitenden Worten zum Schäferlauf wurde das Werkstück vorgezeigt und die Herstellerinnen namentlich genannt und gelobt. Beim Herumzeigen des bestückten Bleches wurden die Betagten ermuntert, die Stoppeln mit der Hand(-innenfläche) zu befühlen. Dies geschah mit „Oh-" und „Ah-" und „Hu"-Rufen, und niemand hätte mit bloßen Füßen das Stoppelfeld betreten wollen. Durch den erlebten sensorischen Reiz wurde der Schäferlauf erfahr- und nachvollziehbar.

<u>Sensorische Aktivierung mit mehreren unterschiedlichen Materialien und Formen</u>

Der nun folgende Vorschlag kann auch als Simultanübung bezeichnet werden. Das Wort simultan bedeutet: gleichzeitig. Damit ist gemeint, daß mehrere sensorische Reize gleichzeitig angeregt und die Materialien unterschieden werden können.

Behältnis für die Materialien:	Säckchen aus Stoff in der Größe eines Turnschuhbeutels für Kinder. Maß ca. 35 x 25 cm.
Methode:	Einzeltraining, um ganz individuell und gezielt Erinnerungen anzureizen. Dabei ist die Biographie des jeweiligen Betagten zu berücksichtigen.
Technik:	Der Aktivierungsbetreuer stellt aus der Materialauflistung (siehe 6.1.3) eine Auswahl zusammen. Die Gegenstände müssen sich zum Ertasten im Stoffsäckchen eignen.
Technische Möglichkeiten:	Das bestückte Säckchen kann zur Handhabung auf den Tisch oder vom Betagten in seinen Schoß gelegt werden. Bei halbseitig Gelähmten ist jeweils die geschickteste Methode herauszufinden.

Das Suchspiel – so sollte es ganz unbeschwert bezeichnet werden –, kann beginnen. Es muß allerdings, je nach Befindlichkeit des Betagten, unterschiedlich gestaltet werden:

1. Der Betagte kann sprechen, verbale Verständigung ist möglich.

Nach einleitenden Worten wird der Betagte ermuntert, ins Säckchen zu greifen. Die erste Frage des Aktivierungsbetreuers zielt auf die Materialempfindung: „Was spüren Sie in Ihrer Hand? Ist es weich, hart?" usw. Jetzt muß der Betagte sein sensorisches Gespür in Worte fassen. In der zweiten Frage geht es um die Benennung des ertasteten Gegenstandes. Ist er erraten, wird er dem Säckchen entnommen und auf den Tisch gelegt etc.

2. Der Betagte kann nicht sprechen, versteht aber alles.

Möglichkeit a)
Form und Eigenschaft des Materials wird beschrieben: „Suchen Sie doch bitte etwas Rundes, Hartes" (Holzkugel).
„Er ist lang und hohl" (Trinkhalm).
„Er ist weich und gibt nach" (Watteknäuel).

Möglichkeit b)
Das Material/der Gegenstand wird vom Aktivierungsbetreuer benannt:

„Können Sie fühlen, wo sich der Plüschfleck versteckt hat?"
„Ein Flaschenkork befindet sich auch unter den Sachen."
„Wer den Pfennig nicht ehrt..." „Können Sie ihn finden?"
„Viel Steine gab's..." „Spüren Sie irgendwo einen Kieselstein?"

3. *Der Betagte hat Mühe, sich sprachlich auszudrücken und Worte zu verstehen.*

Der Aktivierungsbetreuer gibt dem Betagten eine optische Gedächtnisstütze: Von den Gegenständen/Materialien, die sich im Säckchen befinden, muß sozusagen eine „zweite Garnitur" vorhanden sein. Diese wird übersichtlich auf dem Tisch plaziert.
Jetzt zeigt der Aktivierungsbetreuer z. B. auf den Würfel und bemerkt: „Wir haben zwei Würfel, der andere ist in Ihrem Säckchen." Damit wird der Betagte aufgefordert zu suchen. Ist sein Kurzzeitgedächtnis erheblich eingeschränkt, wird der Würfel von den anderen Gegenständen gebührend getrennt und somit als Einzelstück ins Blickfeld des Betagten gebracht.
Variante: Kann der betreffende Betagte beide Hände benutzen, wird ihm der Würfel in seine freie Hand gelegt mit der Ermunterung, doch im Säckchen nach dem zu suchen, was sich genau so anfühlt. Nach erfolgreichem Suchen werden die Würfel und nach und nach alle anderen gefundenen Gegenstände paarweise auf den Tisch gelegt. Sie sind das sichtbare Erfolgserlebnis für den Betagten.

6.1.5 Planungskriterien

- Säckchen eventuell in der Nähstube des Heims anfertigen lassen.
- Materialien laufend sammeln.
- Checkliste anlegen.
- Verletzungsgefahr im voraus ausschließen, d. h., spitze, scharfe, stachelige Gegenstände, z. B. eine Kastanie in der Hülse, vermeiden. Dies gilt vor allem in bezug auf Materialien für den Inhalt des Stoffsäckchens.

7 Aktivierung durch Bewegung

Solange der Mensch seinen Geschäften in Haus und Beruf nachgehen kann, mangelt es ihm nicht an Bewegung und Bewegungsabläufen: Gehen, laufen, springen, Treppen steigen, sich setzen und aufstehen, sich bücken und aufrichten, sich strecken, in die Hocke gehen, knien; heben, tragen, stemmen, ziehen, drücken, drehen usw. Das sind Tätigkeiten, die mit den unterschiedlichsten Bewegungsformen einhergehen. Sind viele dieser Tätigkeiten unmöglich geworden, z. B. durch körperliche Beeinträchtigungen und Pflegebedürftigkeit, entfallen damit viele selbstverständliche Bewegungen. Dadurch erschlaffen die Muskeln des Körpers, die Gelenke werden merkbar unbeweglicher und versteifen sich schlimmstenfalls. Dem ist gezielt entgegenzuwirken. Grundlage einer erfolgreichen diesbezüglichen Aktivierung ist die genaue Kenntnis der Altersmotorik.

Altersmotorik

Die Symptome der Altersmotorik wurden von Prof. Dr. E. Kiphard, Frankfurt, besonders prägnant zusammengefaßt. Wir zitieren auszugsweise mit freundlicher Genehmigung des Autors:

> *1. Im Alter Abnahme des Muskelgewebes im Herzen; trotzdem nur geringe Einbußen bei Ausdauersporttreibenden.*
>
> *2. Der Schwund an elastischen Fasern der Lunge bewirkt bei Untrainierten eine Abnahme der maximalen Sauerstoffkapazität, was mit der Verknöcherung des Brustkorbes einhergehen kann.*
>
> *3. Der Verlust an Muskelkraft und vor allem der Schnellkraft verursacht im Alter eine relative Schwäche, Schlaffheit und Langsamkeit, insbesondere bei Bewegungsbeginn! – ein ungleich höheres Maß an konzentrativer Willensmobilisierung.*
>
> *4. Da der Wassergehalt des gesamten Gewebes der Muskeln, Sehnen, Bänder, Knochen und Knorpel zurückgeht, kommt es zu einem alterstypischen Elastizitätsverlust. Alte Menschen werden ungelenkig und steif. Die Dehnbarkeit der Sehnen läßt nach. Die Bandscheiben verschmälern sich, wodurch sich die Wirbelsäule krümmt und verkürzt. Die sich allmählich verschlechternde Stoffwechselsituation macht auch vor den Gelenkknorpeln nicht halt. Durch das Schrumpfen der Knorpel verlieren die Gelenke ihre Festigkeit und durch das Schwinden der Synovialflüssigkeit (Gelenkflüssigkeit) auch ihre Beweglichkeit.*

5. Die alterstypische Abschwächung motorischer Erregung und Impulsivität führt zu Bewegungs- und Ausdrucksarmut und allgemeiner Monotonie. Auch der Parkinsonkranke (Parkinson ist eine Alterskrankheit) bewegt sich unter Reduzierung aller spontanmotorischen Äußerungen starr, steif und roboterhaft.

6. In Folge der im Alter verminderten Nervenleitgeschwindigkeit fehlt es an motorischer Reagibilität. Das Reaktionsvermögen auf Wahrnehmungsreize unterliegt einer sukzessiven Abnahme. Hier wirken sich sportliche Übungsreize vermutlich positiv aus.

7. Das Nachlassen der Sinnesleistung, besonders was Wahrnehmungsprozesse anbetrifft, bewirkt eine ungenügende situative Orientierung und führt damit zu einer unpräzisen situativen Anpassung.

8. Aus dem Abbau an Koordinationsmustern infolge Nichtgebrauchs resltiert ebenfalls eine mangelnde motorische Situationsbewältigung und beschleunigt naturgemäß die Abbauerscheinungen.

9. Aus dem Rückgang der gesamten Hirnleistungsfähigkeit und der Abnahme der funktionsfähigen Schaltstellen (Synapsen) resultiert ein spürbares Nachlassen der Bewegungskontrolle bei feineren Präzisionsbewegungen, wie überhaupt jede aus dem Repertoire herausfallende Bewegungsanforderung, wenn überhaupt, dann nur noch unter größter Bewußtseinskontrolle zu leisten ist.

10. Die nachlassende neurologische Organisation und Integration ist auch der Grund für die Unfähigkeit alter Menschen, Einzelbewegungen miteinander zu verknüpfen, d. h., zwei Dinge gleichzeitig zu tun. (Beispiel zweier alter Spaziergänger, die jedesmals stehenbleiben müssen, wenn sie ein Gespräch beginnen.). Neben dieser alterstypischen Unfähigkeit zu Bewegungskoppelung und Doppelkonzentration tritt im Zuge der Senilität eine Dyspraxie in Erscheinung. Dabei mangelt es dem Handelnden an der Fähigkeit, einzelne Handlungschritte nacheinander in logischer Reihenfolge auszuführen.

Bei dieser kombinationsmotorischen Insuffizienz, die auch als Altersdyspraxie bezeichnet wird, handelt sich offenbar um eine Abrufstörung für gespeicherte Bewegungsmuster.

Außerdem: Viele Betagte sitzen fast ausschließlich, davon etliche im Rollstuhl. Auf diesen Personenkreis sind alle weiteren Überlegungen ausgerichtet.

7.1 Bewegung tut not

Die in Kapitel 7 aufgezählten Bewegungen und Bewegungsabläufe können teilweise im Sitzen auf einem Stuhl oder im Rollstuhl nachvollzogen werden. Oft lassen sich nämlich mit diesen Bewegungen anschauliche und ganz praktische Handlungen verbinden. Dabei kann manchmal die Beschäftigung in einer Jahreszeit einbezogen werden.

Beispiel: Apfelernte

Der Oberkörper reckt sich, der Arm streckt sich, die Hand greift nach dem Apfel, erntet ihn mit einer Drehbewegung und legt ihn in einen gedachten Korb, der auf dem Boden neben dem Stuhl/Rollstuhl steht. Dabei neigt sich der Oberkörper seitwärts und muß sich wieder aufrichten. Betagte, die beide Arme gebrauchen können, werden ermuntert, mal mit dem rechten, mal mit dem linken Arm Äpfel zu ernten.

Als besonders sinnvoll und effektiv für die Stärkung der Beweglichkeit Betagter erweisen sich isometrische Übungen. Die Isometrie ist eine vielfach erprobte Methode, um Muskelverspannungen zu beseitigen und die Muskelspannkraft zu erhalten, und zwar durch kurzzeitige, in regelmäßigen Zeitabständen wiederholte An- und Entspannung bestimmter Muskelpartien.

7.1.1 Vorbedingungen zu Bewegungsübungen

Neben den Planungskriterien müssen Aktivierende genaue Kenntnisse über psychophysische Befindlichkeiten der jeweiligen Betagten haben: Informationen aus dem Dokumentationssystem, dem Informationsaustausch mit den Fachdiensten wie Krankengymnasten, Masseuren, Ergotherapeuten und selbstverständlich mit dem Pflegeteam.

Wichtiger Hinweis:

Hüftgelenkoperierte dürfen keine rotierenden Beinbewegungen ausführen; bei entsprechenden Übungen muß darauf hingewiesen werden, solche Bewegungen auszusetzen.

7.1.2 Grundlagen der Psychomotorik

Definition nach Prof. Ernst Kiphard (in: Psychomotorik als Prävention und Rehabilitation S. 30) mit freundlicher Genehmigung des Autors.

„Geistig-seelische Inhalte und Prozesse sind an sich unsichtbar. Erst in unseren Handlungen und Bewegungsäußerungen (einschließlich der sprachlichen) dringt etwas von dem nach außen, was sich innerlich im Gefühlsbereich abspielt. Ohne die Motorik könnten wir einander nichts mitteilen, nicht miteinander kommunizieren. Diese Motorik ist aber keine rein mechanische, unbeseelte Bewegung, sondern eben Psycho-Motorik, weil sich Emotionen in all unseren ‚Außenbewegungen' niederschlagen. Jedem von uns haftet haltungs- und bewegungsmäßig so etwas wie ein Stempel des Persönlichen an. Einen Bekannten oder Kollegen vermögen wir meist auch im Halbdunkel schon von weitem an der Charakteristik seiner Gangbewegung zu erkennen. So an seinem für ihn typischen Oberkörperschaukeln, dem Armschlenkern oder an der Art, wie er die Füße setzt. Augenblickliche Niedergeschlagenheit, Kummer und Sorgen können die Bewegungsdynamik erheblich mindern, die Schultern wie eine schwere Last hinabdrücken, den Kopf vornüber hängenlassen und den Rücken beugen."

Pflegekräfte sollten generell aufmerksam psychomotorische Signale beachten und Ursache und Wirkung erkennen.

7.1.3 Grobmotorik

Unter Grobmotorik sind Bewegungsvorgänge zu verstehen, die unter Umständen weiträumig ausgeführt werden wie z. B. gehen, laufen, werfen, stemmen, heben. Auch derbere Handgriffe wie der Umgang mit Schaufel, Spaten, Pickel sind grobmotorische Bewegungen.

7.1.4 Feinmotorik

Eine feinmotorische Tätigkeit kann nur mit präzisen Bewegungen bewältigt werden. Voraussetzungen sind:

- intakte Sehkraft
- Auge-Hand-Koordination
- dosierter Krafteinsatz
- Steuerungsfähigkeit

Das Einfädeln von Nähseide in eine dünne Nadel illustriert die Voraussetzungen:

1. Eine Hand hält die Nadel mit Pinzettengriff, die andere Hand das Fadenstück, ebenfalls mit Pinzettengriff.
2. Die Augen visieren Nadelöhr und Fadenspitze an.
3. Nur durch feinste Handsteuerung gelingt es, die Fadenspitze durch das Nadelöhr zu führen.
4. Dabei ist minimaler Krafteinsatz gefragt, denn der geringste Druck verbiegt die Fadenspitze.

Jetzt wird klar, warum die meisten alten Menschen große Schwierigkeiten mit feinmotorischen Handgriffen haben: Selbst wenn nur eine der genannten Voraussetzungen fehlt, läßt sich eine solche Tätigkeit **nicht** mehr durchführen.

7.2 Bewegungsübungen

Ob auf einem Stuhl oder einem Rollstuhl, Bewegungsübungen für Betagte sind von der Sohle bis zum Scheitel möglich: Ob Lockerungs- und Dehnübungen, grob- und feinmotorische Übungen, Koordinationsübungen, das Training der optischen und akustischen Wahrnehmung oder der Reaktionsfähigkeit, Rechts-Links-Orientierung, ob ohne Geräte oder mit unterstützendem Übungsmaterial

– viele Bewegungsformen lassen sich in sinnvoller Abfolge miteinander verbinden. Dabei ist der Bewegung mit Musik erfahrungsgemäß besondere Bedeutung beizumessen.

- Musik wirkt anregend – als akustischer Reiz
- Rhythmus reguliert die Motorik
- Rhythmus reguliert das Zeitgefühl
- Rhythmus harmoniert das Zeitgefühl

So werden die Bewegungen großräumiger; das Zeitmaß des Taktes wird von den meisten Betagten erspürt und in die Bewegung übertragen.

7.2.1 Betagtengerechtes Arbeiten

Immer wieder muß darauf hingewiesen werden, daß Betagte keine Kinder sind. Bewegungsspiele wie „Wer will fleißige Handwerker sehen“ gehören in den Kindergarten und keinesfalls in die Aktivierungsgruppe betagter Menschen. Vielmehr sollten aus deren früherem Lebensumfeld Bewegungsabläufe wiederbelebt werden.

Wichtiger Hinweis:

Bei den Bewegungsübungen 7.2.2 – 7.2.10 handelt es sich um allgemeine Übungen, wie sie mit pflegebedürftigen Betagten durchgeführt werden können. Spezielle krankengymnastische Übungen bleiben den Fachdiensten vorbehalten.

Zum betagtengerechten Arbeiten gehört auch, Über- und Unterforderung zu vermeiden. Ferner muß berücksichtigt werden, welcher Betagte bei welcher Übung aufgrund von Mißbefindlichkeiten, z.B. Arm-Schulter-Syndrom, die Schmerzgrenze erreicht. (Manche Betagte sind „stille Dulder“ und müssen zur Vorsicht angehalten werden.) In Verbindung mit den Bewegungsübungen ist auch die Anregung der Herz- und Kreislauftätigkeit der Betagten nicht zu unterschätzen. Die Atmung kommt hörbar in Gang und in die Gruppe zusehends Leben.

7.2.2 Beine und Füße

Erfahrungsgemäß haben die meisten alten Menschen kalte Füße. Ursache sind Durchblutungsstörungen und langes Sitzen. Kalte Füße können ein allmähliches Mißbehagen auslösen, ohne daß sich die Betagten über einen längeren Zeitraum hinweg der Ursache bewußt zu werden.

Übungen

1. Erwärmungsphase: Trippeln, stampfen, wippen, baumeln.
2. Bein strecken, Kreisen des Sprunggelenks nach rechts, nach links.
3. Bein strecken, mit den Füßen vor- und zurückwippen.
4. Trittbrett alter Nähmaschine bedienen: Auf- und Abwippen.
5. Polkatanz-Bewegung: Im Wechsel Ferse – Spitze.
6. Primaballerina: Fußspitzen aufstellen, kleine Schritte vor und zurück. **Vorsicht! Krampfgefahr!** Gut lockern danach.
7. Zehen: Krümmen und spreizen.
8. Radfahren.
9. Eine Null in die Luft schreiben, eine Acht, die Jahreszahl.
10. Knie mit Händen nach unten drücken, gleichzeitig Fersen anheben.

7.2.3 Arme und Rumpf

Werden Betagte im Verlauf des Tages zu einigen wenigen Lockerungs- und Dehnübungen angeregt, wird das Sitzen wieder erträglicher.

Übungen

1. Mit den Füßen standfeste Bodenberührung/gegebenenfalls der Fußstützen.
2. Arme hängen lassen, parallel locker pendeln, zu Armschwüngen allmählich steigern, nach oben strecken.
3. Dasselbe gegenläufig ausführen.
4. Apfelernte (siehe 7.1).
5. Beine leicht spreizen, Unterarm auf Schenkel auflegen, dabei Kopf locker hängen lassen.
6. Arme in die Hüften stützen, nach rechts wippen, nach links wippen.
7. In derselben Stellung: Hüftkreisen.
8. Arme hängen lassen, Schultern hochziehen und behutsam senken.
9. Arme hängen lassen, Schultern kreisen nach hinten, nach vorne.
10. Arme nach oben strecken, Handinnenflächen kräftig gegeneinander drücken (isometrische Übung!).
11. Arme in Schulterhöhe vor dem Körper anwinkeln, Handflächen nach unten, Fingerspitzen beider Hände berühren sich; mit den Armen nach hinten wippen.
12. Arme seitwärts waagrecht ausstrecken: Kreisende Bewegungen nach hinten, nach vorne.
13. Rechten Arm über den Kopf zum linken Ohr führen.
14. Brustschwimmen: Schwimmbewegung weiträumig nachvollziehen.

7.2.4 Kopf und Hals

Das Warten als Lebenszustand steht in engem Zusammenhang mit mangelnder Bewegung von Kopf und Hals. **Wichtig:** Wird der Kopf nach oben und nach hinten bewegt, muß zuvor der Mund geöffnet werden (Druckentlastung auf die Schilddrüse).

Übungen

1. Zustimmend mit dem Kopf nicken.
2. Zum rechten Nachbarn schauen, zum linken Nachbarn schauen.
3. Zur Zimmerdecke schauen, nach hinten schauen.
4. Auf die Schulter schauen.
5. Verneinend den Kopf schütteln.
6. Kopf zur Schulter neigen.
7. Hals nach oben recken.
8. Kinn aufs Schlüsselbein drücken, rechts und links.
9. Hände im Genick falten, Kopf nach unten drücken, wippen.
10. Flache rechte Hand mit Druck an die rechte Schläfe legen, mit dem Kopf dagegen drücken (isometrische Übung!).

7.2.5 Hände und Finger

Hinsichtlich betagter Menschen ist es sehr wichtig, die Bewegungsfähigkeit der Hände und Finger möglichst lange zu erhalten oder im Rahmen des Möglichen wiederzuerlangen. Je länger Betagte ganz alltägliche Handgriffe noch selbst ausführen können, desto weniger Hilfe durch das Personal muß in Anspruch genommen werden. Besonders wichtig ist der Pinzettengriff: Zur Bewältigung des Alltags sind unzählige Handgriffe mit Daumen und Zeigefinger notwendig. Daher müssen zum einen die Beweglichkeit der Gelenke und zum andern Greifübungen gezielt trainiert werden.

Übungen

Da alte Menschen kreislaufbedingt oft unter kalten Händen leiden, empfiehlt sich, die Hände vor den Übungen leicht warmreiben zu lassen.

1. Hände ausschütteln, als seien sie naß.
2. Klavierspielen.
3. Handinnenflächen und Fingerkuppen gegeneinanderlegen, Handflächen aneinanderlassen und beide parallel möglichst weit auseinanderspreizen.

4. Fliegen fangen: Hand zur Faust schließen, öffnen, schließen...

5. Hand zur Faust schließen: Finger einzeln nacheinander ausstrecken, rechtshändig, linkshändig, beidhändig.

6. Zwitschernden Vogel nachahmen (vgl. 9.).

7. Finger bzw. Fingerkuppen beider Hände berühren sich, zwischen den Händen entsteht ein Hohlraum: Fingerkuppen mit federnder Bewegung gegeneinanderdrücken.

8. Die Kuppe des ausgestreckten linken Daumens und die Kuppe des ausgestreckten rechten Zeigefingers werden aufeinandergelegt, linker Zeigefinger und rechter Daumen sind ebenfalls ausgestreckt.
   Nun wird der linke Unterarm leicht zum Körper hin gedreht und der rechte Unterarm auswärts, und zwar so lange, bis es gelingt, die Kuppen von rechtem Daumen und linkem Zeigefinger aufeinanderzulegen. So entsteht zwischen den vier Fingern ein Parallelogramm.
   Nun wird die Bewegung in entgegengesetzter Richtung vollzogen: Rechter Zeigefinger und linker Daumen lösen sich. In einer gegenläufigen Drehbewegung (Achse sind die Kuppen von rechtem Daumen und linkem Zeigefinger) wird der linke Unterarm auswärts und der rechte Arm einwärts so lange gedreht, bis linker Daumen und rechter Zeigefinger problemlos aufeinandergelegt werden können.

9. Pinzettengriff: Zunächst rechten Unterarm in Brusthöhe (nicht höher, da sonst zu anstrengend) vor dem Körper halten. Handschmalseite mit Daumen zeigt zum Körper. Daumen gerade von der Hand abspreizen. Nun Zeigefinger so weit herunterbiegen, bis dessen Kuppe die Daumenkuppe berührt. Zeigefinger wieder zurückbiegen und diese Übung wiederholen. Nun dieselbe Übung mit Mittelfinger, Ringfinger und kleinem Finger, also jeweils den Finger so biegen, daß dessen Kuppe die Daumenkuppe berührt.
   Um die feinmotorische Aktivierung durch den Pinzettengriff zu verstärken, empfiehlt sich folgende Übung: Die fortlaufende Reihe der „Kuppenberührungen". Beginn mit einmal Daumen-Zeigefinger, gleich anschließend Daumen-Mittelfinger, dann Daumen-Ringfinger, dann Daumen-kleiner Finger, wieder Daumen-Ringfinger, anschließend Daumen-Mittelfinger und schließlich Daumen-Zeigefinger. Dieselbe Reihe „Kuppenberührungen" am besten ein paarmal wiederholen.
   Der Pinzettengriff wird anschließend mit der linken Hand geprobt, also linker Unterarm in Brusthöhe, linken Daumen abspreizen, linken Zeigefinger biegen und linke Daumenkuppe berühren. – Pinzettengriff der linken Hand nun ebenfalls als Reihe „Kuppenberührungen" ausführen. Werden die Pinzettengriffe beider Hände jeweils einzeln einigermaßen beherrscht, kann die Übung synchron mit beiden Händen ausgeführt werden. Besonders gut funktioniert diese Übung, wenn sie durch lautes Vorzählen des ABs, oder noch besser, durch Abspielen eines Musikstückes mit 4/4-Takt (Wanderlied) rhythmisch unterstützt wird.

10. Mit der rechten Hand ans linke Ohrläppchen fassen; Seitenwechsel.

11. Mit der rechten Hand ans rechte Ohrläppchen fassen, mit der linken Hand die Nase greifen, dann mit der rechten Hand die Nase greifen und mit der linken Hand ans linke Ohrläppchen fassen.
Hinweis: Diese Übung ist schwierig, und es kommt zu Verwechslungen. Doch gerade die Suche nach Nase und Ohren wirkt erheiternd, es gibt viel Gelächter!

12. Wäsche auswringen.

13. Linke Hand zur Faust schließen, rechte Hand öffnen, Übung wechselseitig fortsetzen.

14. Die Kuppen der ausgestreckten Daumen berühren sich. Die Hände mit gestreckten Fingern (Handflächen zunächst nach außen gedreht) werden nun so zueinander gedreht, daß sich zunächst die Kuppen der Zeigefinger und der übrigen Finger nacheinander berühren können.
Nun werden, beginnend mit den kleinen Fingern, die Fingerkuppen schrittweise voneinander gelöst und die Finger dabei weit nach außen gespreizt.

7.2.6 Augen

Abgeleitet aus der Augengymnastik für Gesunde, ist die Beweglichkeit des Augapfels und der dazu benötigten Muskeln zu fördern, z. B. Kreisen des Augapfels in beide Richtungen; rascher Blickwechsel oben – unten, rechts – links; Augenaufschlag in verschiedenen Geschwindigkeiten. So wird die Gesamtdurchblutung des Auges verstärkt, den Folgen langen Vorsichhinstarrens begegnet oder dies prophylaktisch gar teilweise verhindert.

Um den Betagten solche Übungen schmackhaft zu machen, werden wir auch hier jeweils eine kleine Geschichte erfinden: z. B. auf der Parkbank: Vorübereilenden nachschauen; leckere Torte: Stielaugen machen; Grimassen schneiden etc.

Zur Koordination Auge – Hand:

- Hand zur Faust schließen, Augen gleichzeitig schließen.
- Faust öffnen, Augen gleichzeitig öffnen.

7.2.7 Kombinationsübungen

Aus dem Repertoire der Bewegungsübungen 7.2.3 bis 7.2.6 lassen sich einzelne Übungseinheiten zur Gruppenaktivierung (oder Einzelaktivierung) zusammenstellen. Dabei ist wichtig, systematisch vorzugehen und die Betagten tatsächlich von der Sohle bis zum Scheitel zu aktivieren. Eine Übungseinheit von ca. 20 Minuten ist zur Körpererwärmung und -lockerung erfahrungsgemäß ausreichend.

7.2.8 Verbesserung der Koordination

Koordination im engeren Sinn ist die Fähigkeit des Menschen, Bewegungsabläufe von Knochen, Muskeln und Sehnen gezielt zu steuern. Das gilt für Bewegungen von Zehen, Armen oder Rumpf ebenso wie für Augenbewegungen oder gewollte Veränderung der Ohrmuschel (Ohrenwackeln).

Koordination im weiteren Sinn ist die Fähigkeit, Körperbewegung bewußt mit akustischen Reizen zu koppeln (z. B. Tanz) oder auf optische Reize bewußt zu reagieren (z. B. betätigen des Bremspedals beim Rot der Verkehrsampel). Koordination ist jedoch nicht nur die Feinabstimmung von Bewegungen, sondern darüber hinaus die Koppelung verschiedener Tätigkeiten, Empfindungen, Gedanken und Reizverarbeitungen.

Die Bewegungsübungen 7.2.2 bis 7.2.6 und 7.2.10 enthalten viele Bewegungsmuster, die Koordination zu trainieren, zu verbessern und Abbauerscheinungen entgegenzuwirken.

7.2.9 Bewegungsübungen bei Apoplexie

Wenn irgend möglich, sollte der Apoplexie-Erkrankte versuchen, bei Bewegungsübungen auch die Gliedmaßen der geschädigten Körperhälfte mitzubewegen. Dies ist allerdings nur bei speziellen Übungen möglich (siehe unten).

Immer wieder sollten Übungen eingeschoben werden, bei denen der Halbseitengelähmte mit der gesunden Hand die erkrankte Körperhälfte berührt, z. B. Abstreifen des gelähmten Armes wie beim Flusenentfernen; Überkopfberühren des Ohres an der gelähmten Seite. Diese wird von Apoplektikern manchmal auch als „böse Seite“ bezeichnet. Einer derartigen Negativdefinierung der eigenen Person muß begegnet werden, indem zum Streicheln und Berühren der erkrankten Körperhälfte aufgefordert wird.

Übungsanleitungen

a) Hand und Arm streicheln oder massieren.

b) Hand immer wieder öffnen.

c) Hände falten und vor dem Körper nach oben führen, senken, heben, senken ...

d) Mit gefalteten Händen Kreisbewegung vor dem Körper, nach rechts, nach links.
   Hinweis: Können die Hände nicht gefaltet werden, erfaßt die gesunde Hand das Handgelenk der gelähmten Hand. Fortsetzung der Übung wie angegeben.

e) Igelball auf Hand und Arm auf- und abrollen. Wenn Einzelaktivierung möglich: Igelball wird vom Aktivierungsbetreuer auf Hand und Arm der gesunden Seite des Betagten auf- und abgerollt. So spürt der Betagte die Reizwirkung der Übung. In einem zweiten Schritt wird nun der Betagte selbst den Igelball in die gesunde Hand nehmen und auf Hand und Arm der gelähmten Seite auf- und abrollen (siehe 7.2.10).

f) Steckbrett: Greifübungen mit Walzensteckern in fünf verschiedenen Farben und fünf verschiedenen Längen, wobei mit einem einzelnen und dem größten Walzenstecker begonnen und über einen längeren Zeitraum trainiert wird.
g) Fuß: Ferse anheben und senken, Fußspitze anheben und senken.

Spezielle Aktivierung der Hand bei Apoplexie

Erforderlich sind:

- Waschschüssel → (möglichst in Rot wegen der zusätzlichen optischen Aktivierung) mit Seifenablage. Solche Schüsseln sind auf der Pflegestation gebräuchlich, aber auch im Haushaltswarengeschäft erhältlich.
- Erbsen getrocknet, ganze und halbe gemischt. → Die Waschschüssel muß etwa halbvoll sein.
- Fünf weiße Styroporkugeln mit verschiedenem Durchmesser. → Am besten bewährt hat sich eine Kugelmischung mit 3 cm; 2,5 cm; 1,5, cm; 1 cm; 0,8 cm Durchmesser.
  Anmerkung: Durch die Erfahrung mit sehschwachen Apoplektikern ließ sich feststellen, daß weiße Kugeln in der grünen Erbsenmenge wahrgenommen werden können. Das Grün hebt sich als Komplementärfarbe von der roten Waschschüsselwand besonders gut ab.

Methode:

Die Styroporkugeln werden an verschiedenen Stellen in den Erbsen versteckt. Der aktivierende Effekt besteht darin, den Apoplektiker mit der gelähmten Hand die Erbsenschüssel durchwühlen, also die Kugeln suchen zu lassen. Mit dem Pinzettengriff (siehe 7.2.5) werden die gefundenen Kugeln auf der Seifenablage gesammelt.
Wenn diese Übung mit der gelähmten Hand allein nicht gelingt, weil die Lähmungsschädigung zu groß ist, so umfaßt die gesunde Hand des Apoplektikers sein gelähmtes Handgelenk, um eine entsprechende Steuerung zu erreichen.

Methodischer Aufbau bei erstmaliger Aktivierung

Der Aktivierungsbetreuer geht mit der Erbsenschüssel ins Zimmer des halbseitengelähmten Betagten.
Nach der Begrüßung – mit Händedruck, versteht sich! – bittet der Aktivierungsbetreuer darum, daß er sich einen Stuhl nehmen darf, und setzt sich dann dem Apoplektiker gegenüber. So dicht, daß der Aktivierungsbetreuer die Schüssel später von seinen Knien auf die des Betagten schieben kann. Zunächst jedoch behält der Aktivierungsbetreuer die Erbsenschüssel auf seinem eigenen Schoß.

→ Wichtig:

Die Styroporkugeln müssen sichtbar an der Oberfläche liegen.

Damit der Betagte gerne mitmacht, werden zuerst die Vorteile dieser Übung erläutert und dabei betont, wie wichtig eine Bewegung für die gelähmte Hand ist. Erst dann wird die Schüssel behutsam auf den Schoß des Apoplexie-Erkrankten geschoben.

Anschließend darf der Betagte Erbsen und Styroporkugeln mit der gesunden Hand befühlen, um mit dem Material vertraut zu werden. Nur so wird der Apoplektiker vergleichen können, ob ihm nachher die gelähmte Hand gleiche Reize signalisiert.

Hat der Betagte die Aufgabe verstanden, wird er gebeten, die Augen kurz zu schließen, damit der Aktivierungsbetreuer die Styroporkugeln in den Erbsen verstecken kann. Sodann wird die Oberfläche glattgestrichen und der Betagte ermunternd aufgefordert, mit der gelähmten Hand in den Erbsen zu wühlen.

Hinweis:

Das Gegenübersitzen von Apoplektiker und Aktivierungsbetreuer bei geringem räumlichem Abstand ermöglicht ein besonders enges persönliches Verhältnis, Aufmunterung durch Blickkontakt und eine differenzierte Beobachtung des Betagten hinsichtlich seines Befindens. Solche Nähe des Aktivierungsbetreuers fördert überdies das Gespräch, er wird während des spielerischen Übens im Zeitraum von rund zehn Minuten mehr vom Betagten erfahren als an einem ganzen langen Tag.

Nach mehrfacher Aktivierung mit der Erbsenschüssel kennt der Aktivierungsbetreuer die Apoplektiker in ihren individuellen Befindlichkeiten genau und wird sich diesen im Einzelfall anpassen:

- Bei relativ guter Beweglichkeit und entsprechendem Krafteinsatz können die Kugeln getrost tief versteckt werden. Der Betagte wird – ohne Überforderung – alles daransetzen, sie ausfindig zu machen.
- Bei geringer bis schlechter Beweglichkeit empfiehlt es sich, eine der größeren Kugeln zwar zugedeckt, jedoch an der Oberfläche zu belassen. So wird die erste Anstrengung bald von Erfolg gekrönt und zur weiteren Suche anregen.
- Wichtig ist, daß der Aktivierungsbetreuer das Finden jeder Kugel verbal begleitet, d. h. lobend hervorhebt. Wichtig daher auch die Seifenablage als Depot zur Erfolgskontrolle für den Betagten.
- Weniger wichtig ist, ob jedesmal alle fünf Kugeln gefunden wurden.
- Verfangen sich Erbsen in der gelähmten Hand und zwischen den Fingern, wird dadurch ein zwar freiwilliger, aber willkommener zusätzlicher Bewegungseffekt erzielt: Der Betagte befreit sich selbst von den Erbsen, und so kommt es zur teilweisen Streckung der sonst geschlossenen, gelähmten Hand.

Aktivierungseffekte für den Betagten

1. Reizung der Haut durch die Härte der Erbsenmasse.
2. Taktil-kinetische Wahrnehmung durch die unterschiedliche Materialerfahrung Erbsen/Styropor.
3. Spielerische Bewegung der gelähmten Hand.
4. Spielerische Greifbewegung.
5. Erfolgsgefühl beim Fündigwerden der Kugeln.
6. Üben des Pinzettengriffes (Daumen und Zeigefinger) beim Herausnehmen der Kugeln.
7. Belebung der psychophysischen Verfassung durch die entstehenden Geräusche, den persönlichen Kontakt und das Gespräch.
8. Dieses einfache Training hat den Vorteil, die Belebung der physischen und psychischen Reaktionsfähigkeit auf wirkungsvolle Weise zu verbinden.

7.2.10 Unterstützendes Übungsmaterial

Bei der Verwendung von unterstützendem Übungsmaterial kommen neben den Oberflächenempfindungen noch weitere Wahrnehmungen hinzu: Sobald Material (ein Objekt) bewegt wird, bedeutet dies, ein Gespür für Ortsveränderung, Raum, Zeit, Geschwindigkeit, Kraft, Gewicht, Höhe und Tiefe zu entwickeln. Dabei spielt in der Aktivierungsgruppe (Sitzkreis) auch der soziale Aspekt eine wesentliche Rolle:

- sich gemeinsam bewegen
- sich mit dem rechten/linken Nachbarn bewegen
- sich nach rechts/links orientieren
- sich an der Gruppe orientieren
- mit dem Sitznachbarn sprechen
- einen Bewegungsablauf, z. B. einen Materialtransport, wach verfolgen (vgl. Spiele im Sitzkreis in diesem Kapitel)

Kriterien zum Material

1. Materialüberprüfung (vgl. 3.3.3)
2. Materialbeschaffenheit
   Harte Bälle wie z. B. herkömmliche Medizin-, Gymnastik- und Tennisbälle eignen sich nicht zum Werfen und Fangen: Durch motorische Ungeschicklichkeiten und mangelnde Reaktionsfähigkeit der Betagten kann es leicht zu Verstauchungen und Prellungen an Händen und Fingern kommen. Brillenträger sind zusätzlich gefährdet. Besagte Bälle eignen sich jedoch gut zu spielerischen Aktivitäten.
3. Hygiene
   Das Übungsmaterial muß abwaschbar/waschbar sein und bei Bedarf desinfiziert werden können.

Kleingeräte

Schaumstoffball
ca. 9 cm Durchmesser, zum Werfen, Fangen, Drücken, Klöße formen (Erinnerung an verschiedene Kloßarten).

Schaumstoffball
ca. 19 cm Durchmesser, zum Werfen und Fangen, Tuchballspiel (siehe dort).

Igelball
zum Greifen, Massieren, zur Förderung der Durchblutung.

Wunderball
aus Kunststoff, zum Prellen, Werfen, Fangen.

Zeitlupenball
besonders geeignet zum Auffangen durch die materialbedingte Verzögerung seiner Fluggeschwindigkeit.

Tennisringe
aus Plastik, zum Greifen, Werfen, Fangen. Koordinationsübung: Tennisring wird mit einer Hand auf den Rücken geführt, dort von der anderen Hand übernommen und nach vorne geführt, wo wiederum die andere Hand den Tennisring übernimmt – Körperumkreisung.

Mit dem Tennisring kann auch gut ein Prellball aufgefangen werden, wobei der Tennisring mit beiden Händen gehalten wird.

Tennisring wird über ein Handgelenk gehängt. Mit der anderen Hand in den Tennisring schlüpfen bis zum Handgelenk und nun die Unterarme in Vorwärts- oder Rückwärtskreisen bewegen. Guter Effekt für die Lockerung der Handgelenke und die Ellenbogenbeweglichkeit.

Medizinball
20 cm Durchmesser, maximal 800 Gramm Gewicht, zum Stemmen, Weiterreichen, Gewichtschätzen.

Luftballon
zum Balancieren auf den Händen und den einzelnen Fingern; Reaktion auf unberechenbare Flugbahn beim Zuspiel; Tuchball (siehe dort).

Chiffontuch
zum Hochwerfen (Fallschirmeffekt) und Auffangen.

Springseile
zum Knoten und Entknoten; zur Bewegung auf Musik (siehe Spiele).

Pappröhren
verschiedenfarbig mit Buntpapier beklebt (Recycling von Alu- und Frischhaltebeutelrollen) zu Reaktionsübungen wie Loslassen und Auffangen der senkrecht oder waagrecht gehaltenen Röhre; Balltransport (kleiner Schaumstoffball) auf der Röhre (siehe Spiele); Pappröhre als Fernrohr benutzen (siehe 7.2.6).

Sand-, Erbsen-, Linsen-, Reis-, Hirsesäckchen
zur sensorischen Wahrnehmung; zum Transport im Sitzkreis von Hand zu Hand, von Fuß zu Fuß.

Holzkeule
jedoch nur als Zielobjekt.

Turnstab
für Reaktionsübung senkrechten Stab auf Boden stellen, oben mit Zeigefinger festhalten, loslassen und mit der Hand auffangen.

Ein Gymnastikwagen ist das ideale Behältnis und Transportmittel für Übungsmaterial. Wo immer die Aktivierungsgruppe sitzt – der Wagen ist dabei und kann gegebenenfalls auch im Sommer auf die Terrrasse oder in den Garten mitgenommen werden. Alle Materialien sind stets greifbar. Dies ist besonders wichtig, wenn das vorbereitete Übungsprogramm umständehalber umgestellt werden muß oder von den Betagten ein Spielwunsch geäußert wird. Aktivierungsbetreuer sollten die Aktivierungsgruppe möglichst nicht verlassen, schon gar nicht, um fehlende Materialien anderswo zu holen.

Sitzordnungen

a) Sitzkreis – die Runde wird geschlossen.

Zur Beachtung: Bei einem Kreis/Sitzkreis müssen der erste Spieler und der Schlußspieler im voraus bestimmt werden. Für die Betagten wird dadurch die räumliche Orientierung erheblich erleichtert. Außerdem ist darauf zu achten, daß Spieler eins und der Schlußspieler dem Spielablauf noch gut folgen können und „Start und Ziel" begreifen. Werden Materialien um die Wette transportiert, im Uhrzeigersinn oder dagegen, ist auch der Schlußspieler Startspieler.

b) Gasse – zwei Reihen nebeneinandersitzender Spieler sitzen sich gegenüber.

c) Staffel – die Spieler sitzen in zwei Reihen hintereinander, Abstand zwischen den Reihen ca. ein Meter.

Anmerkung:
1. Lustige Turnspiele, ursprünglich als Spiele im Stehen und Laufen konzipiert, können in abgewandelter Form und mit vereinfachter Spielregel auch mit einem sitzenden betagten Personenkreis gespielt werden. Bei einer geübten Gruppe sind sogar kleine Wettspiele möglich und wirken als Anreiz zu erhöhter Wachsamkeit hinsichtlich des Spielgeschehens.

2. Materialverteilung. Braucht jeder Spieler Material (Kleingerät), kann damit bereits eine Vorübung gemacht werden: Wer dem Gerätewagen am nächsten sitzt, nimmt als erster Spieler vom Aktivierungsbetreuer z. B. einen Ball in Empfang, gibt ihn dem zweiten Spieler, dieser dem dritten Spieler, bis alle in der Runde oder der Gasse ein Gerät haben. (Das Einsammeln erfolgt umgekehrt in gleicher Weise.)

Wichtiger Hinweis:

Bei Bällen ist unbedingt darauf zu achten, daß sie in puncto Größe von Einhändern zu handhaben sind, also aufgefangen, geworfen und weitergereicht werden können. Ein Durchmesser von ca. 15 Zentimetern ist die maximale Grenze.

Spielarten

Wettspiele

Mit allen Kleingeräten des Übungsmaterials wie oben beschrieben.

Neckball

Alle Spieler werden aufgefordert, die Arme hängen zu lassen und sie dann hinter der Stuhllehne möglichst zu verstecken. Spieler 1 bekommt vom Aktivierungsbetreuer einen kleinen Schaumstoffball in die Hand gedrückt. Dieser soll hinter den Stuhlrücken von Spieler zu Spieler so weitergereicht werden, daß der Ball möglichst unsichtbar bleibt, denn er muß gesucht werden: Jetzt kehrt der Aktivierungsbetreuer dem Sitzkreis kurze Zeit den Rücken, dreht sich wieder um, betritt die Kreismitte und verfolgt die Bewegungen der Betagten. Wird der Ball bei einem Spieler vermutet, wird dieser namentlich aufgerufen und muß beide Hände/die Hand nach oben strecken – mit oder ohne Ball. Hat der Spieler den Ball nicht, geht das Spiel sofort weiter. Hinweis: Befindet sich unter den Betagten jemand, der im Kreis stehen, sich bewegen und das Spiel verstehen kann, tritt der Aktivierungsbetreuer selbstverständlich seine Spielleiterrolle ab.

Jägerball

Als Hase innerhalb des Kreises stellt sich der Aktivierungsbetreuer zur Verfügung. Er soll mit dem Wunderball von den Spielern, den Jägern, getroffen werden. (Unter Umständen werden mögliche Aggressionen, die sich unbewußt gegen die Betreuer richten, auf diese Weise von den Betagten abreagiert.) Der Ball muß vom Aktivierungsbetreuer jeweils vom Boden aufgehoben und den Jägern wieder zugereicht werden.

Prellball

Ein Wunderball wird vom Spieler so zur Kreismitte geprellt, daß ihn der gegenüber sitzende Spieler möglichst auffangen kann.

Zimmerfußball

Die Spieler halten sich an den Armlehnen der Stühle fest. Jetzt wird zunächst ein Wunderball mit Fußstößen zugespielt; um die Reaktion zu steigern, kommen nach einiger Zeit ein zweiter Ball und dann noch ein dritter Ball hinzu. Zur Erhöhung des optischen Reizes verschiedenfarbige Bälle verwenden! Hinweis: Sitzen mehrere Männer in der Aktivierungsgruppe, kann auch ein Stuhl/Rollstuhl als „Tor" gekennzeichnet und sein Besetzer zum „Torwart" ernannt werden. Die Erfahrung hat gezeigt, daß in dieser Rolle Fußball-Liebhaber ihr Tor wach und hartnäckig verteidigen.

Klatschball

In der Mitte des Kreises steht der Ballwerfer. Er wirft den Wunderball irgendeinem Spieler zu. Dieser muß vor dem Auffangen in die Hände klatschen. (Einhänder klatschen auf den Schenkel.)

Kegelspiel

In der Kreismitte wird ein Kegel oder werden mehrere Kegel als Zielobjekte aufgestellt. Auf ein Punktesystem wird selbstverständlich verzichtet. Treffer sind bereits Erfolgserlebnisse.

Kimspiel

Der Spielleiter legt in die Kreismitte mehrere Übungsmaterialien. Nach geraumer Betrachtungszeit werden diese mit einem Tuch zugedeckt. Was befindet sich unter dem Tuch? In welcher Farbe?

Spiele in der Gasse

Wettspiele: Wie im Sitzkreis können auch in der Gasse alle Kleingeräte des Übungsmaterials von Hand zu Hand weitergereicht werden.

Partnerübungen

1. (mit Musik) Zwei Spieler halten ein Springseil an beiden Enden und bewegen es durch Schaukeln, Schlingern usw. Dabei wird das Handgelenk gelockert.

2. („Der Zug geht ab"). Zwei Spieler halten zwei Turnstäbe an den Enden fest: Nachahmung der Schieberstangen an der Dampflok. (Gleichzeitig Erinnerungsaktivierung!)

Hinweis: Diese Übung kann durchaus mit „Tschtschtsch"-Lauten begleitet werden: Koordination von Grob- und Sprechmotorik; verbesserte Atmung.

3. Zwei Spieler halten ein Springseil an beiden Enden fest: Nachahmung des Holzsägens.

Einzelübung

Das Springseil mehrfach knoten und wieder entknoten lassen.

Spiele in der Staffel

Da bei Staffelspielen zwei Reihen Spieler hintereinander sitzen und sich nicht sehen können, sind zwei Aktivierungsbetreuer als Spielleiter die ideale Besetzung: Ein Spielleiter ist jeweils für den Start bei den beiden vordersten Spielern zuständig, der andere für die beiden letzten in den Sitzreihen.

Wettspiele: Fast alle Übungsmaterialien (außer Keulen und Turnstäben) können in der Staffel auf zwei Arten transportiert werden:

1. über den Kopf nach hinten
2. seitwärts nach hinten,
   und zwar an den Außenseiten der Staffel

Wichtiger Hinweis:

Beide Spielleiter müssen das Spiel in Gang bringen und den Transport der Taue zunächst begleiten.

Spielverlauf: Die Taue liegen schneckenförmig gerollt vor den ersten Spielern auf dem Boden. Jetzt bekommen sie das Tauende mit dem Ledergriff in die Hände und reichen es über den Kopf nach hinten dem nächsten Spieler zu usw. Dabei unterstützen die Spielleiter die beiden ersten Spieler durch Zureichen der Taue. Das bedeutet Entlastung des Gewichts, bis sich dieses auf viele Hände verteilt.

Sobald die Ledergriffe der Taue hinter den letzten Spielern der Reihe den Boden berühren, sorgen die Spielleiter für das schneckenförmige Aufrollen der Taue.

Nach dem Spieldurchgang bringen die Spielleiter die Taue wieder nach vorn als sichtbaren Beweis für das gelungene Spiel. (Beim Wettspiel wird das zuerst angekommene Tau nach vorne gebracht.)

Tuchball

(Aus: Broschüre Kuratorium Deutsche Altershilfe 1981) – Durch Tuch optisch verbessert; Spielmöglichkeit durch Luftballons (Farbreize!) erweitert und auf pflegebedürftigen Personenkreis zugeschnitten.

Material:

Nesselstoff → *(vor Verarbeitung Waschgang 95° erforderlich)*	
Band Faden Filzschreiber: rot, blau, gelb Schaumstoffball, ca. 15 cm Ø, gelb!	Kurzzeitmesser/Küchenuhr Luftballons rot pink blau gelb! grün orange Tonträger

Maße und Zuschnitt

(Zugunsten einer übersichtlichen Darstellung wurde auf eine perspektivisch korrekte Zeichnung verzichtet.)

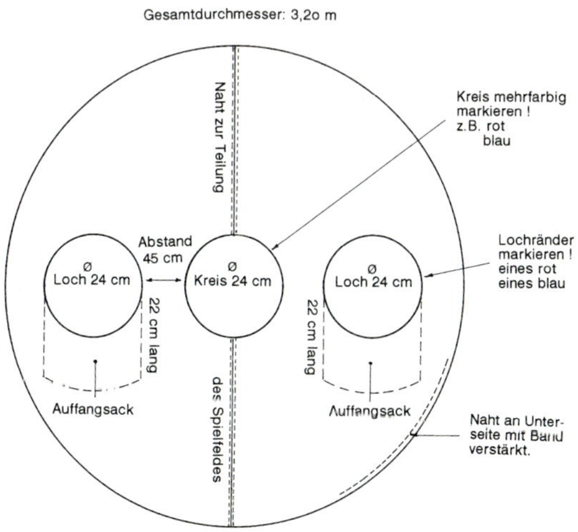

Vorbemerkung
Tuchball ermöglicht fröhliches Spiel für einen pflegebedürftigen, ausschließlich sitzenden Personenkreis. Auch für jede Art Rollstühle geeignet. Das Spiel zeichnet sich aus durch gemeinsame Bewegung des Tuches und die Bewegung eines Objektes, das ständig den Standort wechselt. Selbst retardierte Persönlichkeiten können damit aktiviert werden, so hoch ist der Aufforderungscharakter des Spiels.

Sitzordnung:

1. Die Größe des Sitzkreises richtet sich nach dem Durchmesser des Tuches.
2. Mit zunächst 2–3 Betagten die Runde beginnen und nach und nach vervollständigen: Die Betagten halten den Tuchrand Handrücken nach unten fest; so ergibt sich der Spielkreis von selbst.
3. Stühle und Rollstühle in wechselnder Reihenfolge, Einhänder und Zweihänder ebenso, damit eine etwa gleichmäßige Besetzung am „Spielfeld Tuch" gewährleistet ist.

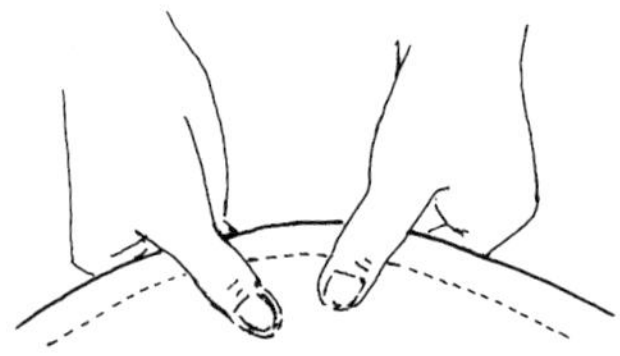

Ist die Runde lückenlos geschlossen, wird das Tuch leicht gespannt und der Schaumstoffball in die Mitte gelegt.

Wichtiger Hinweis:
Zur Erwärmung des Arm-Schulter-Bereichs wird der Ball zunächst nur leicht hin und her bewegt.

Spielregel:
Das ursprüngliche Spiel ist als Wettspiel gedacht. Aus der Gesamtgruppe werden 2 Parteien gebildet. Die Auffangsäcke (siehe Zeichnung) ähneln der Bedeutung von Fußballtoren. Während der maximalen Spielzeit von 2 Minuten wird versucht, den Ball ins gegnerische Loch zu zielen:

Das Tuch wird von allen mit kräftigen Armschwüngen bewegt.

Nach Ablauf der Zeit (Stoppuhr, Küchenuhr) ist eine Erholungsphase dringend geboten. Häufig wurde beobachtet, daß sich sogar alte Menschen bei diesem Spiel bis zur Ausgelassenheit ereifern. Die Atmung wird beschleunigt, durch die Luftbewegung flattern Haare und die Gesichtszüge sind erwartungsvoll gespannt. Das Flugobjekt wird aufmerksam verfolgt. Auch auf Betagte, welche die Spielregel nicht mehr verstehen können, wirkt der Spielverlauf sichtlich erlebnisaktivierend.

Der AB hat sorgfältig zu prüfen, wann und ob ein weiteres Spiel folgen kann.

Variante: *Tuchball mit Luftballons*

Drei wesentliche Elemente bereichern dieses harmonische Spiel:

- Bewegung (in differenzierterer Form)
- optische Reize in der Vielfalt der Farben
- akustische Reize über den Einsatz von Musik

Hinweis:
Sitzordnung wie zuvor (falls dieses Spiel z. B. eigenständig oder im Anschluß an eine Gymnastikstunde gespielt wird)

Spielverlauf
(Die Auffangsäcke haben jetzt keine Spielfunktion mehr)

- Mit Beginn der Musik wird das Tuch zunächst behutsam auf und ab bewegt (Erwärmung und Lockerung des Arm-Schulter-Bereichs),
- allmähliche Steigerung der Armschwünge, bis sich die Ballons abheben:
  Wache Augen verfolgen das Farbenspiel. Manche Betagte verblüffen mit schneller Reaktion auf entweichende Ballons. Verfängt sich ein Ballon in einem der Auffangsäcke, wird er u. U. mit Fußtritt wieder an die Oberfläche befördert!
- Um die Betagten nicht zu überfordern, ist auch hier nach max. 2 Minuten eine Pause notwendig.
- Die erforderliche Ruhephase läßt sich durch den AB mit folgenden Worten sehr gut einleiten:
  „Ab jetzt dürfen sich keine Ballons vom Tuch abheben..."
  „Wir schaukeln sie nur ein wenig..."
  „Die Ballons sollen sich jetzt nicht mehr bewegen..."
  „Können Sie das Tuch ganz ruhig halten...?"

Anmerkung
Beobachtet wurde, daß Parkinsonkranke nach dem so erfolgten Spielverlauf das Tuch ohne Zittern halten konnten.
(Siehe auch 3.4.7 Werkbogen Naß-in-Naß-Malerei.)
Nach der Ruhephase hat der AB wieder gründlich zu prüfen, ob das Spiel abgebrochen oder fortgesetzt werden soll. Die Anstrengung, das Tuch festzuhalten, darf bei alten Menschen nicht unterschätzt werden.

Weitere Spielmöglichkeiten:
Um die Phantasie der Betagten weiter zu beleben, können mit den Ballons Geschichten inszeniert werden, z.B.

- großer Ballon als Großmutter.
- kleiner Ballon als herumhüpfender Enkel.

Aufgabe: Denken Sie sich weitere Beispiele aus!

–

–

–

Nachbemerkung

Tuchball ersetzt, ob separat gespielt oder in einer Gymnastikstunde integriert, Übungen im Arm-Schulter-Bereich.

7.2.11 Planungskriterien

- Reguläre Zusammensetzung der Gruppe feststellen.
- Programmgestaltung den Bedürfnissen, Möglichkeiten und Grenzen der Betagten anpassen.
- Prüfen: Kurzfristig veränderte Zusammensetzung der Gruppe oder Verminderung der Gruppe z. B. durch Friseurbesuch, Krankenhausaufenthalt, Unwohlsein der Betagten.
  Hinweis: Fallen zwei bis drei „Zweihänder" aus, können bestimmte Bewegungs-Gruppenspiele unter Umständen nicht durchgeführt werden. In diesem Fall müssen das Programm kurzfristig geändert und Alternativen entwickelt werden.

- **Raum:** Lichtverhältnisse, Sauerstoffzufuhr
- **Stühle:** **mit** Armlehne, sie gibt Sicherheit
- **Rollstühle:** sichern; Fußstütze je nach Körpergröße und individueller Befindlichkeit der Betagten belassen oder beiseite klappen
- **Sitzordnung:** Sitzkreis? Halbrund? Staffelung? Gasse?
  Wichtiger Hinweis: Zu achten ist auf die wechselnde Folge in der Sitzordnung: also Stuhl – Rollstuhl – Stuhl usw. oder Einhänder – Zweihänder
- **Übungsmaterial** *und Tonträger programmorientiert und vollständig bereitstellen*
- **Sicherheit:** Vermeidung von Stolperfallen wie Kabel, Übungsmaterial, Stöcke, Krücken usw. (vgl. Sicherheitsmaßnahmen 9.1)
- **Für die Betagten:** Ausstattung mit Brille, Hörgerät, Taschentuch etc.

- **Für Aktivierungsbetreuer:**
  Oberbekleidung in leuchtenden Farben wie Gelb, Orange, Rot.
  Das ist für die Konzentration und Wahrnehmungsfähigkeit der Betagten hilfreich.
  Schuhe und *Handschuhe* in Weiß. Nicht alle Betagten verstehen die Übungsanweisungen. Vielmehr geschieht die Umsetzung durch die Nachahmung der Fuß-, Bein-, Hand- und Fingerübungen.

8 Verbale Aktivierung

Von Kindesbeinen an vernimmt der Mensch Sprache. Allmählich lernt er, Inhalt und Bedeutung zuzuordnen und zwischen einer Mitteilung, Aufforderung oder Frage zu unterscheiden. Die jeweilige „An-Sprache" regt zum Denken an, aus den Gedanken entsteht möglicherweise ein Gespräch, und aus dem Gespräch entwickeln sich wieder neue Gedanken. Der Geist ist beschäftigt, die Phantasie wird belebt, aktiviert durch Sprache. Daher bedeutet verbale Aktivierung der Betagten flächendeckende Belebung im Gehirn mit seinem Netzwerk neuronaler Verschaltungen.
Außerdem wird durch Sprache der gesamte Sprechapparat aktiviert: Der Kehlkopf, die Stimmbänder und Halsmuskeln, das Gaumensegel, die Stimmritze, die Motorik der Zunge bis hin zur Bewegung der Lippen. Doch zuvor müssen Gedankeninhalte koordiniert und zu einem Satz zusammengeführt werden. Nicht zu unterschätzen sind überdies die Resonanzschwingungen im Körper, verursacht durch den eigenen Sprachklang.

8.1 Sprache und Kommunikation

Zweck und Wirkung der Sprache
Jede Sprache vermittelt eine Nachricht. Ganz gleich, ob verbal als gesprochenes Wort oder nonverbal in Zeichen und Gesten: Sprache ist Mittel zur Verständigung, vorausgesetzt, die Begriffsinhalte und Begriffseinheiten sind zwischen den Kommunizierenden dieselben. Die Gehörlosensprache ist hierfür ein Beispiel: Wird die erlernte Zeichensprache vom Gegenüber richtig angewandt, kann sie von dem Gehörlosen sofort verstanden bzw. entschlüsselt werden.
Sprache generell beschränkt sich aber nicht nur auf den Menschen. Auch Tiere haben eine Sprache oder Mittel zur Verständigung untereinander. Wichtiger Bestandteil im Dasein der Lebewesen ist demnach Sprache und Kommunikation. Ein besonders hochdifferenziertes Kommunikationssystem ist die gesprochene Sprache des Menschen.

Sprache im Betagtenumfeld
Betagte, ob geistig rüstig oder retardiert, müssen so häufig wie irgend möglich angesprochen werden, um nicht seelisch zu verkümmern. Und weil es sich nicht nur um Sprache (Ansprache) handelt, sondern auch um Kommunikation im weiteren Sinn, müssen Pflegende und Betreuende den Betagten sorgfältig beobachten: Wollte er etwas sagen? Sucht er gerade nach Worten? Drückt seine Handbewegung aus, daß er etwas mitteilen möchte? Hat er die Lippen bewegt?

Bedingt durch mancherlei Hektik im pflegerischen Bereich besteht die Gefahr, verlangsamte Aktionen und Reaktionen der Betagten zu übersehen und zu übergehen.

Die Merkmale verlangsamter Aktionen und Reaktionen sind:

- Der Betagte hebt den Arm und möchte sich äußern.
- Der Betagte bewegt die Lippen, doch die Sprechmotorik funktioniert nicht.
- Der Betagte öffnet den Mund und weiß nicht weiter, weil er Wortfindungsstörungen hat.
- Der Betagte hat eine völlig erstarrte Mimik; seine Wünsche und Bedürfnisse sind nicht ablesbar, jedenfalls nicht sofort.

Inwieweit scheinbare Nichtachtung durch das Personal von Betagten durch Verstimmung, Aggression, Zerstörungsdrang oder sogar willentliche Darm- und Blasenentleerung als Formen des Protestes beantwortet werden, läßt sich derzeit aufgrund fehlender Beschreibungen in der Fachliteratur nicht mit letzter Sicherheit festlegen. Es scheint jedoch sinnvoll, wenn Pflegepersonal und Aktivierungsbetreuer diesem Aspekt einer möglichen Reaktion auf blockiertes Kommunikationsbedürfnis nachgehen. – Eine andere, immer wieder zu beobachtende Reaktion der Betagten auf scheinbares Nichtbeachten ihres Kommunikationswillens, ist motorische Unruhe, die sich in vielen Formen äußern kann. Hierbei ist die motorische Unruhe eine Folge des Nichterfüllens eines Bedürfnisses.

Wichtig:

Besonders gefährlich ist, wenn das gesamte Personal einer Altenpflegeeinrichtung abstumpft gegenüber stereotypen, d. h. immer wiederkehrenden Äußerungen und Ausrufen Betagter, gegen Stöhnen und Seufzen.
Sozialkontakte, Kommunikation und Zuwendung gehören zu den psychischen Grundbedürfnissen des Menschen. Werden diese nicht oder unzureichend befriedigt, leiden Selbstwertgefühl und Selbstbewußtsein erheblich!

8.1.1 Sprachinhalte

Um sich weitestgehend verständlich zu machen, muß sich das Personal um klare Sprachinhalte bemühen. Das heißt: Sprache muß plastisch sein. Das Gehörte muß sich in der Vorstellung des Betagten zu einem Bild zusammenfügen, die Gefühls- und Gedankenwelt unmittelbar anreizen. Bei retardierten Persönlichkeiten ist ganz besonders auf kurze Sätze mit prägnanter, d. h. ausdrucksstarker, Aussage zu achten: „Ihre Tochter kommt heute." Oder verstärkt: „Ihre Hildegard kommt heute." Manchmal ist es notwendig, die Vornamen Angehöriger zu nennen, damit sie den Betagten erinnerlich werden.

8.1.2 Schichtenspezifische Sprache

Das schichtenspezifische Herkommen der Menschen prägt in ungewöhnlich starkem Maße deren Sprache und Sprachverwendung. Diese Zusammenhänge werden vom Wissenschaftszweig Soziolinguistik untersucht. Es gelingt geschulten Beobachtern meist recht treffend, die Zugehörigkeit (z. B. Fabrikarbeiterin, Justizangestellter, Handwerksmeister, Hochschulabsolvent) und/oder die Herkunft (z. B. ländliches Milieu, Großbürgertum, Akademikerhaushalte) eines Menschen anhand der verwendeten Sprache zu analysieren. Fast alle Bevölkerungsschichten entwickeln sehr typische Anwendungen in Satzbau, Wortschatz und teilweise sogar grammatikalische und semantische Eigenheiten.
Pflegepersonal, auch bei der Aktivierung, sollte versuchen, möglichst auf die schichtenspezifischen Sprachgewohnheiten der Betagten einzugehen und womöglich die eigene Sprachverwendung dem jeweiligen Betagten anzugleichen.

8.1.3 Manipulation mit Sprache

Manipulation bedeutet: Beeinflussung, gezielte Lenkung.
Genauso ist es gemeint. Manipulation mit Sprache. Bei jeglicher Aktivierung kommt es darauf an, wie Sprache gewichtet wird und was sie dem Betagten vermittelt, wie er positiv gelenkt und beeinflußt werden kann. Gerade dann, wenn er zum Beispiel mißmutig und unzufrieden ist. Mit freundlichen Fragen oder Feststellungen können Betagte aufgemuntert und stimmungsmäßig positiv beeinflußt werden.
Manipulation mit Sprache hat aber auch eine dunkle Seite. Durch Suggestivfragen beispielsweise lassen sich Antworten gewissermaßen einflößen, nach dem Motto: „Gell, Sie möchten heute nicht zur Geburtstagsfeier?“ Willensschwache, und/oder depressive Betagte werden sofort zustimmen und sagen: „Nein, da gehe ich nicht hin.“

Sehr wichtig:

Überhaupt können Mitarbeiter, die keine fröhlichen und lebensbejahenden Menschen sind, Betagte durch ihre freudlose und phantasielose Sprache nachhaltig und negativ manipulieren. Das ist keineswegs böse gemeint und den betreffenden Mitarbeitern kaum bewußt. Daher bringen sie auch ihre bescheidenen beruflichen Erfolge im Umgang mit Betagten nicht mit ihrer eigenen Mißlaunigkeit in Verbindung.

8.2 Sprache und Stimme

Erst wenn wir die Stimme eines Menschen hören, erst wenn wir die Sprache und die Sprechinhalte vernehmen, erst dann – vorausgesetzt, wir sprechen dieselbe Sprache – werden wir uns wirklich ein, wenn auch noch unscharfes, Bild vom Gegenüber machen können. Zwar kann nach unserem Dafürhalten der

Stimmklang möglicherweise nicht zum Sprecher passen, der Sprachinhalt uns durch Derbheit, Witz oder Farblosigkeit überraschen, doch immerhin ist mit Stimme und Sprache eine Brücke des Verstehens gebaut – die verbale Kommunikation. Sie ist es, die mehr als alles andere im zwischenmenschlichen Bereich die entscheidende Rolle spielt. Die Sprache selbst verrät uns Niveau und Herkunft des Sprechers, die Stimme hingegen signalisiert uns die Beschaffenheit von Gemüt und augenblicklicher Befindlichkeit. Diese Mischung ist meist unbewußt und wird auch weithin unbewußt benutzt; das bewußte Einsetzen jedoch beider Elemente gehört zum Rüstzeug für Pflegepersonal.

8.2.1 Klangpsychologische Aspekte

Wer mit Menschen zu tun hat, sollte sich darüber klarwerden, daß durch den Sprachklang positive und negative Erinnerungsketten ausgelöst werden können. Jeder einzelne vom Personal eines Hauses muß sich daher stets kontrollieren, ob sein Sprachklang nicht etwa scharf, schrill, befehlend, autoritär, wehleidig oder gewollt kindlich ist. Jeder einzelne muß sich daher selbst prüfen, wie sich solche Sprachklänge psychologisch auswirken und welche Reaktionen sie unter Umständen auslösen. Dabei entscheidend ist nicht nur die jeweilige Wirkung auf die Betagten, sondern auch auf eventuelle Besucher der Einrichtung und vor allem auch im Kollegenkreis.

8.2.2 Stimmwahrnehmung und ihre Interpretation

Selbst retardierte Persönlichkeiten können den angenehmen Sprachklang vom unangenehmen sehr wohl unterscheiden. Fast automatisch (wenn auch häufig als irrige Annahme) wird dem angenehmen Sprachklang eine ebenso sympathische Charakterpersönlichkeit zugeordnet, hinter dem unangenehm schrillen oder kollerigen Sprachklang hingegen ein unsympathischer Mensch vermutet. Diese Spontaninterpretation tut zwar manchen Menschen unrecht, ist aber oft Grundlage eines schwierig zu beseitigenden Vorurteils. Pflegepersonal kann sich durch gezieltes Verändern des eigenen Sprachklanges manche Aufgabe im Pflegealltag erleichtern.

8.2.3 Grundzüge der Sprechtechnik

Der sprachliche Umgang mit Betagten erfordert stets Sorgfalt und Selbstbeobachtung.

Besonders wichtig sind immer:

- klare, deutliche Ausformung der Wörter (Artikulation)
- unaufgeregte, aber lebendige Sprechmelodie (Modulation)
- ständige Kontrolle der Lautstärke (weder zu leise noch zu laut)
- weder hastiges noch schleppendes Sprechen (Geschwindigkeitskontrolle)
- Tonhöhenkontrolle (weder schrill noch grummelnd)

Ganz unerheblich ist dabei, ob unsere Sprache eine Dialekteinfärbung hat. Wir müssen nur darauf achten, lediglich die Menschen im breiten, heimatlichen Idiom anzusprechen, die aus derselben Region stammen und daher bestimmte Wortwendungen und Lautveränderungen verstehen. Bei allen anderen Menschen müssen wir uns um eine Annäherung an die Schriftsprache bemühen.

Sehr wichtig: Die Einstellung

> *„Ich red halt so, wie mir der Schnabel gewachsen ist, die anderen sollen eben versuchen, mich zu verstehen"*

ist im höchsten Maß unprofessionell und hat im Umgang mit Betagten gar nichts zu suchen. Wer glaubt, im privaten Bereich diese Einstellung pflegen zu müssen, sollte sich zuvor Gedanken über Kommunikationsfähigkeit und Höflichkeit machen!

8.2.4 Praxiserprobte Übungsanleitungen

Gewiß sollen Pflegepersonal und Aktivierungsbetreuer gewöhnlich keine bühnenwirksame Schauspielersprache benützen. Dennoch ist es sinnvoll, sich einiger professioneller Tricks von Berufssprechern zu bedienen:

- kurze Übungssätze mehrmals sprechen,

  z. B. *„Rolf rollte Rollschuhe",*
  „Barbara saß am Abhang",
  „Böse Buben bitten immer um Milch."

  Diese Übungen, die keineswegs lächerlich sind, können beim Autofahren probiert werden, in der Badewanne, beim Spaziergang im Wald u. a.

- Üben von ähnlich klingenden Anlauten bringt eine zusätzliche Sprechsicherheit:

  „Gleiche Klänge gleiten kraftvoll hin zur Gnade der Kunst."

  Besonders bei „gleiche" und „Gnade" wird manchmal aus dem weichen „g" ein hartes „k". Ausprobieren!

  „Der Tag duldet taumelnden Tau im dämmernden Tal."

  Neben „t" und „d" werden in diesem Mustersatz auch gleich die Vokale „a", „ä", „u" und der Umlaut „au" mitgeübt.

  „Biedere Personen bieten politische Bücher und passende Broschüren an."

  Beim raschen Wechsel von „b" und „p" wird zunächst mancher stolpern.

- Umlautübung:

  „Eine Meute Leute täuscht heute äußerst freudig Beute vor."

- Damit Gaumen, Zunge und Kiefer gelockert werden zum deutlich akzentuierten Sprechen, ist das Üben von Einzelwörtern hilfreich, z. B.
  Authentizität
  Pneunomieprophylaxe
  schöne Schulsprecherversprechersituation
  Elektrizitätssensibilisierung
  Zirkulationszentrifuge.

Wichtig ist vor allem, um einen vollen, aber nicht anstrengenden und damit angestrengt wirkenden Stimmklang zu erzielen: das Kontrollieren des Atemstroms, der die Stimmbänder in Schwingung versetzt.

Hinweis:

Weil Pflegepersonal und Aktivierungsbetreuer häufig mit schwerhörigen Betagten zu tun haben, besteht die Gefahr, die notwendige Sprechlautstärke für diese Betagten auch gegenüber den anderen Pflegebedürftigen anzuwenden. Bevor aber Unwillensäußerungen wie „Schreien Sie mich nicht an, ich höre noch gut" den Sprecher in Verlegenheit bringen können, muß immer beim Umgang mit Betagten (und Kollegen!) die angemessene Sprechlautstärke vor dem Sprechen kontrolliert und dann gezielt eingesetzt werden.

8.2.5 Sprechweise und Körpersprache

Im Umgang mit Betagten sind Sprechweise und Körpersprache besonders sorgfältig zu beachten. Sie müssen übereinstimmen und sich ergänzen. Dadurch wird die Wirkung verstärkt – positiv oder negativ.

Beispiele (derselben Situation):

Frau Z, in schlechter psychophysischer Verfassung, muß zum Zahnarzt per Krankentransport. Der Krankenwagen wird erwartet. Diese Information wird Frau Z so vermittelt:

> *„Frau Z, Sie warten schon, der Krankenwagen wird gleich da sein. Haben Sie keine Sorge, alles wird gutgehen." Dabei streichelt der Pfleger Frau Z die Hände.*

oder:

> *„Sie, gleich geht's los, der Krankenwagen ist bestellt."*

Dabei hat sich der Pfleger vor Frau Z aufgebaut mit in die Hüfte gestützten Händen.

8.2.6 Koordinationsübungen

Mannigfaltig sind die Möglichkeiten, Sprechweise und Körpersprache in Einklang zu bringen. Am besten ist dies durch Eigenerfahrung zu erlernen. Praktisch dabei ist, sich eine Lebensituation aus dem Pflegealltag vorzustellen und daraus die notwendige Koordination von Sprechweise und Körpersprache zu entwickeln.

8.2.7 Unterstützendes Übungsmaterial

1. Der Umgang mit der eigenen Sprache und Stimme will gelernt sein und muß kontrolliert werden. Daher ist empfehlenswert, sich zunächst einmal ein Hörbuch anzuhören: Das Hörbuch ist ein auf Kassette oder CD gesprochener Buchtext mit der geschulten Stimme von Berufssprechern.

2. Für den alltäglichen Sprachgebrauch, jedoch auch hinsichtlich des Vorlesens bei betagten Menschen, empfiehlt es sich, selber einen Text auf Tonband zu sprechen, um die eigene Stimme, den Tonfall und die Tonmelodie zu erproben. Werden zum Abhören Kopfhörer benutzt, ist die Selbstkontrolle besonders effektiv.

3. Optimal jedoch ist die Kontrolle per Videorecorder. Niemand sollte sich der Selbstprüfung: Körpersprache – Sprache – Stimme entziehen.

4. Nicht alle Menschen haben von Natur aus eine so kräftige Stimme, wie sie im Ungang mit Betagten und dadurch mit vielen Schwerhörigen erforderlich ist. Daher ist ein Mikrofon mit Verstärker dann unverzichtbar, wenn eine Gruppierung Betagter beisammen sitzt für eine geplante Aktivität. Mikrofoneinsatz ist selbstverständlich zwingend geboten bei allen größeren und großen Veranstaltungen. Der Benutzer eines Mikrofons sollte den veränderten Sprachklang testen und bei Bedarf korrigieren, gegebenenfalls muß vorher die erforderliche Veränderung des Sprachklangs mehrmals geübt werden.

5. Trotz mancher Hilfsmittel ist Sprechen anstrengend, zumal bei mangelhafter Luftfeuchtigkeit in manchen Räumlichkeiten. Wirksames Mittel für Sprecher ist Mineralwasser mit Kohlensäure. (Nicht von ungefähr haben Redner ein Wasserglas auf dem Pult stehen.) Gut bewährt hat sich auch, vor längerem Sprechen schwarzen Tee (ohne Milch) zu trinken. Wer, wie Aktivierungsbetreuer, sehr oft eine klangvolle Sprechstimme entwickeln muß, kann den Trick erfahrener Schauspieler benutzen: Im Regen spazierengehen (mit Schirm, versteht sich).

Hinweis:

Um in jedem Fall von schwerhörigen Betagten verstanden zu werden, muß der Aktivierungsbetreuer besonders deutliche Lippenbewegungen beim Sprechen machen. So gelingt es doch manchen fast tauben Betagten, die zwar den Stimmklang nur undeutlich oder gar nicht mehr verstehen, die gesprochenen Worte selbst noch von den Lippen abzulesen. Diese Technik des Ablesens wenden Schwerhörige oft unbewußt an, oft aber wird diese Technik auch von den Einrichtungen der Schwerhörigen- und Taubstummenverbände vermittelt. Pflegepersonal sollte daher grundsätzlich diese Deutlichkeit der Lippenbewegungen üben und praktizieren.

8.3 Der Betagte als Zuhörer

In Einrichtungen der Altenhilfe ist die Zahl lesender Betagter erschreckend gering. Das hat verschiedene Gründe: Die einen sind es nicht gewohnt zu lesen, die anderen würden gerne lesen, sind aber sehschwach geworden. Manche Betagte haben feinmotorische Schwierigkeiten und könne die Seiten von Büchern/Zeitschriften/Zeitungen nicht umblättern. Um einem betagten Personenkreis und/oder einem Bettlägerigen Freude zu bringen und für eine kleine Zeitspanne in eine andere Welt zu entführen, ist daher das Vorlesen besonders gut geeignet. Dabei gilt es, mit lebhafter Stimmführung Anfang und Schluß jeden Satzes zu markieren. Durch Stimmveränderung beim Vorlesen wird zusätzlich das Interesse des Betagten gefördert. Wichtig ist es, immer wieder kurze Pausen einzulegen, damit der Betagte eventuell sich zum Gehörten äußern kann. Für die Aktivierung durch Vorlesen sind die meisten Betagten recht dankbar, doch nur dann, wenn die Tonmelodie des Vorlesenden zum Zuhören einlädt und wenn das Vorlesen nicht zu lange hinausgezogen wird.

8.3.1 Methodik und Didaktik des Vorlesens

1. Methodische Hinweise

Zielvorstellung: Vorlesen soll sein:

- kurzweilig
- anregend
- spannend
- unterhaltsam
- eventuell auch ablenkend (von Krankheit und Mißbefindlichkeiten)

a) Sitzordnung der Zuhörer:
- Der Zuhörer sollte den Vorlesenden sehen und umgekehrt;
- Hörgeschädigte nahe zum Vorlesenden setzen.
- Grundsätzlich „Hörprobe“ machen und fragen, ob alle verstehen.

b) Der Vorlesende
- muß den Text, die Erzählung/Geschichte/Anekdote unbedingt kennen!
- Dringend zu empfehlen ist, daß fremdsprachige Namen von Personen, Städten, Landschaften usw. richtig ausgesprochen werden (Aussprache-Duden benutzen).

c) Im Vorspann:
- Autor vorstellen, Ort der Handlung, Land, eventuell Epoche und geschichtlichen Zusammenhang erklären;
- Hauptperson der Erzählung im voraus namentlich nennen (Gedächtnisstütze)!

d) Text in Szene setzen → wie mit verteilten Rollen:
- deutliche Aussprache
- gute Betonung
- Unterschiede in der Stimmlage, z. B. männliche/weibliche Rollen und Kinderstimmen unterscheiden.

- zwischendurch Blickkontakt mit den Zuhörern als Rückmeldung über Konzentrationsfähigkeit und die psychophysische Verfassung!

2. Didaktische Hinweise

a) sprachlich:
- Ist der Text klar und verständlich?
- Ist der Text nicht zu langatmig?
- Sätze sollten in der Regel nicht mehr als 15 Worte umfassen!!
- Texte mit häufigen Relativsätzen sind ungeeignet.
- Grammatikalisch besonders anspruchsvolle Formen („ich würde geglaubt haben wollen") sind gegebenenfalls zu vereinfachen oder zu meiden.

b) inhaltlich:
- Ist die Handlung erfaßbar?
- Sind nicht zu viele Schauplätze miteinander verquickt?
- Können fremdklingende Namen/Begriffe verstanden werden oder müssen sie erklärt werden?
- Enthält die Erzählung vielleicht kränkende Elemente, Beleidigungen für alte Menschen? (siehe 1.b)
- Paßt der Text in die Jahreszeit? (Oft ist es günstig, einen solchen Text auszuwählen. Andererseits jedoch können z.B. mit einer Sommergeschichte an einem trüben Wintertag die Gemüter aufgehellt werden. Die Textauswahl muß sich auch dabei stets an der emotionellen Situation in der Gruppe orientieren.)
- Gibt der Text gedankliche Impulse zum Zeitgeschehen, zur Gegenwart? Muß daher etwas erläutert werden? Können bei Texten mit Inhalten aus der Vergangenheit eventuell Vergleiche mit der Jetztzeit gezogen werden?
- Kann der Text gegebenenfalls eine Depression auslösen?

Sehr wichtig:

Vorlesende müssen immer sensibel sein für Anknüpfungspunkte, die sich aus dem Text ergeben und zu weiterer Aktivierung genutzt werden können.

8.3.2 Prosa und Poesie

1. Als Belletristik wird die erzählende, schöngeistige Literatur (auch Unterhaltungsliteratur) bezeichnet. Zur Belletristik zählen Romane, Novellen, Erzählungen, Kurzgeschichten, Skizzen, Essays, Biographien, Schwänke, Satiren, Glossen, Tiergeschichten. Belletristik wird fast durchgehend in Prosa abgefaßt und bedeutet Rede oder Schrift in ungebundener Form (im Gegensatz zur formgebundenen Poesie im Gedicht).

2. Eine Zwischenstellung nimmt das Epos ein, eine erzählende Versdichtung oder auch ein Heldengedicht, das häufig Stoffe der Sage oder Geschichte behandelt

3. Gedichte, seien es Schilderungen der Natur oder Sinngedichte, Balladen (Schilderung einer oft dramatischen Begebenheit) oder Beschreibung von Gefühlen (z. B. Liebesgedichte) gehören alle, im Gegensatz zur Prosa, zur Poesie. Sie ist die anspruchsvollste Sprachform überhaupt, gerät aber oft in Gefahr, durch das Unvermögen der Urheber in nichtssagende Allgemeinplätze und gefühlsselige Klischees abzugleiten.

8.3.3 Literatur als Lebensspiegel

Literatur ist die subjektive Betrachtung und Spiegelung der Welt. Sämtliche Eindrücke, die von den Sinnen aufgenommen werden, versucht Literatur in sprachlicher Gestaltung wiederzugeben: Optische und akustische Eindrücke, Geruchs- und Geschmackreize, sensorisch-taktile Reize und Reize, die im eigenen Körper wahrgenommen werden, Schmerzen inklusive. Diese ganze Erfahrbarkeit, die Mechanismen, all das spiegelt Literatur, indem sie einerseits die Dinge beschreibt und andererseits in neuen Zusammenhang stellt. In der Erzählung, dem Roman, der Novelle und Kurzgeschichte werden Lebenssituationen geschildert, die sich so oder ähnlich vollziehen oder vollzogen haben. Erzählende Literatur also hat immer eine gewisse Lebensnähe, auch dann, wenn diese Literatur phantastische Elemente einschmilzt. Eine besonders dichte Form der Vermischung von Phantasie und Realität, von Ängsten und Erotik, von gesellschaftlichen Bedingungen und sozialpolitisch wirksamen Kulturnormen, ist im Märchen vorhanden.

Literatur spiegelt jedoch nicht nur sprachlich das, was Menschen tun, fühlen und denken und was sie im Widerspiel mit der Natur empfinden. Literatur transportiert mit Hilfe der Sprache ein Stück Außenwelt in die Innenwelt (des Lesers). Sinneseindrücke, ausgelöst durch sprachliche Schilderungen, werden in der Innenwelt wahrgenommen und subjektiv bewertet. Die aufgenommenen Reize lösen also Gefühle aus. Demnach bewirkt Literatur eine Verschränkung von Außen- und Innenwelt. Die Literatur ist damit sowohl Mehrfachspiegel für den Autor wie für den Leser oder Hörer und damit Abbild des Lebens selbst.

8.3.4 Abriß der Literaturgeschichte

Weltliteratur

Der Großteil aller literarischen Zeugnisse vor unserer Zeitrechung, also rund 3 000 Jahre, ist zerstört oder verschollen. Als erstes noch erhaltenes Zeugnis und gleichzeitig großartiger Beginn der Weltliteratur und damit auch der Literaturgeschichte gilt das in Keilschrifttafeln festgehaltene Gilgamesch-Epos aus

Ur (heute Irak). – Durch den Brand der Bibliothek im ägyptischen Alexandria (47 v. Chr.) wurden unersetzliche Werke vernichtet, denn auf 700 000 Papyrusrollen war die gesamte schöngeistige und wissenschaftliche Literatur der damaligen Welt festgehalten worden. Fast ausschließlich der arabischen Hochkultur und ihren unermüdlichen Übersetzern vom 7. bis 11. Jahrhundert ist es zu verdanken, daß uns viele lateinische und griechische Autoren noch bekannt sind. So wurden die Abhandlungen des bedeutendsten Arztes im Altertum (nach Hippokrates), Galen (129–199 n. Chr.), abgeschrieben und übersetzt. Meist über das damals noch arabische Spanien gelangten diese Arbeiten in die Klöster Mitteleuropas und wurden dort in den Schreibstuben von Mönchen kopiert.

Wie in allen künstlerischen Bereichen hat sich auch in der Literatur keine gleichmäßige Entwicklung vollzogen; vielmehr sind herausragende Leistungen und zeitlos gültige Formulierungen sowohl vor zweieinhalbtausend Jahren als auch erst vor einigen Monaten geschaffen worden. Zwar werden bestimmte Ausdrucksformen in manchen Epochen bevorzugt, doch Literatur, die Bestand hat, wird stets über den Rahmen des Zeitgebundenen hinaus Allgemeingültigkeit beanspruchen können. Als Kernsatz für den Leseanfänger kann immer noch gelten: „Vier Sachen muß man gelesen oder wenigstens angelesen haben: Homer, Dante, Shakespeare und Goethe. Alles andere kommt danach." In der Weltliteratur bündelt sich auf unnachahmliche Weise der Erfahrungsreichtum des Menschseins. Deshalb ist für jeden die Beschäftigung mit Weltliteratur ein persönlicher, substantieller Zugewinn, eine Bereicherung für Seele und Geist.

Speziell zur Gestaltung von Aktivierungsprogrammen, und darüber hinaus zu einem vertieften Verständnis für Menschen allgemein, ist die Verwendung und Einbindung von Weltliteratur von großem Nutzen. Die nachfolgenden Zeittafeln können nur grober Orientierungsrahmen und Anregung zu gezieltem Lektüreaufbau sein.

Zeittafel der Weltliteratur

Vor unserer Zeitrechnung:

Um 2000	**Altertum**	Gilgamesch-Epos
Um 1200–700		Die Bibel (Altes Testament)
8. Jh		Homer
Um 600–300		Bhagavadgita
400	**Klassische Antike**	Sophokles (um 496–406)
		Platon (427–347)
300		Aristoteles (384–322)
100		Ovid (43–18 n. Chr.)

Moderne Zeitrechnung		
100	**Kaiserzeit**	Marc Aurel (121–180)
		Die Bibel (um 100, Neues Testament)
400		Augustinus (354–430)
700	**Mittelalter**	Der Koran (7. Jh.)
1000		Die Edda (von 1000–1200)
1300		Dante Alighieri (1265–1321)
		Giovanni Boccaccio (1313–1375)
		Geoffrey Chaucer (um 1340–1400)
		Hafis (um 1320–um 1390)
1550	**Neuzeit**	Miguel de Cervantes (1547–1616)
		William Shakespeare (1564–1616)
		Michel de Montaigne (1533–1592)
1650		Pedro Calderon de la Barca (1600–1681)
		Molière (1622–1673)
1700		Laurence Sterne (1713–1768)
1750		Voltaire (1694–1778)
		Jean-Jacques Rousseau (1712–1778)
1800		Lord Byron (1788–1824)
		Edgar Allan Poe (1809–1849)
		Charles Dickens (1812–1870)
1850		Gustave Flaubert (1821–1880)
		Arthur Rimbaud (1854–1891)
		Walt Whitman (1819–1892)
		Iwan Turgenjew (1818–1883)
		Fjodor M. Dostojewski (1821–1881)
		Oscar Wilde (1856–1900)
1900	**20. Jahrhundert**	Marcel Proust (1871–1922)
		James Joyce (1882–1941)
		Federico Garcia Lorca (1898–1936)
		Maxim Gorki (1868–1936)
		Ernest Hemingway (1899–1961)
		Paul Valéry (1871–1945)
		Virginia Woolf (1882–1941)
1950		Ezra Pound (1885–1972)
		Jorge Luis Borges (1899–1986)

Literatur im deutschsprachigen Raum

Erstmals im Jahr 842, in den „Straßburger Eiden", wird ein und derselbe Text in altfranzösischer und althochdeutscher Sprache abgefaßt und ist somit das älteste Dokument der sprachlichen Trennung zwischen Ost- und Westfranken. In beiden Ländern entwickelte sich ziemlich rasch eine nationalsprachliche Literatur.

Zeittafel der Literatur im deutschsprachigen Raum

8. Jh	**Germanische Dichtung**	Hildebrandslied
1000	**frühes Mittelalter**	Heliand (um 830)
		Hrotswitha von Gandersheim (935–980)
1200	**Hochmittelalter**	Wolfram v. Eschenbach (um 1170–1220)
		Walther v. d. Vogelweide (um 1170–1230)
1300	**Spätmittelalter**	Meister Eckhart (um 1260–1327)
1500	**Beginn der Neuzeit**	Erasmus von Rotterdam (um 1466–1536)
		Martin Luther (1483–1546)
		Hans Sachs (1494–1576)
1600	**Barock**	Andreas Gryphius (1616–1664)
		H. v. Grimmelshausen (um 1621–1676)
1700	**Aufklärung Rokoko**	Friedrich Gottlieb Klopstock (1724–1803)
1750		Gotthold Ephraim Lessing (1729–1781
		Christoph Martin Wieland (1733–1813)
1800	**Klassik**	Johann Wolfgang Goethe (1749–1832)
		Friedrich Schiller (1759–1805)
		Friedrich Hölderlin (1770–1843)
		Heinrich von Kleist (1777–1811)
	Romantik	Joseph von Eichendorff (1788–1857)
		Heinrich Heine (1797–1856)
		Georg Büchner (1813–1837)
	Biedermeier	Adalbert Stifter (1805–1868)
		Annette v. Droste-Hülshoff (1797–1848)
1850	**Bürgerlicher Realismus**	Theodor Storm (1817–1888)
		Theodor Fontane (1819–1898)
1900	**Naturalismus**	Gerhart Hauptmann (1862–1946)
	Impressionismus	Georg Trakl (1887–1914)
	Wiener Moderne	Arthur Schnitzler (1862–1931)
	Symbolismus	Stefan George (1868–1933)
		Rainer Maria Rilke (1875–1926)
	20. Jahrhundert	Thomas Mann (1875–1955)
		Hermann Hesse (1877–1962)
		Franz Kafka (1883–1924)
		Robert Musil (1880–1942)
		Anna Seghers (1900–1983)
		Bertolt Brecht (1898–1956)
1950		Max Frisch (1911–1991)
		Paul Celan (1920–1970)
		Heinrich Böll (1917–1985)
		Nelly Sachs (1891–1970)
		Günter Grass (geb. 1927)
		Hans Magnus Enzensberger (geb. 1929)

Um Aktivierung so erfolgreich wie möglich zu gestalten, sollte nach deutschsprachiger Literatur gesucht werden, die in der voranstehenden, zwangsläufig eng begrenzten Liste keine Aufnahme finden konnte. Besonders regional gefärbte Literatur kann erfahrungsgemäß sehr gut eingesetzt werden, um den Betagten freundliche Erinnerungsmomente an ihre Heimat zu vermitteln. Dabei ist jedoch jeweils die Zusammensetzung des Zuhörerkreises zu beachten und dafür zu sorgen, daß Betagten, die nicht aus der Region stammen, die Zusammenhänge und Eigenheiten erklärt werden. Stets müssen auch diese Texte vor Verwendung überprüft werden, ob sich mögliche stimmungstrübende Passagen darin finden, die gegebenenfalls weggelassen werden müssen.

8.3.5. Qualitätskriterien

Wichtig ist für die Beurteilung, ob der Urheber eines Textes erstens originär, d. h. ursprünglich im Sinne von neuartig und unverwechselbar ist, und zweitens originell, also ideenreich ist. Beide Eigenschaften beziehen sich sowohl auf die Sprache (Wortwahl und Satzbau) als auch auf den Textinhalt. Alle wirklich große Literatur zeichnet sich aus durch Originalität der Sprache und der verwendeten Bilder, Vergleiche, Schilderungen und Ausdrücke. Da ist zum einen die Sprache selbst, die von einem Autor verwendet wird. Sie muß handwerklich einwandfrei sein, darf weder grammatikalisch noch semantisch Fehler aufweisen; der Satzbau hat auch dann noch verstehbar zu sein, wenn er sich komplizierter Strukturen bedient.

Für Literatur gilt stets: Nicht äußerliche Form oder Umfang sind maßgebend – z. B. Roman oder Kurzgeschichte oder Gedicht –, sondern die schöpferische Kraft, der unverwechselbare Ton, die einmalige Schönheit. Hingegen benützen Heftchenromane immer und viele Unterhaltungsromane oft (z. B. Rosamunde Pilcher, Konsalik, Barbara Cartland) Sprach- und Handlungsklischees, die – nur kaum verändert – zueinandermontiert werden. Es werden keine Charaktere gezeichnet, sondern Typen. Diese Literaturgattung wird als Trivialliteratur bezeichnet und hat ihren Ursprung im 18. Jahrhundert. Trivialliteratur ist ideell völlig wertlos, doch rein sprachhandwerklich oft professionell aufbereitet.

Hinweis:

In der Aktivierung sollte keine Trivialliteratur verwendet werden. Es gibt genügend qualitativ hochstehende Literatur, die sich bestens zum Vorlesen bei Betagten eignet. Wer selbst Literatur nicht oder nur unzureichend kennt, kann sich, zumindest was die Qualität anlangt, in einer guten Buchhandlung beraten lassen. Der Text selbst muß daraufhin untersucht werden, ob er sich für den Betagtenkreis verwenden läßt und welche Textteile unter Umständen gestrichen werden müssen, um verstimmungsauslösende Momente von vornherein auszuschalten.

8.3.6 Aktivierungsgerechte Textauswahl

Um die Erinnerung und Phantasie Betagter zu beleben, muß der Text, der Vorlesestoff, in der sprachlichen Gestaltung plastisch und farbig sein. Nur dann kann eine Erzählung, eine Geschichte, ein Gedicht die Betagten fesseln, ablenken und in eine andere Welt entführen. Die Gedanken werden im Sinn des Wortes nach draußen gelenkt, weg von der Pflegestation, weg von den momentanen Befindlichkeiten und hin zum Schauplatz des Vorlesestoffes.

Wegen der verlangsamten Denk- und Reaktionsweise mancher Betagter empfiehlt sich zur Einführung des Lesestoffes ein kurzer Vorspann durch den Vorlesenden, um die Gedanken der Betagten rasch auf den Text zu lenken. Um das geweckte Interesse wachzuhalten, darf die Vorlesezeit sechs bis acht Minuten nicht überschreiten. Bei längeren Vorlesestücken ist empfehlenswert, deren Inhalt und die beschriebenen Geschehnisse durch entsprechende Materialien zu verstärken. Wirken die Zuhörer angeregt, kann mit einer Überleitung wieder an den Lesestoff angeknüpft werden.

8.3.7 Material zur ergänzenden Unterstützung

Vorlesestoff ist auch stets dahingehend zu prüfen, ob und wie er sich durch weitere Sinnesreize intensivieren läßt: Zu denken ist an optische Reize, akustische Reize, Hautreize, Düfte und Gerüche. Durch Mehrfachaktivierung können ganze Assoziationsketten ausgelöst werden. Selbst retardierte Persönlichkeiten sprechen oft völlig überraschend auf einen der Sinnesreize an, auch dann, wenn Sinn und Handlungsablauf des Vorgelesenen nicht verstanden werden konnte.

8.3.8 Einsatz von Tonträgern

Vorlesestoff läßt sich nicht nur mit Liedern und Musikstücken untermalen, sondern auch mit spezifischen Geräuschen, die im jeweiligen Text vorkommen. Hierfür gibt es sehr gute Geräuschekassetten/CDs.

Beispiel
Eine Geschichte vom Frühling wirkt durch Vogelstimmen (die zu erraten sind) besonders reizvoll, weckt viele Erinnerungen und belebt das Gespräch.

8.3.9 Planungskriterien

Um das Vorlesen reibungslos zu gestalten, sind notwendige Voraussetzungen zu schaffen. Nichts wirkt in der Aktivierung so störend wie Unterbrechungen aufgrund mangelnder Vorbereitung.

personenbezogene Planung	**sachbezogene Planung**
– Brille	– Lesestoff bereithalten
– Hörgerät	– ergänzendes Material bereithalten
– Taschentuch	– Tonträger: Kassetten einsatzbereit spulen
– bequeme Sitzposition	– Lichtquellen
– Getränke bei Bedarf	– Sauerstoffzufuhr

Hinweis:

Vorlesende haben darauf zu achten, daß ihre Kleidung als Blickfang wirkt: Leuchtende Farben ziehen die Blicke fast magisch an. Die Betagten blicken erfahrungsgemäß gebannt und gespannt auf den Aktivierungsbetreuer, die Konzentration erhöht sich und gerade Sehschwache werden durch die aktivierende Farbgebung der Kleiderwahl aufmerksam.

9 Programmgestaltung

Durch die Koppelung verschiedener Reize werden Gedächtnisleistung und Phantasie der Betagten belebt. Dabei spielt keine Rolle, ob ein Programm (Kulturprogramm) in kleinerem Rahmen auf der Pflegestation bzw. vom ambulanten Pflegedienst oder in größerem Stil für alle Hausbewohner eines Heimes angeboten wird: Jedes Thema muß bearbeitet und sorgfältig auf- und ausgebaut werden. Durch Musik, Literatur, Spiel (z. B. darstellendes Spiel in Form von Sketchen), Werkstücke, Gedächtnistraining, Sprichwörter und Redensarten und anderes läßt sich ein Thema wie aus Mosaiksteinchen zusammensetzen. Mit dieser Vielfalt sind hervorragende Möglichkeiten gegeben, Biographie und Kulturkreis der Betagten einzubeziehen, auf Sitten und Bräuche außerhalb der Region einzugehen.

9.1 Grundlegende Kriterien

Aktivierende Programmgestaltung erfordert vielseitige, phantasievolle Überlegungen, sowohl in bezug auf ein Thema als auch auf die zur Realisierung notwendigen Vorbereitungsarbeiten. Ein betagter Personenkreis setzt sich aus nur wenigen Gesunden, viel mehr aber aus Hörgeschädigten (evtl. Gehörlosen), Sehschwachen und Blinden, Dementen, Alzheimer-Kranken und mehrfach Behinderten zusammen. (Um nur einige Krankheitsbilder zu nennen.) Neben den unterschiedlichen Gebrechen sind die Betagten unterschiedlicher Herkunft, kommen aus unterschiedlichen Kulturkreisen (noch mehr zu beachten wegen 350 000 Ausländern, die bereits in Rente sind und in Deutschland bleiben werden) und haben dazu noch ihre schichtenspezifische Biographie.

Ein Programm bzw. das Thema kann nur *erlebnisaktivierend* sein, wenn sich

- optische Reize = Kulissen, Schaustücke
- akustische Reize = Musik, eine Melodie, Geräusche
- olfaktorische Reize = Düfte, Gerüche
- sensorische Reize = Befühlen, Betasten von Material

in sinnvoller und sinngebender Weise ergänzen.

9.2 Themenbearbeitung

Anhand des berühmten *roten Fadens* muß das jeweilige Thema so anschaulich bearbeitet werden, daß ein „inwendiges Kino“ bei den Betagten ensteht: Längst vergessene Bilder tauchen auf, verbinden sich mit Namen und Menschen, verdichten sich zu Szenen gehabter Erlebnisse.

Am nachfolgenden Beispiel Marktplatz mit gedachtem Krämermarkt soll gezeigt werden, wie die Gedanken der Betagten an den Ort des Geschehens zu lenken sind und wie die Aktivierungsbetreuer anhand eines groben Rasters den *roten Faden* selbst nicht verlieren.

9.2.1 Beispiel „Marktplatz“

Marktplatz (mit Krämermarkt)
Geselliges Programm, ca. 45 min

<table>
<tr><th colspan="2">Stichworte</th><th colspan="5">Inhalte</th><th>Utensilien</th></tr>
<tr><td>1.</td><td>Kram</td><td colspan="5">Woher kommt das Wort Krämermarkt? –
Kleine Kulturgeschichte des Marktes</td><td>Information aus Herkunftswörterbuch</td></tr>
<tr><td>2.</td><td>Krämermarkt</td><td colspan="5">Wer hat Erinnerungen an einen Markt? ....</td><td></td></tr>
<tr><td>3.</td><td>Einstimmung</td><td colspan="5">Schwatzen, Lachen… über…</td><td>Geräuschkassette: Menschenansammlung</td></tr>
<tr><td></td><td></td><td colspan="5">Kategorien des Warenangebots</td><td></td></tr>
<tr><td>4.</td><td>Wir gehen von Stand zu Stand</td><td>Süß- u. Eßwaren</td><td>Gewürze</td><td>Haushaltswaren</td><td>Wäsche</td><td>Oberbekleidung</td><td rowspan="2">Duftöle wie z.B. Zimt, Zitrone, Nelken, Lavendel.
(Auf Wunsch: 1 Tropfen echtes Duftöl auf Handrücken der Betagten geben.)</td></tr>
<tr><td>5.</td><td>Gedächtnistraining: Aktivierungsbetreuer schreibt alle genannten Artikel mit!</td><td></td><td></td><td>Muster</td><td></td><td></td></tr>
<tr><td>6.</td><td>Volksmusik</td><td colspan="5">…zur Auflockerung…</td><td></td></tr>
<tr><td>7.</td><td>Fortsetzung zu 5.</td><td>Kurzwaren</td><td>Spielzeug</td><td>Werkzeug</td><td>Gartengeräte</td><td>Schuhe</td><td></td></tr>
<tr><td></td><td></td><td></td><td></td><td></td><td></td><td></td><td></td></tr>
<tr><td colspan="8"><u>Hinweis:</u> Fertigen Sie eine Liste (DIN A4) mit dem Warenangebot an.
– Von den einzelnen Kategorien können 20 und mehr Artikel genannt werden.</td></tr>
<tr><td>8.</td><td>Ansage</td><td colspan="5">Die Artikel der einzelnen Kategorien werden nun gezählt.</td><td>Bleistift</td></tr>
<tr><td>9.</td><td>Aktivierungsbetreuer…</td><td colspan="5">zählt laut vor sich hin…</td><td></td></tr>
<tr><td>10.</td><td>Kopfrechnen…</td><td colspan="5">…mit den Betagten:
Alle Posten zusammenzählen</td><td></td></tr>
<tr><td>11.</td><td>Lob! –</td><td colspan="5">…fürs Mitmachen, Erinnern, für alle Beiträge</td><td></td></tr>
<tr><td>12.</td><td>Abschluß des Programms</td><td colspan="5">Aus der Aufzählung vom Süßwaren-Marktstand werden die Lebkuchenherzen herausgegriffen. (Falls in Aufzählung nicht vorhanden, sollte der Aktivierungsbetreuer den Begriff nachtragen.)</td><td rowspan="2">Lebkuchenherz(en) je nach Anzahl der Teilnehmer</td></tr>
<tr><td>13.</td><td>Frage</td><td colspan="5">Wissen Sie noch, was früher in Zuckerglasur auf den Lebkuchen stand?</td></tr>
</table>

14.	Aufzählung	... der Wörter oder Sprüche durch die Betagten ... ... Der Aktivierungsbetreuer schreibt mit und ergänzt die Sprüche, falls nötig... ...	
15.	Vorlesen	... oder lesen lassen: Spruch auf dem Lebkuchenherz	
16.	Lebkuchen-herz	... in kleine Stückchen schneiden und den Betagten anbieten; vor dem Verzehr zum...	
	Riechen...	auffordern	
	Gewürze...	bestimmen lassen.	

Und so bestückte eine Gruppe Betagter die Marktstände

Süß- u. Eßwaren	**Gewürze**	**Haushalts-waren**	**Wäsche**	**Oberbe-kleidung**
Gebrannte Mandeln Bonbons Berliner Zuckerwatte Honig Äpfel Waffeln Nüsse Pfefferminz Laugenbrezel Belegte Brötchen Saiten- würstchen Wiener Würstchen Pizza Hustenbonbon Schweizer Kräuterzucker Eukalyptus Coca-Cola Bier Glühwein Schnaps	Zimt, gemahlen Zimt, Stangen Vanille Pfeffer Salz Thymian Majoran Oregano Muskat	Milchkanne Töpfe Schüsseln Seiher Siebe Fleischwolf Kochlöffel Bestecke Suppenkelle Schneebesen Schneerädle Kaffeemühle Tee-Ei Korkenzieher Flaschenöffner Spätzlemesser Spätzlebrett Spätzleschaber Quirl Schere Fensterleder	Topflappen Geschirrtücher Handtücher Staubtücher Badetücher Bettwäsche Leintücher Tischtücher Wachstücher Servietten	Röcke Pullover Blusen Kleiderschürzen Trägerschürzen Küchenschürzen Handschuhe Schals Strickjacken Kleider Hüte Mützen Mäntel

Aufgabe:
Lesen Sie die Rubrik **Haushaltswaren** aufmerksam.
- Was ist an der Reihenfolge der Aufzählung auffällig?
- Was läßt sich daraus schließen?

Nachbemerkung
Das Thema Krämermarkt fördert die emotionale Aktivierung außerordentlich. Daß jemand noch nie auf einem Markt war, ist selten.

Hinweis
Schaustücke zu verwenden, ist empfehlenswert, aber es kann keine Vorgabe gemacht werden: Jeder Aktivierungsbetreuer muß selber sehen, ob Marktartikel/Scherzartikel, z. B. Pfeife, Blechfrosch, Hupe usw. verfügbar sind, besorgt oder auch ausgeliehen werden können, um sie an passender Stelle wirkungsvoll einzusetzen.

9.2.2 Jahreszeitliches Programm

Jahreszeitliche Programmgestaltung ist unerläßlich. Sie hilft nicht nur, das Jahr zu strukturieren, sondern auch das Zeitgefühl der Betagten. Dies ist für alle, insbesondere aber desorientierte Betagte bedeutsam, die viel zu selten in Berührung mit der Natur und dem Wetter kommen. Mit spezifischen Naturalien lassen sich die vier Jahreszeiten sogar ins Haus oder auf die Pflegestation holen. Sind Naturalien schwer aufzutreiben, z. B. in der Großstadt, läßt sich Anschauungsmaterial auch im Werken gestalten (siehe Werkbögen). Eventuell kann das eine oder andere Material auch beim Gärtner besorgt werden.

9.2.3 Modellbeispiele Jahreszeitenprogramme

Alle Programme sind für einen Zeitraum von 45 Minuten ausgelegt. Wenn erforderlich, können diese Programme auch durch Musik, gemeinsames Singen, Vorlesen von Texten oder Bildbetrachtung zeitlich verlängert werden. Allerdings ist zu berücksichtigen, daß für gewöhnlich die Aufnahmekapazität der Betagten nach einer ¾ Stunde erschöpft ist. Andererseits sollte diese Zeit auch nicht unterschritten werden, da die Aufnahmebereitschaft der Betagten in vielen Fällen erst nach einem gewissen Anlauf erreicht wird.

Modellbeispiel: „Mai"

Monat Mai	Geselliges Nachmittagsprogramm
Dekoration Gemeinsames Lied Gespräch	Maibäumchen (Tischmodell) „Der Mai ist gekommen..." Maibräuche... Die Wanderung wird aus der Erzählung herausgegriffen
Spiel als Gedächtnistraining	**Wir packen einen Rucksack:**
	In der ursprünglichen Form des Spiels müssen die Teilnehmer jeweils alle Begriffe aufzählen. Dies überfordert die PB aber, deshalb wird folgendermaßen abgewandelt: Jeder Spieler versucht, sich nur zu merken, was er selber in den Rucksack tut. Als Spielleiter beginnt der Aktivierungsbetreuer:

	AB	*„Wir packen einen Rucksack, Frau B, was wollen Sie mitnehmen“?*
	Frau B:	„Eine Orange.“
	AB	*„Gut, eine Orange“,*
		AB muß den Begriff deutlich wiederholen,
		„und was nehmen Sie mit, Frau A?“
	Frau A	„Brot.“ AB provozierend Frau B zugewandt:
		„Sie nehmen mit…?“
	Frau B	*„Eine Orange.“*
	AB	*„… und?“*
		blickt dabei Frau A ermunternd an
	Frau A	*„Brot.“*
	AB	*„Und, Frau M, was nehmen Sie mit?“*
	Frau M usf.	*„Sprudel-Saftgetränk.“*
Wichtig! Für eine Spielrunde jeweils nur aus einer Kategorie wie – Vesper – Bekleidung – Schutz/Vorbeugung die Begriffe auswählen lassen. Die Gedächtnisleistung ist bei der Eingrenzung der einzelnen Bereiche erhöht.	So „sammelt“ der AB reihum den Rucksackinhalt, indem jeder Spieler immer wieder nach seinem Begriff gefragt wird. Da keine homogene Gruppe geschaffen werden kann, sitzen zwischen den aktiven PB auch alle, die sich nicht mehr erinnern oder nicht mehr sprechen können. Um sie dennoch ins Spiel einzubeziehen, bestimmt der AB für den betreffenden PB einen Gegenstand, z. B. das Lieblingsobst, Schokolade usw. Kommt nun die Reihe an diesen PB, benennt der AB den Gegenstand und sagt mit Blickkontakt zum PB z. B.: „So, und Frau S. packt Schokolade in den Rucksack.“ Damit sind alle Teilnehmer ins Spiel integriert, und das soziale Zugehörigkeitsgefühl der retardierten Persönlichkeiten bleibt erhalten. Nach einer Spielrunde ist der Rucksack gepackt. Vor einer Überforderung und dem dadurch erzeugten Unlustgefühl der PB muß sich der AB hüten, auch und gerade dann, wenn die Runde weitermachen möchte.	
Gemeinsames Wanderlied	… nach Vorschlag, oder: „Das Wandern ist des Müllers Lust…“	
dazu: Kreislauftraining	Wippen mit den Füßen	
Gedächtnistraining	Was wir bei einer Wanderung alles sehen und hören können (s.u.)	
Lied (gemeinsam)	„Der Mai, der Mai, der lustige Mai“	

Modellbeispiel: „Maiwanderung“

So packen unsere PB den Rucksack:

Vesper:

- Orange
- Brot
- Sprudel-Saftgetränk
- saure Drops
- Bananen
- Landjäger
- Käse
- Tee (Thermosflasche)

Bekleidung

- Jacke
- Socken
- Ersatzschuhe
- Regenmantel
- Schim
- Ledermantel
- Hut
- Wanderschuhe

Schutz/Vorbeugen/Hilfsmittel

- Sonnenbrille
- Sonnenöl
- Sonnencreme
- Pflaster
- Elastikbinde
- Taschenmesser
- Schnur
- Dreiecktuch
- Taschentücher
- Schere

Was sehen wir im Wald:

- Maiglöckchen
- Waldmeister
- Tannenzapfen
- Fichtenzapfen

Was sehen wir auf der Wiese?

- Löwenzahn
- Gänseblümchen
- Sauerampfer
- Margeriten
- Dotterblumen
- Salbei

Was hören wir?

- Amsel
- Drossel
- Fink
- Star
- Buchfink
- Zaunkönig
- Spatzen

Der Liedvers aus „Alle Vögel sind schon da …“ ist stets abrufbar.

Besonderheiten am Weg:

(in diesem Falle)

- die Nagold
- Klosterhotel
- Marienkirche
- Klosterruine

Was riechen wir?

- Blüten
- Tannengrün

Ich meine, noch einen Beitrag zu vernehmen und spreche die betreffende PB an. Sie antwortet: „Ich habe nichts gesagt, es sieht bloß laut aus.“

Modellbeispiel: „Dezember"

Monat Dezember	Geselliges Nachmittagsprogramm
• Dekoration:	Adventskranz
• Gemeinsames Lied:	„Es ist für uns eine Zeit…"
• Anregung aus der Zeile:	„Es schlafen Bächlein und Seen unterm Eise…"
• Gedächtnistraining:	Vom Büblein auf dem Eis (v. Fritz Güll) Der AB liest langsam und läßt die PB die einst erlernten Verse mitsprechen; er ergänzt nur, wo nötig.
• Gemeinsames Lied:	„Leise rieselt der Schnee…"
• Der AB liest:	Die stillste Zeit im Jahr (v. K. H. Waggerl) Nach dem Schluß
• Anregung aus der Zeile:	„Überhaupt ist ja der Advent die Zeit der köstlichen Gerüche…"
• als Gedächtnistraining:	Gewürze, die zur Weihnachtsbäckerei verwendet werden: z. B. Zimt, Vanille…
• Unterstützung:	durch den olfaktorischen Reiz der entsprechenden Gewürze: Der AB läßt die PB an Gewürzproben schnuppern. Möglicherweise verbinden sich damit Geruchs- und Geschmackserinnerungen.
• Gewürztropfen reihum auf die Handrücken der PB geben. Schweigepflicht, bis alle den Geruchsstoff haben und alle raten können, z. B. Zimt:	Herkunft und Gewinnung des Zimtes.
• Gedächtnistraining:	Gebäcksorten, die von den PB früher gebacken wurden.
	Anmerkung: Im Verlauf der Dezembertage werden die Geruchsstoffe gewechselt und z. B. Rosenwasser, Nelken usf. verwendet.

9.2.4 Feste in der Jahreszeit

Den Festen in der Jahreszeit ist größte Bedeutung zuzumessen. Sie sind Ersatz für sämtliche Feste, die Betagte früher selbst gestaltet oder dabei mitgewirkt haben, sei es im häuslichen Kreis, in Vereinen, Chören oder sonstigen Vereinigungen. Dabei ist zu bedenken, daß ein pflegebedürftiger Personenkreis völlig abhängig ist von den kulturellen Angeboten einer Institution (Heim, Pflegedienst, Privatpflegende etc.).

Feste sind Höhepunkte im Jahresablauf und bedeuten

- Vorfreude
- Veränderung der Gefühle
- Geselligkeit
- Kontaktaufnahme
- Kontaktpflege
- Ablenkung vom Alltagstrott

Wichtiger Hinweis:

Auch bei Festen müssen künftig, mehr als bisher, Biographie und Kulturkreis der Betagten berücksichtigt werden.

9.2.5 Modellbeispiele

Modellbeispiel: „Herbstfest mit neuem Wein und Zwiebelkuchen"		Utensilien
• Dekoration:	Girlanden aus Weinlaub und Trauben Werkbogen S. 64	
• Tanzmusik	volkstümlich, zur Einstimmung, bis alle Betagten an den Plätzen sitzen	• Kassette
• Bewirtung		
Programmfolge • Gemeinsames Lied:	Wohlauf, die Luft geht frisch und rein Vers 1 und 2	• Kopien (Großdruck)
• Stichwort:	Frankenwein: Wer kennt spezielle Flaschenform? = Boxbeutel	
• Weingebiete	in Württemberg? ... in Baden? ... Sonstige? ...	• Literatur
• Gedächtnis-training	Weinsorten? ... Traubensorten? ...	
• Gemeinsames Lied:	Im Krug zum grünen Kranze	• Kopien (Großdruck)
• Geschichte des Weines in vereinfachter Form dargestellt:	Wahrscheinlich erstmals Anbau im heutigen Armenien; mit Sicherheit im 4. Jahrtausend v. Chr. im Zweistromland ? Wie heißen die beiden Ströme? = Euphrat und Tigris Im 2. Jahrtausend kam der Weinbau nach Griechenland, von dort nach Italien, dann nach Südfrankreich und über die von Römern eroberten Gebiete nach Nordeuropa	• Entsprechende Literatur
• Wiederholung:	Anbaugebiete in Württemberg: ...	
• Ergänzung:	Sogar in Tübingen und Reutlingen versuchsweise Weinanbau	
• Witze und Anekdoten...	um den Tübinger und Reutlinger Wein	• Gogenwitze/ Witzebuch
• Geräusch-kulisse:	Gaststätte (Hörspielgeräusche), währenddessen nochmals rundum	• Kassette
• neuen Wein...	einschenken = Affektverstärker!	

• Zungen-schleifer, gemeinsam gesprochen:	Wenn Wasser Wein wäre, wie wollten Weinsberger Weiber Windeln waschen?	
• Musik:	Alleweil ein wenig lustig alleweil ein wenig durstig... (aus dem Augsburger Tafelkonfekt)	• Kassette
	Nachbemerkungen Leider sind die meisten Trinklieder deutschtümelnd und/oder von den Texten her für Betagte nicht geeignet. *Die Geschichte des Weines* ist hervorragend geeignet, ausländische Mitbürger in das Programm mit einzubeziehen und nach Sitten und Bräuchen ihrer Herkunftsländer zu fragen.	

9.2.6 Themen aus dem Lebensumfeld

Durch die verschiedenen Biographien der Betagten ist bereits etwas über die vergangenen Lebensumfelder bekannt. Doch auch im Pflegeheim oder zu Hause können Betagte durch Programmaktivierung nach wie vor mit den mannigfachsten Lebensformen in Berührung kommen.

Themen:

- **Einkauf beim Metzger**
- **Wasser**
  - *Von der Wolke zum Vollbad –*
- **Kehrwoche**
  - *Zwischen Reinlichkeit und Putzwahn –*
- **Almauftrieb** (oder -abtrieb)
  - *Zwischen Hornvieh und Lebensfreude –*
  - *Von Buttertonne und Käselaib –*
- **Elektrizität**
  - *Vom Kraftwerk zur Glühbirne –*
- **Garten**
  - *Vom Radieschen zum Blühenden Barock –*
- **Waschtag**
  - *Vom Waschbrett zum gestärkten Spitzenkragen –*
- **Wie kommt das Fernsehen ins Haus?**

In den angeführten Themen aus dem Lebensumfeld stecken ungeahnte Gesprächsmöglichkeiten, zusammen mit den Betagten ein Programm zu entwickeln oder in kleinerem Umfang ein Gespräch zu entfalten.

9.2.7 Modellbeispiele

Am raschesten wird die Aufbereitung eines Modellbeispiels erfaßt, wenn dieses selbst entwickelt wurde.

Aufgabe: (schriftlich zu bearbeiten)

Thema: Beim Friseur – einst und jetzt

Zuerst Stichwortsammlung zum Umfeld Friseur:
- Kunden
- Einrichtung
- Materialien
- Werkzeuge
- evtl. Geschichte der Friseure und Haarmoden

Dann spezielles über:
- Haare (Schönheit, Pflege, Farbe, Veränderung durch Dauerwelle, Schnitt oder Ondulieren)
- Friseurberuf (Barbier, Coiffeur, Hairstylist)
- Frisierstube, Salon, Haarstudio
- Der Friseur in der Kunst; Oper, Operette (evtl. mit Tonträger), Schauspiel, Malerei, Werbegrafik

Wie wird dieses Thema mit seinen Inhalten betagtengerecht gestaltet?

Zum Lebensumfeld Betagter in der Institution gehört auch der Krankenhausaufenthalt, entweder der eigene oder der eines Mitbewohners. Dieser wird meistens zuerst im Eßzimmer der Pflegestation vermißt, denn dort bleibt sein Stammplatz leer. Folgende Aktivitäten haben sich in der Praxis als ausgesprochen gruppensozialisierend bewährt:

Thema Postkarte/Brief gemeinsam aufsetzen

Liegt ein Betagter im Krankenhaus, freut er sich über Post von den Mitbewohnern seiner Station, der Gymnastik- oder Werkgruppe. Briefwechsel ist auch zwischen Betagten und eventuell längerfristig erkrankten Mitarbeitern empfehlenswert: So wird Kontakt gehalten, die Namen bleiben im Gedächtnis – und zudem wird auch hierbei signalisiert, daß die betreffenden Kranken vermißt werden.

Planungskriterien für

Postkarte/Brief	Schreibutensilien, Adresse bereithalten
Bericht/Aufsatz	Schreibutensilien, genaue Kenntnisse über den jeweiligen Programmablauf unerläßlich (war der Aktivierungsbetreuer selbst nicht dabei, muß er sich eingehende Informationen besorgen vor dem gemeinsamen Abfassen des Manuskripts)

Bericht/Aufsatz über Feste, Ausflüge oder Feiern gemeinsam formulieren.
Als Rückblende von Erlebtem kann der Aktivierungsbetreuer mit den Betagten ein sehr gutes Kurzzeitgedächtnistraining entwickeln: Was hat der einzelne aufgenommen? Was behalten? Was hat ihn beeindruckt? Gedächtnisausfälle wird der Aktivierungsbetreuer geschickt überspielen und den Betagten eine Brücke bauen, indem z. B. Frau A aufmunternd angeschaut wird mit der Bemerkung: „Schön, so eine Fahrt ins Blaue (oder Grüne), was es da alles zu sehen gibt." Frau A wird vielleicht bestätigend nicken, sich eventuell äußern, jedenfalls aber wird sie sich in die Gesprächsrunde integriert fühlen. Ein derartiger Bericht kann auch als Beitrag für die Heimzeitung oder andere Publikationsorgane verwendet werden.

9.2.8 Religiöse Feste

Religiöse Feste können durchaus in die Aktivierung einbezogen werden, jedoch gilt es dabei einige Grundregeln zu beachten:
Bei national, kulturell und religiös gemischten Gruppen sollten religiöse Feiertage nur in Form eines allgemeinen Kulturprogramms behandelt werden. Das vertieft zum einen die notwendige Toleranz innerhalb der Gruppe und gibt andererseits den einzelnen Betagten die Möglichkeit, etwa vorhanden gewesene emotionelle Hürden gegenüber „Andersgläubigen" auf eine sozial verträgliche Weise abzubauen.
Gewiß haben sich manche, auch religiöse, Gewohnheiten und Ansichten im Leben des einzelnen verfestigt. Diese können teilweise bei abgebauten Persönlichkeiten auch nicht mehr vermindert werden, wie dies im Interesse einer Konfliktfreiheit innerhalb der Gruppe oder des Heimes wünschenswert wäre. Dadurch aber, daß religiöse Feste sozusagen wertfrei als interessanter Lebensaspekt anderer Bevölkerungsgruppen und Nationen in ein Aktivierungsprogramm umgeschmolzen werden, ist selbst die Gefahr unduldsamer Reaktionen erheblich eingegrenzt.
Um religiöse Feste in der Aktivierung nützen zu können ist es empfehlenswert, sich eine Liste zuzulegen mit den wichtigsten evangelischen und katholischen Feiertagen, sowie eine Übersicht über die wichtigsten jüdischen und islamischen Feiertage.

9.2.9 Berühmte Persönlichkeiten

Kulturprogramme mit dem Inhalt „Berühmte Persönlichkeiten" sind bestens geeignet, über den Tellerrand des Alltags hinauszuschauen, sich mitnehmen zu lassen in eine andere Welt, die Kummer, Einsamkeit und Schmerzen wenigstens für begrenzte Zeit vergessen läßt. Dichter oder Musiker, bildende Künstler oder Astronomen, Physiker oder Schauspieler, Sportler oder Mediziner:
Gedenktage oder -jahre berühmter Persönlichkeiten sind gegebene Anlässe, die jeweiligen Biographien zu bearbeiten, wobei den Geburtstagen der Vorzug zu geben ist. Außer entsprechender Literatur (Kulturgeschichte) sind heutzutage die Medien wertvolle Informationsträger. Oft finden sich in der Zeitung, manchen Zeitschriften, Kalendern etc., ergänzende Beiträge. Es empfiehlt sich, entsprechende Ausschnitte zu sammeln und so das Repertoire ständig zu erweitern.

9.2.10 Modellbeispiel

Modellbeispiel: „Joseph von Eichendorff"		Utensilien
Stichworte		
• Gemeinsames Lied	„Wer hat dich, du schöner Wald..."	• Kopien in Großdruck
• Hinweis des AB:	Text des Liedes ist ein Gedicht von Eichendorff	
• Lebensstationen des Romantikers Eichendorff	geb. 1788 auf Schloß Lubowitz in Oberschlesien – Heidelberg – Danzig – Königsberg – Berlin – Neiße	• Literatur, z. B. Kulturgeschichte der Menschheit, Biographien
AB greift Heidelberg heraus:	Dort dichtet Eichendorff aus Liebeskummer: „In einem kühlen Grunde..."	
• Tonträger (Männerchor)	„In einem kühlen Grunde..."	• Kassette
! Vorsicht ! (wegen depressiver Verstimmung der Betagten)	Nach der letzten Liedstrophe rasche Überleitung zu heiteren Texten	
AB liest:	Auszug „Aus dem Leben eines Taugenichts" bis zu den Strophen „Wem Gott will rechte Gunst..."	
• Gemeinsames Lied:	„Wem Gott will rechte Gunst..."	• Kopien in Großdruck
AB liest...	im „Taugenichts" weiter	
• Tonträger oder gemeinsames Lied	„Ich reise übers grüne Land..."	• Kopien in Großdruck
• Hinweis:	Auch der Text dieses Liedes stammt von Eichendorff	
• AB	liest zwei Gedichte von Eichendorff – „Abschied" – „Der Abend"	• Gedichtband

Nachbemerkung
Das erste Lied „Wer hat dich, du schöner Wald" mag für uns Heutige angesichts des Waldsterbens wie Hohn klingen. Für die Generation jetzt Betagter aber hat dieses in der Schule erlernte Lied einen hohen emotionellen Wert und sollte daher ohne Bedenken gesungen werden.

Wichtiger Hinweis
Aktivierungsbetreuer haben hinsichtlich der Biographien mancher Betagter abzuwägen, für wen Oberschlesien, Danzig, Königsberg oder Neiße Reizwörter sein könnten. Ist dem so, muß auf das Programm in der vorliegenden Form verzichtet werden, oder die entsprechenden Lebensstationen müssen ausgeklammert bleiben.

9.2.11 Persönliche Feste

Zu den persönlichen Festen gehören:

- Geburtstag (und Namenstag; Betagte katholischer Konfession)
  Runde Geburtstage wie 70., 75., 80., 85. usw. sollten, genau wie in der häuslichen, familiären Umgebung, besonders gewichtet werden. Haben die betreffenden Betagten noch Angehörige oder einen engen Bekanntenkreis, kann das Fest in Zusammenarbeit mit Station, Verwaltung, Hauswirtschaft organisiert und nach Wunsch auch ein Raum zur Verfügung gestellt werden.

  Alle Pflegekräfte müssen wissen, daß für die Betreffenden der Geburtstag nicht unbedingt ein Tag der Freude ist. Dabei spielt auch eine Rolle, ob die Betagten noch Angehörige oder/und Bekannte haben oder nicht. Jedenfalls sollten sich die Geburtstage vom Heimalltag abheben; besondere kleine Aufmerksamkeiten durch das Personal können das Gemüt des Geburtstagskindes wirkungsvoll erhellen.
  Betagte katholischer Konfession freuen sich, wenn ihr Namenstag beachtet wird. In evangelischen Einrichtungen der Altenhilfe wird daran allerdings kaum gedacht.
- goldene Hochzeit, 50 Jahre verheiratet
- diamantene Hochzeit, 60 Jahre verheiratet
- eiserne Hochzeit, 65 Jahre verheiratet
- Gnadenhochzeit, 70 Jahre verheiratet
- Hochzeit zweier Betagter in der Institution

  Leben Ehepaare in Einrichtungen der Altenhilfe, können Feste wie die angeführten Hochzeitsarten vorkommen. Diese werden meistens in größerem Stil gefeiert und sind eventuell mit einem kirchlichen Trauungsritual verbunden. Gleich den runden Geburtstagen sind Vorbereitungen in größerem Umfang zu treffen. Bereits im Vorfeld eines solchen Festes muß das Pflegepersonal einiges vorbereiten.
- Jubiläum (z. B. von der Berufstätigkeit her Betriebsjubiläum)

Wichtiger Hinweis:

In etlichen Einrichtungen der Altenhilfe ist es üblich, die Geburtstage der Betagten „anzusammeln“, d. h. im zweimonatigen Rhythmus gemeinsam zu feiern. Angesichts der Hinfälligkeit mancher Betagter ist es durchaus möglich, daß der so „verschobene“ Geburtstag nicht mehr erlebt wird. Aus humanitären Gründen muß in jedem Fall auf der Einhaltung der jeweiligen Geburtstage bestanden werden!!

9.2.12 Allgemeine Feste

Unter allgemeinen Festen sind Feste zu verstehen, die für *alle* gedacht sind und gemeinsam von Betagten und Mitarbeitern begangen werden, z. B. Jubiläum der Pflegeeinrichtung – Einweihung – Tag der offenen Tür. Für derlei „Hausfeste“ in den einzelnen Institutionen können keine Programmvorschläge gemacht werden. Jede Einrichtung hat ihre eigene Entstehungsgeschichte, eigenen Erlebnisse, Begebenheiten, Schwerpunkte und muß deshalb das Festprogramm nach den vorhandenen Gegebenheiten ausrichten.

9.3 Veranstaltungen

Von großem Gewicht für die Betagten ist der Besuch von kulturellen Veranstaltungen außerhalb der Institution, der immer wieder ermöglicht werden sollte. Nur so bleibt die Verbindung zur Außenwelt erhalten. Veranstaltungen jeglicher Art wirken Hospitalismus und Ghettoisierung entgegen. Ausfahrten wecken Neugier und Vorfreude, bei manchen Betagten aber auch Ängste vor Neuem, Unbekanntem. Gute Planung eines Vorhabens gibt zunächst dem Personal Sicherheit, die sich dann auch auf verzagte Betagte übertragen kann.

9.3.1 Allgemeine Planungskriterien

Die vorherige Besichtigung des Zielortes (der Zielorte) ist unerläßlich. Dabei müssen die Fahrzeiten für Hinfahrt und Rückfahrt (falls diese über eine andere Route erfolgt) festgestellt werden, ausgehend von einem gemäßigten Fahrtempo.
Alle Veranstaltungen haben ein gemeinsames Merkmal: Sie bieten eine Menge Gesprächsstoff, der jeweils schon im Vorfeld aktivierend zu nutzen ist.

1. Kriterien am Zielort:

- Ist die Parkmöglichkeit gut?
- Ist gefahrloses Ein- und Aussteigen gewährleistet?
- Sind Gebäude und Räumlichkeiten ebenerdig begehbar? Wenn nicht: Ist eventuell eine Rampe vorhanden?
- Befinden sich die WCs im Erdgeschoß?
- Sind Rollstuhlfahrer-WCs vorhanden?
- Wieviel Sitzplätze im Restaurant sind verfügbar?
- Wieviel Rollstühle können gestellt werden?
- Wo können Gehwagen, Deltaräder etc. abgestellt werden?

Bei vorgesehener Bewirtung (Café, Gaststube):

- Wird Diabetikerkost geboten?
- Können sich die Betreiber auf einen beeinträchtigten Personenkreis einstellen?

2. Stationsinterne Planung:

Die Teilnehmerliste jeder Station gibt Aufschluß über den zu erwartenden Personenkreis mit seinen Befindlichkeiten und Besonderheiten.
Steht die gesamte Teilnehmerzahl fest, kann das geeignete Verkehrsmittel (Bus) ausgewählt und rechtzeitig bestellt werden. (Geschieht meist durch den Pflegedienstleiter/Heimleiter/Verwaltung.)

Anhand des Dienstplanes muß das Begleitpersonal für die Betagten ebenfalls rechtzeitig ausgesucht und festgelegt werden.

3. Personenbezogene Planung vor der Abfahrt:

Das diensthabende Pflegepersonal muß mit aller Sorgfalt darauf achten, daß die Betagten gepflegt und mit allem für sie Notwendigen die Station verlassen können. Bei den verschiedenartigsten Beeinträchtigungen kommt eine Menge wichtiger Dinge in Betracht. Da niemand eine Datenverarbeitungsmaschine ist, empfiehlt sich ein bewährtes

Denkmuster vom Scheitel bis zur Sohle:

	– Frisur
	– Rasur (auch Kinnstoppeln bei Damen)
	– Brille, geputzt !
Wir	– Hörgerät (vorher Batterie überprüfen)
	– Zahnprothese
denken	– Bekleidung, sauber
	– Oberbekleidung, der Jahreszeit angemessen
von oben (Frisur)	– Schmuck, falls erwünscht
	– Armbanduhr, wenn erwünscht
nach unten (Schuhe)	– Toilettengang erforderlich?
	– Inkontinenzeinlage frisch?
	– Anus praeter frisch versorgt?
	– Strümpfe (bei Frauen) befestigt?
	– Straßenschuhe, möglichst keine Hausschuhe
	– Handtasche, Geldbörse, wenn erwünscht
	– Taschentuch

Weiter ist zu beachten:

- Gehhilfen wie Stock, Krücken, Gehwagen, Deltarad
- Rollstuhl, sauber und aufgepumpt!
- Sitzkissen nötig?
- Stützkissen erforderlich?
- Urinbeutel entleert?
- Urinbeutel diskret verdeckt? (Kniedecke)
- Kniedecke für Beinamputierte (vor allem für Frauen, wenn sie Rock oder Kleid tragen)
- Medikamente notwendig (z. B. für Diabetiker)?

Allgemeiner zusätzlicher Bedarf:

- Stoffservietten, falls Beköstigung geplant ist
- Inkontinenzmaterial in Reserve, diskret verpackt!

4. Plazierung im Bus

Für die Plazierung sind Teilnehmerlisten sehr wichtig. Es können jedoch keine Vorgaben gemacht werden, weil Reisebusse, Linienbusse etc. unterschiedlich konstruiert sind. Jedenfalls sollten die bewegungseingeschränkten Betagten möglichst gleich den richtigen Sitzplatz bekommen, um unnötiges Auswechseln zu vermeiden. Besetzte Rollstühle sollten nach Möglichkeit am Boden fixiert werden (Spezialvorrichtung). Jedenfalls müssen die Bremsen der Rollstühle funktionstüchtig sein.

5. Der Chauffeur

Ist der Chauffeur unbekannt und fährt möglicherweise erstmals Betagte, ist es sinnvoll, ihn auf einen *sanften* Fahrstil hinzuweisen. Wie Erfahrungen belegen, gibt es einerseits sehr einfühlsame Fahrer, die sogar den Betagten beim Ein- und Aussteigen behilflich sind, andererseits mußte auch schon *schulbusmäßiges* An- und Abfahren angemahnt werden.
Empfehlung: Alle Begleitpersonen sollten sich vom Chauffeur vor der Abfahrt einige Spucktüten geben lassen, um für Zwischenfälle vorbereitet zu sein: Die meisten Betagten sind an das Busfahren nicht oder nicht mehr gewöhnt. Manchmal tut auch die Aufregung ein übriges.

6. Endlich unterwegs

Aufgabe:
Stellen Sie sich vor, Sie gehören zum Begleitpersonal. Wie sehen Sie Ihre Aufgabe
a) während der Fahrt?
b) beim und nach dem Aussteigen?
c) während der Veranstaltung (oder im Café, Lokal etc.)?
d) beim Verlassen des Lokals?
e) nach der Rückkehr beim Verlassen des Busses?

7. Für jede Ausfahrt

per Bus müssen Funktionsablauf und Transportwege zeitlich kalkuliert werden:

Institution
- Stockwerk(e) – Aufzug – Erdgeschoß
- Erdgeschoß – Standort Bus
- Einsteigen
- Fahrt

Zielort:
- Aussteigen (Beköstigung, Besichtigung)
- Einsteigen
- Fahrt

Institution:
- Aussteigen – – – Wege bis Stockwerk(e)

Selbstverständlich ist der gesamte Zeitaufwand von der Teilnehmerzahl abhängig.

Hinweis:

Ist ein Alten- und Pflegeheim in der glücklichen Lage, einen aktiven Förderverein zu haben, sind dessen Mitglieder unter Umständen unschätzbare Helfer bei Ausfahrten, und jeder Rollstuhlfahrer hat seine persönliche Begleitung. Diese Entlastung jedoch entbindet das Personal nicht von einer personenbezogenen Planung hinsichtlich der Betagten.

9.3.2 Ausflug

Wie die Feste sind auch Ausflüge Höhepunkte im Jahreslauf. Niemand sollte die Mühen einer Ausfahrt scheuen. Daß für den beschriebenen Personenkreis nur ein Nachmittagsausflug in Betracht kommt, ist selbstverständlich, sollte dann aber so gut wie allen Betagten ermöglicht werden, ausgenommen Schwerstpflegebedürftige. Für den Nachmittagsausflug sollte stets überlegt werden, welche Attraktionen die Region in der näheren Umgebung hat, verbunden mit Farben (Park, evtl. sogar Landesgartenschau), Geräuschen (Wasserspiele), Lärm und Bewegung (Mühlrad), um nur einige Beispiele zu nennen. Erfahrungsgemäß darf die Entfernung zwischen Institution und Bestimmungsort nicht größer als 20 Kilometer sein. Der Aufbruch von der Station bis zur Rückkehr auf die Station umfaßt bei den angewandten Planungskriterien einen Zeitraum von insgesamt ca. fünf Stunden. Muster für Teilnehmerliste S. 239.

9.3.3 Konzert-, Theater- und Kinobesuch

Konzerte, Theater- und Kinovorstellungen sind in der Regel Abendveranstaltungen. Der Besuch solcher Veranstaltungen ist daher noch gehfähigen Betagten eher möglich, wobei wahrscheinlich auch für sie Begleitung durch Personal nötig sein wird. Daran scheitern meistens abendliche Unternehmungen. Daß solche außerordentlich aktivierend wirken können, ist erwiesen.

Hinweis:

Wegen der sehr arbeits- und personalintensiven Planungskriterien (siehe 9.3.1) bilden abendliche Ausfahrten die Ausnahme. Daher wird empfohlen, Angehörige Betagter, Bekannte, Freunde, Nachbarn zu animieren, doch ab und zu den Besuch einer abendlichen Veranstaltung zu ermöglichen und dies in eigener Regie durchzuführen. Allerdings ist dies mit dem Pflegepersonal abzusprechen.

9.3.4 Bunter Nachmittag in einem anderen Heim

Einrichtungen der Altenhilfe mit angegliederter Fachschule für Altenpflege sind ein günstiges Betätigungsfeld, um Fest- und Feiergestaltung oder einen bunten Nachmittag an Ort und Stelle zu praktizieren. Schade ist, wenn ein gut eingeübtes Programm mit der Vernetzung von darstellendem Spiel, Musik, Werkstücken etc. nur *einmal* aufgeführt wird.

Freude und Spaß wiederholen sich, wenn ein bunter Nachmittag für Betagte in einer anderen Einrichtung nochmals gestaltet wird.

9.3.5 Lichtbildvorträge und Stereofotografie

Hobbyfotografen bereichern oftmals die Angebote von Volkshochschulen. Dort finden sich in Nachmittagsprogrammen unter anderem Lichtbildvorträge und Bildserien in Stereofotografie. In manchen Einrichtungen der Altenhilfe sind kulturelle Veranstaltungen der regionalen Volkshochschule fester Bestandteil im Jahresprogramm.
Lichtbildvorträge sind ausgesprochen erlebnisaktivierend. Das große Bildformat und die lichtdurchströmten Farben sind von Betagten besonders gut wahrnehmbar. So haben selbst gewöhnlich Sehschwache ein anregendes Erlebnis des Wiederentdeckens; die Bildinhalte werden aufmerksam registriert und lösen lebhafte Gefühle aus, die den Betagten bereichern.

Wichtige Hinweise:

1. Erfahrungsgemäß erfordern beide Arten dieser Bildvorträge (wie auch der Film) korrekt verdunkelte Räume. Im Halbdämmer können Sehschwache das Bild nicht erfassen, d. h. Farben, Motive, Konturen nicht wahrnehmen. Die Folge sind Unruhe bei den einen, Langeweile bei den anderen, unter Umständen bestätigt durch ein Nickerchen.
2. Sind die Veranstalter/Fotografen/Vortragenden unerfahren im Umgang mit Betagten, müssen sie auf Beeinträchtigungen hingewiesen werden.

Erforderlich sind:

- deutliche Aussprache
- angemessenes Sprechtempo
- rasche Bildabfolge vermeiden

9.3.6 Anregung und Organisation einer Ausstellung

Leider sind von sehenswerten Ausstellungen (auch in Museen) Gehbehinderte und Rollstuhlfahrer oft von vornherein ausgegrenzt: Staffeln, schmale Türen und Treppen sind Hindernisse, von fehlenden Aufzügen und Rollstuhlfahrer-WCs ganz zu schweigen. (Selbst Kureinrichtungen und manche Kurhäuser verfügen nicht über entsprechende Einrichtungen!)
Die regionale Ausstellung *Ältere Menschen schaffen Schönes* findet meistens in behindertengerechten Räumen statt. Aktivierungsbetreuer sollten sich unbedingt mit der Betagtenwerkgruppe auf einen etwaigen Ausstellungstermin vorbereiten. Selbstverständlich ohne jeglichen Zeitdruck! Eine gute Jahresplanung, die sich an Festen, Feiern usw. orientiert, ermöglicht zwar die termingerechte, doch keinesfalls forcierte Gestaltung von Werkstücken.

Diese Werkstücke öffentlich auszustellen, wird von den Betagten als besondere Wertschätzung empfunden und sollte nicht versäumt und der Besuch der Ausstellung ermöglicht werden.

9.3.7 Zoo- und Zirkusbesuch

Im Zoo- und Zirkusbesuch vereinigen sich mehrere aktivierende Elemente:

- optische Reize
- Bewegung
- akustische Reize
- olfaktorische Reize
- im Zirkus kommen Musik und Trommelwirbel noch hinzu

Ohne Zweifel sind Zoo und Zirkus erstrebenswerte Besuchsziele. Bei den Generationen jetzt Betagter weckt das Wort Zirkus allerdings auch Ängste bezüglich der Vorführung wilder Tiere: Eingeschränkte Bewegungsfreiheit oder hilflos an den Rollstuhl gefesselt zu sein, sind der Nährboden schlimmster Befürchtungen. Daher sollten, unter Wahrung von Toleranz und Respekt, solche Veranstaltungen individuell angeboten und/oder der Regie von Angehörigen, Bekannten und Freunden anempfohlen werden.
Auch hierbei ist eine vorherige Absprache mit dem Pflegepersonal unabdingbar.

9.3.8 Sportveranstaltungen

Bei den Generationen derzeitig Betagter halten sich erfahrungsgemäß die Interessen an Sportveranstaltungen in Grenzen. Vereinzelt finden sich unter den Männern (und diese sind in den Institutionen ohnehin in der Minderheit) beispielsweise Fußball-, Leichtathletik-, Eishockey- und Skifans. Den Frauen dagegen imponieren eher Eiskunstlauf, Gymnastik, Leichtathletik. – Biographische Kenntnisse sind auch hier sehr nützlich: Welche Sportarten haben welche Betagten ausgeübt? Gespräche hierüber wirken ausgesprochen aktivierend. – Sportinteressierten Betagten sollte ab und zu der Besuch einer entsprechenden Veranstaltung ermöglicht werden.
Das Fernsehen präsentiert heutzutage die Vielfalt sportlicher Ereignisse frei Haus. Nahezu alle Betagten haben in ihren Zimmern die Möglichkeit der Programmauswahl, vorzugsweise im Einzelzimmer.

9.3.9 Seniorenfreizeit

Seniorenfreizeitheime sind in der Regel hinsichtlich der Bauweise und Ausstattung den Bedürfnissen von Senioren angepaßt. Der Begriff „Senioren" signalisiert einen noch mobilen Personenkreis, der eine längere Fahrt unternehmen und in einem fremden Haus wohnen kann. Daher wird die Durchführung einer Freizeit, organisiert von Einrichtungen der Altenhilfe, in der Regel nur für noch mobile Altenheimbewohner in Frage kommen. Auch deren höchst unterschiedlichen Befindlichkeiten setzen eine personenbezogene Planung voraus (siehe 9.3.1 Absatz 3).
Selbstverständlich sind Bekleidung, Wäsche, Schuhwerk etc. für einen mehrtägigen Aufenthalt zu bedenken.
Eine Checkliste ist sowohl für das diensthabende Pflegepersonal als auch für die reisenden Senioren eine gute Gedächtnisstütze. In der Aufbruchsstimmung wird oft an notwendige Dinge nicht gedacht.

9.3.10 Fernsehen

Der Unterhaltungswert von Fernsehsendungen ist unbestritten, ungeachtet aller Qualitätsunterschiede des Dargebotenen. Dementsprechend stehen Fernsehgeräte auch in Einrichtungen der Altenhilfe (Eßzimmer, Wohndielen oder sonstigen Gemeinschaftsräumen). Dagegen ist nichts einzuwenden, denn vereinzelt gibt es Betagte ohne eigenes TV-Gerät.
Nun sitzen unter den Zuschauern auch diejenigen mit geistigen Abbauprozessen, Verwirrtheitszuständen, Sehschwächen, Hörschäden, seelischen Schädigungen, eingeschränkter bzw. verlangsamter Wahrnehmung usw. Immer sollte im Einzelfall geprüft werden, inwieweit dem Betagten mit Fernsehkonsum gedient oder geschadet wird.

9.3.11 Veranstaltungen innerhalb der Einrichtung

Aktivierungsbetreuer müssen mit den jeweiligen Räumlichkeiten eines Hauses vertraut sein. Andernfalls müssen bei einem Gang durchs Gebäude Gegebenheiten und Besonderheiten erkundet werden.

Sachbezogene Planungskriterien:

- Größe des Raumes
- Lage des Raumes (z. B. Südseite mit starker Sonneneinstrahlung)
- Tonträger, Mikrofon
- Bühne vorhanden?
- Bühne nicht vorhanden?
- Schauplatz kann wo und wie geschaffen werden?
- Schauplatz kann wie abgegrenzt werden (Kulisse)?
- Bestuhlung welcher Art ist dem Programm angemessen?
- Bestuhlung als Staffelung?
- Bestuhlung im Halbrund?
- Pflegebett/Spezialrollstuhl plazierbar?

Personenbezogene Planungskriterien (Sitzordnung)

- Schwerhörige und Sehschwache in Nähe Bühne/Schauplatz
- Motorisch Unruhige in Nähe Ausgang
- Platzangstgefährdete in Nähe Ausgang
- Rollstuhlfahrer so plazieren, daß der Ausgang problemlos zu erreichen ist

Muster für Teilnehmerliste S. 237.

Hinweis:

Eine Veranstaltung (Feier, Fest ohne Bewirtung) sollte möglichst in einem Raum ohne Tische stattfinden. Tische wecken Eß- und Trinkbedürfnisse!

Sicherheitsmaßnahmen

Sachbezogene Planung ist unerläßlich, um
a) *gefährliche Situationen weitestgehend zu vermeiden*
b) *gefährliche Situationen rasch in den Griff zu bekommen*

Kriterien:

1. Sauerstoffzufuhr über Fenster oder Klimaanlage
2. Lichtquellen intakt (besonders wichtig bei Veranstaltungen im Herbst und Winter)
3. Freihalten der Wege, der Ausgänge und des Notausgangs von Stühlen, Rollstühlen, Gehwagen, Krücken, Stöcken, einem Bett
4. Stolperstellen wie Kabel vermeiden oder sichern
5. Schwesternruf/Klingel – wo?
6. Haustelefon – wo?
7. Fernsprecher – wo?
8. Feuerlöscher – wo? (Besonders wichtig beim Benutzen von Kerzen in der Advents- und Weihnachtszeit)
9. Eimer Wasser (Beim Benutzen von Kerzen grundsätzlich zusammen mit Feuerlöscher bereitstellen)
10. Ersatzrollstuhl bereithalten
11. Erste-Hilfe-Set/Bedarfsmedikation bereithalten

9.3.12 Kulturelle Veranstaltungen

Darbietungen von Tanzgruppen, Trachtengruppen, Chören etc. aus der Region sind in den Einrichtungen der Altenhilfe höchst willkommen und sollten im Jahreslauf so oft wie möglich angeheuert werden. Die Veranstalter selbst haben meistens umfangreiche Programme und in der Regel ein vitales Publikum. Daher ist wichtig, die jeweiligen Programmverantwortlichen in einem Vorgespräch auf die speziellen psychophysischen Befindlichkeiten Betagter hinzuweisen.

Kriterien sind:

- Begrenzte Aufnahmefähigkeit
- Depressionen
- Sehschwächen
- Begrenzte Sitzdauer
- Motorische Unruhe
- Schwerhörigkeit (manche Programmgestalter wollen partout kein Mikrofon benützen!)

Fazit für den Veranstalter:
Programmdauer bei vorausgegangener Bewirtung maximal 45 Minuten, ohne Bewirtung 60 Minuten.
Sind die Betagten durch das Programm sehr angeregt, kann immer noch über eine kleine Zugabe entschieden werden.
Problematische Texte und Lieder von vornherein meiden!

Nachbemerkung:
Erfahrungsgemäß sind die Programmverantwortlichen meistens aufgeschlossen für entsprechende Hinweise, vor allem dann, wenn es sich um den ersten Auftritt im Alten- und Pflegeheim handelt.

9.4 Spiele

Der Begriff Spiel wird im engeren Sinne mit einer freudvollen, nicht nutzgebundenen Beschäftigung des Menschen in Verbindung gebracht – vom Schach bis zum Ringelreihen, vom Tennis bis zum Skat. Diese Tätigkeit „Spiel" ist freiwillig, zweckfrei und unterscheidet sich dadurch grundlegend von der Arbeit. Arbeit ist Zwang und Fremdbestimmung; Spiel hingegen bedeutet Geselligkeit, Freude, Spaß, List, Taktik, Spannung. Und doch ist das Spiel mehr als nur Spielerei. Denn das Spiel verläuft nach bestimmten Richtlinien und Gesetzen, nämlich den Spielregeln. Davon ist abhängig, ob jemand gewinnt, verliert oder sich mit einem Unentschieden begnügen muß. Auch Macht ist buchstäblich mit im Spiel. Sich behaupten können will gelernt sein und kann spielerisch trainiert werden (ganz unabhängig vom Lebensalter). Eine Spielgruppe ist hierfür das ideale, sozialverträgliche Umfeld.

Nun ist die Spielfreude oder Spielunlust Betagter zweifelsohne durch biographische und gesellschaftliche Gegebenheiten geprägt. Außerdem fiel bei den Generationen jetzt Betagter das Spielen ohnehin nicht besonders ins Gewicht. Zu hart waren die Zeiten und Lebensumstände während und zwischen den beiden Weltkriegen. Doch davon sollten sich Aktivierungsbetreuer hinsichtlich der Spielaktivitäten nicht leiten lassen. Erfahrungsgemäß können auch Betagte mit geringer Spielfreude allmählich in die Spielgruppe eingebunden und zum Mitmachen angeregt werden. Grundvoraussetzung aller Spielaktivitäten ist:
Aktivierungsbetreuer müssen selbst Freude und Spaß am Spiel haben, damit der Funke auf die Betagten-Spielgruppe überspringen kann!

9.4.1 Grundbedürfnis Spiel

Üblicherweise ist das Spiel eine freiwillige Betätigung und nicht funktionsgebunden. Das Spiel ist eine freudige und vergnügliche Angelegenheit, verbunden mit Freiheit. Ein entscheidendes Merkmal des Spiels ist tatsächlich die „Lust am Vergnügen". Im Spiel eröffnet sich eine andere Welt. Daher könnte es auch als Flucht aus dem sonstigen Lebensrahmen betrachtet werden, als Befreiung aus dem Zwangskorsett der Pflichten. Wahrscheinlich hat sich aus dieser befreienden, unglaublich aktivierenden Wirkung das Grundbedürfnis zu spielen entwickelt. Spiel ist möglicherweise Bestandteil einer evolutionsbiologischen Entwicklung, um Überlebensfähigkeit zu sichern. Für diese Annahme sprechen unzählige Spielarten in der Tierwelt. Daß Tiere, ebenso wie der Mensch, dabei sichtliches Vergnügen haben können, ist unschwer zu erkennen.

9.4.2 Soziale und strukturale Aspekte

Jedes Spiel hat und braucht eine Struktur, also einen eindeutig definierten Ausgangspunkt und eine Zielsetzung. Die Zielsetzung wird erreicht durch das Anwenden bestimmter, festgelegter Regeln. Werden die Regeln verletzt, dann ist das Spiel entweder beendet oder es verändert seinen Charakter und hat möglicherweise dadurch eine neue Zielsetzung bekommen, die ihrerseits wiederum eine Neudefinierung der Struktur erfordert. Wir müssen also die Struktur zunächst einmal erfassen als Ist-Zustand, um dann eine Strategie zu entwickeln, die uns ermöglicht, den von uns gewünschten Soll-Zustand zu erreichen.

Das Gruppenspiel ist ideales Übungsfeld für Sozialverhalten. Kinder müssen es einüben und Betagte manchmal wieder erlernen. Dazu gehört der Umgang miteinander in der Sprache, im Zureichen von Spielmaterial (z. B. Würfel), aber auch das Spiel mit Anstand gewinnen oder verlieren zu können.
Sympathie und Antipathie kommen buchstäblich mit ins Spiel: „Gerade heute hat Frau A wegen Frau B verloren, die sie doch nicht ausstehen kann!"

Jedes Gesellschaftsspiel hat eine absolut feststehende Struktur. Insbesondere Brettspiele weisen strukturierte Spielfelder auf. Damit umzugehen, erfordert verschiedene Fähigkeiten:

- Spielfeld optisch erfassen
- Struktur und ihre Bedeutung begreifen
- Spielregel verstehen
- Spielregel behalten
- planen und vorausplanen
- handeln oder innehalten
- veränderte Stellung der Figuren/Spielsteine wahrnehmen
- aus der neu entstandenen Situation spieltaktische Schlüsse ziehen
- mehrere Aspekte gleichzeitig im Auge behalten

Wichtig zu wissen:

Die wenigsten der Betagten können diese Voraussetzungen noch erfüllen. Daher ist es die Aufgabe des Aktivierungsbetreuers, das Spiel höchst konzentriert zu begleiten, etwaige Ausfälle der Betagten geschickt zu überbrücken und auszugleichen. Das dient nicht nur dem Ablauf des Spiels, sondern sichert auch den Beteiligten die Freude daran, zumal das Selbstwertgefühl des Betagten durch die erfolgreiche Teilnahme am Spiel erhalten und verstärkt wird.

9.4.3 Zeitbegriff und Langeweile

Erst mit der Einführung der Turmuhr und ihres gleichmäßigen Stundenschlages und mit der Verbreitung von Sand- und Standuhren in Europa wurde ein neuer Zeitbegriff geboren, den wir bis heute beibehalten haben. Seither sind wir gewohnt, Zeit wirklich als Zeit zu empfinden und ihr hinterherzujagen. Dadurch aber wird in die Zeit eine engmaschige Struktur eingezogen, fein untergliedert bis zur Nanosekunde und grob gerastert bis zu Milliarden Lichtjahren. Mit dieser physikalischen Einteilung der Zeit kam auch die Idee auf, daß Zeit selbst einen Nutzen hat und Zeit deshalb nützlich verwendet werden muß.

Langeweile nun entsteht dadurch, daß der Mensch eine unstrukturierte Zeitspanne durchleben muß und nicht weiß, was er in und mit der Zeitspanne tun soll. Langeweile entsteht meist dann, wenn der Mensch in eine Situation gerät, in der er nicht weiß, was er mit der ihm zur Verfügung stehenden „überflüssigen" Zeit anfangen soll, zum Beispiel warten beim Zahnarzt, aber auch warten auf der Pflegestation. Wenn ein Mensch nicht gelernt hat, seine Phantasie und seinen Geist zu benützen, um sich in unstrukturierter Zeit zu beschäftigen, dann wird lähmende Langeweile ein unerfreulicher, stimmungstrübender Begleiter sein. – Gerade bei retardierten Persönlichkeiten auf der Pflegestation (aber auch bei häuslicher Pflege) wird sich Langeweile unvermeidlich einstellen. Langeweile ist nämlich auch das Gefühl, daß Zeit sinnlos geworden ist. Im Warten, Stunde um Stunde, Monat um Monat, Jahr um Jahr, wird und kann kein Sinn mehr gesehen werden; die sinnentleerte Zeitfülle ist zur Unerträglichkeit geworden.

Aktivierung hat auch zum Ziel, der persönlichkeitszerstörenden Langeweile mit allen Mitteln entgegenzuwirken. Das Spiel ist ein Mittel der ersten Wahl!

9.4.4 Affektauslöser Spiel

Die psychische Veränderung, die mit dem Spiel einhergeht, wird nur von Menschen mit hochsensibler Selbstkontrolle wahrgenommen. Wie in fast keiner anderen Lebenssituation quellen beim Spiel die ursprünglichen Gefühle hoch, und zwar sowohl positive als auch negative Gemütsbewegungen. Das Spiel wird – völlig ungewollt von den Beteiligten – auch zum Charakterspiegel, da die mit dem Spiel ausgelösten Affekte unvermittelt und unverstellt der tatsächlichen emotionellen Gemengelage entsprechen. Manches, was in Menschen untergründig schlummert und vielleicht durch Erziehung und Selbsterziehung gewöhnlicherweise nicht zu Tage tritt, wird im Spiel offenbar. Doch nicht nur und ausschließlich wird durch das Spiel eine sofortige seelische Veränderung eintreten, sondern dadurch zusätzlich auch eine physische Veränderung, die bis zu Herzklopfen, Erhöhung des Blutdrucks und körperlicher Unruhe gehen kann.

Dasselbe ist erfahrungsgemäß bei Betagten festzustellen. Kaum hat ein Spiel begonnen, hellen sich die Gesichtszüge auf, wache Blicke verfolgen die Aktion, zumindest im nahen Umfeld. Es ist unglaublich: Dieselben Betagten, die sich vor dem Spiel im Eßzimmer angeschwiegen hatten und stumpf vor sich hinbrüteten, vereint nun ein fröhliches Spiel!

9.4.5 Charakteristik der Spiele

Das Angebot an Spielen ist groß. Daher muß sich die Auswahl hinsichtlich der Aktivierung Betagter auf einige wesentliche Kategorien beschränken:

1. Brettspiele
2. Kartenspiele
3. Zahlenspiele
4. Würfelspiele
5. Konversationsspiele
6. Gesellschaftsspiele
7. Denkspiele
8. Pantomimische Spiele
9. Gedächtnisspiele
10. Schreib- und Zeichenspiele
11. Ratespiele

Handelsübliche Spiele wie „Mensch-ärgere-dich-nicht", „Halma" etc., auch in einer altengerechten Sonderanfertigung, brauchen hier nicht gesondert erwähnt werden. Doch auch dabei ist vor allem zu beachten, über welche feinmotorischen Steuerungsfähigkeiten die Betagten noch verfügen und wie sinnvoll im Hinblick auf eine Mehrfachaktivierung sich der Einsatz des Spieles erweist.

In der Praxis hat sich gezeigt, daß nur wenige Betagte noch miteinander (und vor allem ohne Aktivierungsbetreuer und seine Anleitung) spielen können. Widmet er sich wenigen Spielern, sitzt die übrige Gruppe passiv und teilnahmslos dabei. Daher mußten Spiele entwickelt werden, um möglichst einen ganzen Kreis Betagter zu aktivieren.

Im folgenden sind Spiele (bei Bedarf in Abwandlung der Originale) aufgeführt und beschrieben, zu denen keinerlei Material nötig ist, es sei denn Bleistift und Konzeptpapier. Ob nun an Zeit 10, 15, 20 oder mehr Minuten zur Verfügung stehen, es kann mit Spielen sofort begonnen und jederzeit aufgehört werden (z. B. wegen des bevorstehenden Essens usw.).
Die Reihenfolge ist so gewählt, daß die Spiele nicht ermüdend, sondern aktivierend wirken:

Wechsel von optischen und akustischen Reizen

Wechsel von Ruhe und Bewegung

Wechsel von laut und leise oder stumm wie bei pantomimischen Spielen.

9.4.6 Spielübungen mit Anleitung

Spiel: „Ich sehe was, das du nicht siehst..." (hier als bekannt vorausgesetzt und gekürzt) muß bei alten Menschen heißen:
„Ich sehe was, was **Sie** nicht sehen, die Farbe, sie ist ... Rot."
Der Aktivierungsbetreuer bestimmt unauffällig einen Gegenstand im Raum, der die Farbe Rot aufweist oder rot ist und von allen Betagten gesehen werden kann. – Wer die Farbe entdeckt hat, darf die nächste bestimmen.

Spiel: Liederraten durch Klatschen
Der Aktivierungsbetreuer klatscht den Rhythmus eines bekannten Volksliedes vor, z. B.: „Das Wandern ist des Müllers Lust". Anschließend wird das erratene Lied gesungen.

Variante: Wenn er möchte, darf jetzt ein gehfähiger Betagter oder Rollstuhlfahrer den Raum kurz verlassen. Die zurückbleibende Spielgruppe einigt sich auf ein anderes Volkslied, das dem wieder hereingebetenen Spieler gemeinsam vorgeklatscht wird, wobei der Aktivierungsbetreuer den Rhythmus kräftig betonen muß. Ob erraten oder nicht, die Betagten wollen das Lied jedenfalls singen.

Spiel: Sprichwörterallerlei

Alte Menschen kennen viele Sprichwörter; das Altgedächtnis wird aktiviert!

1. Der Aktivierungsbetreuer beginnt jeweils mit dem Anfang eines Sprichwortes und läßt die Betagten ergänzen:

   „Morgenstund hat..." *„... Gold im Mund"*
   „Alter schützt..." *„... vor Torheit nicht"*
   „Neue Besen..." *„... kehren gut"*

2. Der Aktivierungsbetreuer zitiert den Schluß eines Sprichwortes und läßt den Anfang suchen:

   „... fällt selbst hinein" *„Wer andern eine Grube gräbt..."*

3. Der Aktivierungsbetreuer ergänzt den Anfang eines Sprichwortes mit dem Schluß eines anderen:

   „Morgenstund schützt vor Torheit nicht"

Die Betagten werden dann gefragt, wie die beiden Sprichwörter richtig heißen.

9.4.7 Planungskriterien

personenbezogen	**sachbezogen**
– Brille – Hörgerät – Zahnprothese – Taschentuch	– Sitzordnung, dem jeweiligen Spiel angemessen – Lichtverhältnisse prüfen – Sauerstoffzufuhr regeln – Spiele und Materialien, die benötigt werden, vollständig bereitstellen

10 Aktivierung im Alltagsgeschehen

Um Aktivierung im Alltagsgeschehen beurteilen zu können, muß der Alltag pflegebedürftiger Betagter vorab kritisch beleuchtet werden: Herkömmliche Einrichtungen der Altenhilfe sind auf vollständige Versorgung der Betagten ausgerichtet. Sie sind sozusagen in Vollpension – nur, daß diese eben Dauerzustand bleibt. Das Regelwerk institutioneller Versorgung läßt wenig Freiraum übrig, die Betagten im Alltagsgeschehen selber zu aktivieren.
Einen interessanten Ansatz, die Betagten stärker und vor allem länger in Alltagsgeschehen einzubinden, vermittelt das in Holland angesiedelte „Dorf für Demente". Hier wird in einem seit Jahren hervorragend funktionierenden Modellversuch der Gerontopsychiatrie (ausführlich beschrieben in der Zeitschrift „Altenpflege") deutlich gemacht, wie ungemein aktivierend der direkte Bezug zum Alltagsgeschehen selbst für sehr abgebaute Persönlichkeiten sein kann.

10.1 Bedeutung von Alltag und Milieu

Zwischen Alltag und Milieu besteht eine enge Wechselbeziehung: Der Alltag prägt das Milieu und umgekehrt. Damit verbunden sind Pflichten, Pflichtgefühl, Verantwortlichkeit, Tätigsein. Dem allem ist der Betagte bei einem Umfeldwechsel enthoben, doch dadurch wird das Selbstwertgefühl erheblich geschädigt. Deshalb ist es wichtig, und zwar für das ganze Stationsteam, die neuen möglichen Funktionsformen im neuen Alltag der Betagten wahrzunehmen und zu gewichten. Nur so kann deren Lebensqualität etwas verbessert werden.

10.1.1 Funktionsformen im Alltag

Die Rundum-Versorgung im Heimalltag enthebt den Betagten der Notwendigkeit, sich um alltägliche Dinge kümmern zu müssen, wie waschen, bügeln, putzen, kochen, Heizung kontrollieren etc. Viele dieser Dinge aber sind für viele Menschen jahrzehntelang Bestandteil eines erfüllten Lebens gewesen. Der Wegfall dieser Funktionsformen des Alltags verursacht bei manchen Betagten ein Gefühl der Leere, des Selbstwertverlustes, der Langeweile, gar der Nutzlosigkeit. Aktivierung kann unter Umständen manche dieser Funktionsformen wiederbeleben oder zumindest in spielerischer Form in ein Gemeinschaftsprogramm einbinden, z. B. gemeinsames Backen oder Kochen, evtl. sogar Einkaufen (mit Begleitung). Auch bei Einzelpflege ist daran zu denken, den Betagten (sofern irgend möglich) an Funktionsformen des Alltags zu beteiligen. Dies wirkt ungemein aktivierend und beläßt dem Betagten die von ihm zurecht beanspruchten sozialen Kompetenzen. Dadurch können auch manche Verwirrungszustände wenn schon nicht vermieden, so doch hinausgezögert werden.

10.1.2 Milieubedingte Funktionsformen

Im Tagesablauf einer Pflegestation verbleiben dem Betagten kleine Tätigkeiten in dem Zimmer, das er in der Regel mit einem Mitbewohner teilen muß. Dadurch ist die Handlungsfreiheit möglicherweise bereits wieder eingegrenzt. (Oft gestaltet sich das Zusammenleben schwierig; gegenseitige Freiheitsbeschränkungen sind keine Seltenheit.)
Das Eßzimmer verlockt vielleicht noch zum Tischdecken und Abräumen. Dabei jedoch, wie auch in der Küche, müssen die Betagten noch gehfähig sein und beide Hände gebrauchen können. Der gehfähige Personenkreis wird, prozentual gesehen, bald eine Minderheit in den Pflegeheimen sein. (Beim Tischeindecken mit Geschirr und Besteck können allerdings selbst Betagte mit Apoplexie in begrenztem Umfang aktiviert werden.)

10.2 Rekonstruktion des Alltags

Grundlagen einer vollständigen Alltagsrekonstruktion sind ein sehr guter Personalschlüssel und/oder eine Betagtenwohngruppe in einer möglichst ebenerdigen Wohnanlage mit familiärem Charakter. Dort muß nach keiner Beschäftigung gesucht werden: Haus- und Gartenarbeiten werden im Rahmen des möglichen gemeinsam mit den Betagten erledigt.
Nun haben herkömmliche Einrichtungen der Altenhilfe nur beschränkte Möglichkeiten, den Alltag zu rekonstruieren. Daher muß besonders sorgfältig darauf geachtet werden, welche verschütteten Fähigkeiten in den einzelnen Betagten schlummern. Zu Entdeckungsreisen sind Pflegepersonal und Aktivierungsbetreuer gleichermaßen aufgerufen.

10.2.1 Allgemeine Planungskriterien

Sobald Betagte mit Tätigkeiten betraut werden oder selber aktiv, ist sorgsam auf wichtige Voraussetzungen zu achten:

personenbezogen	sachbezogen
– Brille – Hörgerät – Zahnprothese – Taschentuch – Hände waschen beim Umgang mit Lebensmitteln – Schürze bei Bedarf	– Lichtverhältnisse – Stolperfallen vermeiden – Handläufe in den Fluren freihalten; Erreichbarkeit durch Rollstühle und Gehwagen nicht behindern. – scharfe Gegenstände meiden – Gefahren am Herd erkennen – einer Hautverbrennung/Verbrühung weitestgehend vorbeugen: z.B. Stieltopf mit Kochgut so plazieren, daß der Stiel die Herdvorderseite nicht überragt

10.2.2 Biographische Eigenheiten

Immer wieder muß Aktivierungsbetreuern bewußt werden, wie wichtig biographische Eigenheiten der Betagten sind, um Gruppen- und Einzelaktivierung so effizient wie möglich gestalten zu können. Als praktikabel hat sich erwiesen, mit Hilfe eines Fragebogens einiges über den jeweiligen Betagten zu erfahren. Am besten geschieht dies bei der Aufnahme oder beim Vorgespräch mit den Angehörigen. Je nach psychophysischer Verfassung des Betagten kann dieser selbst in behutsamer Form befragt werden. Sofern irgend möglich, sollten die Betagten in bezug auf Freunde, Bekannte oder Nachbarn selbst befragt werden, da nicht allzuselten Angehörige diesen Personen reserviert oder sogar ablehnend gegenüberstehen und deshalb die Gelegenheit nutzen, um den sozialen Kontakt zwischen Betagten und ihren Freunden zu unterbinden. (Ähnliches wird auch häufiger in Krankenhäusern beobachtet.)

Wichtiger Hinweis:

Das Ausfüllen des Fragebogens sollte von einem Mitarbeiter der Institution erfolgen im Rahmen eines Gespräches mit dem Betagten selbst oder den Angehörigen; eventuell später Ergänzung im Gespräch mit Freunden und Bekannten des Betagten. Der Fragebogen muß jederzeit für Pflegepersonal und Aktivierungsbetreuer zugänglich sein.

Modellfragebogen

Familienname: .... Vorname: ....

Geburtsdatum: .... evtl. Namenstag: ....

Angehörige (auch Enkelkinder)

Namen	Anschrift	Telefon
....	....	........../..........
....	....	........../..........

Freunde und Bekannte (wenn enge Beziehungen bestehen):

Namen	Anschrift	Telefon
....	....	........../..........
....	....	........../..........

1. In welchen Orten hat der Betagte in der Vergangenheit gelebt?

....

2. Worüber konnte sich der Betagte besonders freuen?

....

3. War der Betagte gesellig oder Einzelgänger?

....

4. Hatte der Betagte irgendwelche Hobbies?

5. Was ißt der Betagte gerne/nicht gerne?

6. Liebte der Betagte besondere Düfte und Gerüche?

7. Was zieht der Betagte gerne an? Was nicht? Welche Stoffe mag er?

8. War der Betagte gerne in der Natur?

9. Hatte der Betagte einen Garten?

10. Hatte der Betagte eine Beziehung zu Tieren und welchen?

11. Hört der Betagte gerne Musik und welche?

12. Spielt(e) der Betagte ein Musikinstrument? Welches?

13 Las oder liest der Betagte gerne und was?

14. Ging oder geht der Betagte gerne ins Theater/Kino/Restaurant/Zoo?

15. Hat der Betagte gerne Reisen unternommen? Wohin?

16. War der Betagte in einem Verein?

17. War der Betagte kirchlich aktiv?

18. Welche Beschäftigungen oder sonstigen Dinge mochte oder mag der Betagte?

19. Hat der Betagte irgendwann Sport betrieben oder sich für Sport allgemein interessiert? Welche Sportarten?

20. Hatte der Betagte einen Führerschein/Jagdschein/Segelschein/Angelschein?

....

21. Welche Interessengebiete hatte der Betagte sonst noch?

....

22. Welche(n) Beruf(e) hat der Betagte ausgeübt?

....

23. War oder ist der Betagte Raucher?

....

24. Welche Besonderheiten, Eigenheiten oder sonstigen wichtigen Informationen gilt es zu berücksichtigen?

....

....

Derzeitiger Gesundheitszustand

körperlich: ....

seelisch: ....

geistig: ....

Dieser Fragebogen wurde ausgefüllt von: ....

Datum: ....

Aktivierung mit biographischen Gegebenheiten

Biographische Eigenheiten können die Reaktionen Betagter mitunter in recht gegensätzlicher Weise beeinflussen. Dies vorher abzuschätzen ist kaum möglich, doch sollte auch eine mögliche Negativreaktion Aktivierungsbetreuer nicht grundsätzlich davon abhalten, vorhandene oder vorhanden gewesene Fähigkeiten der Betagten aktivierend einzubeziehen.

10.2.3 Nutzen verschütteter Fähigkeiten

Verschiedene Hersteller haben sich um spezielle Geräte bemüht, um Menschen mit motorischen Behinderungen so manche Handgriffe zu erleichtern. Davon profitieren auch die Betagten im allgemeinen und die Halbseitengelähmten im besonderen.
Bei den Geräten handelt es sich um Alltagshilfen für die Küche, Körperpflege,

den Hausgebrauch und vieles andere mehr, die oft auf Fachmessen vorgestellt werden. Mit solchen Geräten lassen sich verschüttete Fähigkeiten wieder aktivieren. Der Umgang mit Küchengeräten ist bei Frauen zumeist ausgesprochen lustbetont.

10.2.4 Eingrenzung der Aktivitäten

Oftmals werden Betagte durch psychophysische Befindlichkeiten oder/und Retardierung eingeschränkt, an aktivierenden Angeboten teilzunehmen. Doch diese Feststellung sollte erst getroffen werden, wenn sich geduldige Anleitungsversuche als vergeblich erweisen.
Eindeutige Eingrenzungen sind dann gegeben, wenn ein Betagter sich selbst oder andere gefährdet.

10.2.5 Hauswirtschaftlicher Bereich

Trotz der vollen Beköstigung durch die Großküche im herkömmlichen Alten- und Pflegeheim, kann mit kleinen Aktivitäten ein Hauch Alltagsgeschehen auf die Station gezaubert werden:
Nämlich durch die gemeinsame Zubereitung eines Salates, einer Rohkost, eines Puddings oder Kompotts, eines Kuchens (für den Geburtstag) und die Herstellung von Weihnachtsgebäck beispielsweise. Solche Aktivitäten unterbrechen den Alltagstrott, wirken der Hospitalisierung entgegen und verbreiten zudem noch verlockende Düfte und Gerüche. Diese wirken in der Regel auch auf die Betagten aktivierend und stimulierend, die sich an der Aktivität selber nicht beteiligen konnten.
Auch bei häuslicher Pflege, bei der die Mahlzeiten angeliefert („Essen auf Rädern") oder von den Angehörigen zubereitet werden, ist immer wieder zu überlegen, inwieweit Betagte in den hauswirtschaftlichen Bereich aktiv einbezogen werden können.

Überhaupt sollten verschüttete berufliche Fähigkeiten der Betagten stärkere Beachtung finden! Deswegen ist es wichtig, daß bei Aufnahme des Betagten auch unbedingt nach den früher ausgeübten beruflichen Tätigkeiten gefragt wird und diese Auskünfte in den Fragebogen eingetragen werden.

10.2.6 Handwerklicher Bereich

Zweifellos anzustreben wäre in Einrichtungen der Altenpflege, den Aktivierungsbetreuern und männlichen Betagten Werkbänke zur Verfügung zu stellen. Vor allem für betagte Männer hätten diese Werkbänke hohen Aufforderungscharakter: Je nach handwerklichem Geschick, Interessenlage und beruflichem Herkommen der Betagten könnten so manche Holz-, Ausbesserungs- oder Anstreicharbeiten bewältigt werden. Außerdem garantieren die speziellen Vorrichtungen einer Werkbank (zum Einspannen/Arrettieren von Werkmaterialien) eine hohe Sicherheit während der Bearbeitung, z. B. wenn gesägt, gehobelt, gefeilt wird.

In der Regel haben die Männer wenig Freude an textilen Werkarbeiten und stempeln diese als Weiberkram ab. Daher sollte in Einrichtungen der Altenhilfe auch verstärkt an die Bedürfnisse und Interessen der Männer gedacht werden. Im häuslichen Bereich könnte z. B. mit einem kleinen Schraubstock der Betagte zu handwerklichem Tun angeregt werden.

10.2.7 Aktivitäten außer Haus

1. Manche Betagte sind noch in der Lage, kleine Aufgaben außerhalb des Hauses wahrzunehmen. Betätigungsfelder sind die Terrasse/der Garten/der Park und, falls vorhanden, Anlagen mit Tierhaltung.
2. Neben den Tätigkeiten ums Haus herum kommt auch Spaziergängen und Schaufensterbummeln eine wichtige Bedeutung zu.
3. Besuche bei Verwandten/Freunden/in der Nachbarschaft sollten so lange wie nur irgend möglich gepflegt werden.

10.2.8 Einkaufen

Noch gehfähige Betagte (im Heim) erhalten sich gerne die Gewohnheit, für sich selber, für Mitbewohner oder auch Mitarbeiter kleine Besorgungen zu tätigen. Je nach Standort der Institution kann dies direkt in der Stadt geschehen oder aber es müssen der Heimbus oder öffentliche Verkehrmittel benutzt werden. Mit dem Einkaufen verbinden sich viele aktivierende Elemente, angefangen von der Planung bis zur Durchführung.
Rollstuhlfahrende Betagte sollten vom Einkaufen nicht ausgegrenzt werden: Angehörige (sofern vorhanden), organisierte Besuchsdienste und Fördervereine beispielsweise können in dieser Hinsicht unschätzbare Dienste leisten.

10.2.9 Körperpflege

Die professionelle Körperpflege wird in den Lehrbüchern der Alten- und Krankenpflege ausführlich behandelt. Dabei ist auch die Selbstaktivierung der Betagten besonders berücksichtigt und gewichtet. An dieser Stelle soll lediglich auf spezielle Alltagshilfen zur Körperpflege hingewiesen werden: Haarbürsten, Haarkämme und Waschgeräte mit verlängerten und verstellbaren Griffen; Spezialscheren und -feilen zur Nagelpflege und vieles andere mehr.

10.2.10 Regeln persönlicher Angelegenheiten

Betagte sollten so lange wie nur irgend möglich ihre persönlichen Angelegenheiten selbständig regeln können. Das Selbstwertgefühl wird dadurch erhalten und gestärkt sowie die aktivierende Kraft solchen Handelns für den Betagten besonders gut genutzt. Es ist jedoch ratsam, daß eine Vertrauensperson des jeweiligen Betagten mit freundlicher Distanz manche dieser Aktivitäten im Auge behält, um eventuell fehleingeschätzte Betätigungen korrigieren, abblocken oder notfalls verhindern zu können.

10.2.11 Aktivierung mit Tieren

Die wissenschaftlichen Erkenntnisse über den psychisch und sozial sehr wirksamen Umgang mit Tieren werden auch mehr und mehr in Alten- und Pflegeheimen genutzt, zumal die Anwesenheit von Tieren höchst aktivierend und stimulierend auf die Betagten wirkt. Manchmal genügt nur der Anblick eines Tieres, um beim Betagten ganze Erinnerungsketten wachzurufen und damit das Altgedächtnis zu aktivieren. Auch der sensorischen Aktivierung durch Berühren oder Streicheln kommt eine hohe Bedeutung zu, ebenso wie dem optischen Training beim Verfolgen der Tierbewegungen.
Sämtliche Fragen über und mit „Heimtieren" sind mustergültig aufbereitet in dem Buch: Marianne Gäng (Hrsg.), Mit Tieren leben im Alten- und Pflegeheim.

10.3 Störungen im Betagtenalltag

Auf den Stationen in Einrichtungen der Altenhilfe wohnt eine Gruppierung Betagter unterschiedlichster Herkunft. Schichtenspezifische Biographien treffen aufeinander, sind oftmals kaum miteinander vereinbar. Das führt zwangsläufig zu Störungen im Zusammenleben der Betagten. Die Psychodynamik ist zumeist retardiert. Haben sich Betagte leidlich aneinander gewöhnt oder vielleicht Beziehungen entwickelt, werden diese durch starke Fluktuation, also den Wechsel von Kommen und Gehen (Tod), wieder aufgehoben. Erschwerend kommt insgesamt hinzu, daß betagte Menschen oft beharrlich an ihren zementierten Meinungen festhalten. Das Altgedächtnis speichert verfestigte Ansichten und Beurteilungen. Korrekturen sind meist nicht mehr möglich. Der Altersstarrsinn ist programmiert.

10.3.1 Altersstarrsinn

Der Altersstarrsinn ist jeglicher Toleranz hinderlich. Das unnachgiebige Beharren auf eigenen Meinungen und Ansichten führt zwangsläufig auch zu ständigen Wiederholungen derselben. Damit handeln sich starrsinnige Betagte unweigerlich den Ärger und Verdruß der Mitbewohner ein. Diese Wiederholungen können nur abgeblockt werden, indem die Betreffenden kurz unterbrochen werden: „Entschuldigen Sie bitte, etwas ganz anderes, damit ich es nicht vergesse..."

10.3.2 Selbstverursachte Isolation

Bei selbstverursachter Isolation sollte unbedingt herausgefunden werden, ob der betreffende Betagte früher schon Einzelgänger war, sich in der Isolation gewissermaßen wohl fühlt und sich selbst unterhalten und beschäftigen kann.
Schwierig und schwerwiegend ist die Isolation dann, wenn sich der Betagte aufgegeben hat, sich für nichts mehr interessiert und alles, was gemütserhellend wirkt, strikt ablehnt.
Depressionen und depressive Verstimmungen Betagter können Hauptauslöser

selbstverursachter Isolation sein. Trotz großer (und oftmals ermüdender) Anstrengungen seitens des gesamten Stationsteams können Depressive kaum aus der Isolation herausgelöst werden. Gemeinschaftliche Aktivitäten werden strikt abgelehnt.

10.3.3 Fremdverursachte Isolation

Betagte, die, durch welche Umstände auch immer, gegen ihren Willen oder ohne ihre Zustimmung ins Pflegeheim gebracht werden, isolieren sich gelegentlich demonstrativ: „Die (eventuell Angehörigen) sollen sehen, was sie mir angetan haben, wie es mir geht, wie allein und verlassen ich jetzt bin."

1. Isolation kann tatsächlich durch Verlassenheit entstehen, nämlich dann, wenn der Betagte keine Angehörigen mehr hat, keine Freunde, Bekannten, Schulkameraden, Nachbarn usw. Als einziger Überlebender aus seinem früheren Lebensumfeld muß er nun seinen Lebensabend unter ihm fremden Menschen verbringen, den Wechsel im Schichtdienst des Pflegepersonals ertragen und in der Regel auch noch das Zimmer mit einem ihm bisher unbekannten Menschen teilen.
2. Der Betagte hat noch Angehörige, z. B. Söhne, Töchter, Enkel, die sich allesamt rar machen im Pflegeheim bzw. überhaupt nicht zu Besuch kommen. Ob der betreffende Betagte seine Verlassenheit bewußt erlebt oder nicht, spielt dabei keine Rolle. Auch retardierte Persönlichkeiten leiden unter Isolation: Das oft stumpfe Dahindämmern ist nicht nur Ausdruck eingeschränkter geistiger Fähigkeiten.

10.3.4 Psychophysiologische Irritationen

Jeder Mensch erlebt im Lauf seines Lebens psychophysiologische Irritationen. Sie können zum einen durch körperliche Verlustgefühle entstehen (diese finden im folgenden in bezug auf die Betagten große Beachtung) oder beim sonst Gesunden durch Fehleinschätzung der eigenen Person in puncto Fähigkeiten und Intellekt. Mit fortschreitendem Alter häufen sich meistens psychophysische Mißbefindlichkeiten oder/und schwere Krankheitsbilder wie z. B. Apoplexie und Parkinson, Schenkelhalsbrüche, offene Beine und vieles andere mehr, beeinträchtigen das Dasein und lösen starke Verlust- und Unlustgefühle aus. Damit verbunden sind ebenfalls psychophysiologische Irritationen.
Es ist für Pflegepersonal von großer Wichtigkeit, um die Probleme psychophysiologischer Irritationen zu wissen und gegebenenfalls einzugreifen und gegenzusteuern.

10.3.5 Familiäre Eingriffe

Familiäre Eingriffe durch Angehörige Betagter sind zwar unangenehm, aber höchst interessant: Häufiger haben Töchter und Söhne, Nichten und Neffen oder Geschwister von Betagten das Bedürfnis, auf der Station autoritär aufzutreten, die Pflege, Versorgung und Ernährung ihrer betagten Verwandten peinlich genau zu kontrollieren und zu kritisieren. Pflegepersonal muß diese Einflüsse auf jeden Fall eindämmen.

11 Aktivierung für Bettlägerige

Die Situation des bettlägerigen Betagten auf einer Pflegestation hat meistens Endgültigkeitscharakter. D. h., der Bettlägerige wird wahrscheinlich in seinem Bett im Pflegezimmer auch sterben. Daher muß das gesamte Personal stets herausfinden, welche Bedürfnisse der jeweilige Bettlägerige in seiner Situation hat, welche Akitivität ihn noch erfreut, anregend, kurzweilig, unterhaltsam und in jedem Fall ablenkend sein kann. Dabei sind biographische Kenntnisse unerläßlich.

11.1 Erzwungener Lebensbezirk Bett

Der Lebensbezirk Bett begrenzt sich im engeren Sinn auf ca. zwei Quadratmeter Fläche; im weiteren Sinn auf die vier Wände eines (wie großen?) Pflegezimmers mit Standardeinrichtung und zumeist einem weiteren Pflegebett. Die begrenzte Umgebung ist immer dieselbe. Bei Langzeitbettlägerigen sollte erwogen (und falls möglich, erfragt) werden, ob nicht ein Zimmerwechsel die Lebensqualität erhöhen könnte.

Außerdem sollten Bettlägerige, sofern es der Gesamtzustand erlaubt, immer wieder in große Spezialrollstühle gebettet und aus dem Zimmer in andere Räume gebracht werden, in denen aktivierende Programme, Feste und Feiern stattfinden.

11.1.1 Physiologische Aspekte

Mit anhaltender Bettlägerigkeit verbinden und verstärken sich zwangsläufig eine Reihe Mißbefindlichkeiten, bedingt durch mangelnde Bewegung: Die Muskeln erschlaffen bzw. schwinden, die Herz- und Kreislauftätigkeit vermindert sich, damit verbunden sind Durchblutungsstörungen mit Thrombosegefahr; die Atmung ist oft flach, der Brustkorb beengt, die Dehnungsfähigkeit der Lunge beschränkt, es besteht Pneumoniegefahr. Die Gelenke werden steif, die Knochen verlieren an Widerstandsfähigkeit. Langes Liegen verstärkt die Dekubitusgefahr (Druckgeschwür), um nur einige wesentliche Merkmale zu nennen.

Weil durch Isolation Sinnesreize fehlen, kann auch die Hirnleistung erheblich nachlassen. Dem ist mit Aktivierung wirksam zu begegnen.

11.1.2 Psychologische Aspekte

So unterschiedlich wie Menschen sind, so unterschiedlich wird auch das Schicksal verkraftet, bettlägerig zu sein: Die einen sind stille Dulder und beugen sich fast klaglos dem Unabdingbaren. Die anderen sind bekümmert, mutlos und neigen oftmals zu Depressionen. Manche lehnen sich gegen das Schicksal auf, empfinden es unter Umständen als Strafe des Himmels, als harte Prüfung ihrer selbst, projizieren ihren Groll auf das Personal und werden beispielsweise auch aggressiv. Physiologische Verlustgefühle verstärken das Gefühl beim Bettlägerigen, hilflos, nutzlos, wertlos, unbrauchbar zu sein. (Daraus resultieren gelegentlich Suizidversuche.)

Durch die vollständige Versorgung gerät der Bettlägerige in ein Abhängigkeitsverhältnis zum Personal. Dieses muß sich bewußt davor hüten, seine Verfügungsgewalt falsch anzuwenden und die Resignation des Bettlägerigen noch zu verstärken.

11.1.3 Soziale Aspekte

1. Bei bettlägerigen Betagten sind die Kontakte zur Außenwelt von vornherein reduziert. Die kleinere Außenwelt ist zunächst ja nur die Pflegestation, deren Leben und Treiben sich vor der geschlossenen Zimmertür abspielt und höchstens durch Geräusche wahrgenommen wird. Sonstige akustische Reize sind gering, optische Reize ohnehin. Im wesentlichen beschränken sich die sozialen Kontakte des Bettlägerigen auf das Personal während der pflegerischen Tätigkeiten und sonstiger Versorgung.

2. Sobald Klingel/Schwesternruf und auch das Telefon nicht mehr vom Bettlägerigen bedient werden kann, läßt sich seinerseits kein sozialer Kontakt herstellen. Dadurch kann der Bettlägerige seine Wünsche und Bedürfnisse nicht spontan artikulieren. Kann der Bettlägerige auch nicht mehr sprechen, sind seine Situation und die des Personals äußerst schwierig. Daher muß dieses besonders aufmerksam auf die Mimik und die Gebärden des Betroffenen achten.

3. Im Fall der Sprachlosigkeit eines Bettlägerigen müssen Fragen an ihn so gestellt werden, daß er mit Ja oder Nein antworten kann. Dadurch wird ihm ermöglicht, bejahend mit dem Kopf zu nicken oder ihn verneinend zu schütteln bzw. zu drehen.

4. Der Bettlägerige ist von der Außenwelt (außerhalb des Hauses) so gut wie abgeschnitten. Soziale Kontakte können nur von draußen nach drinnen gepflegt oder geknüpft werden: durch Besucher. Je nach deren Persönlichkeitsstruktur können die Kommunikationsdefizite der Betagten immer wieder ausgeglichen werden. Allerdings: Manche Besucher sind nicht unbedingt eine Bereicherung und ihre gewiß gutgemeinte Kontaktaufnahme kann überflüssig oder gar lästig sein. Dann nämlich, wenn die Grundeinstellung des Besuchers eher negativ den Betagten einordnet nach dem Motto: „Mit dem kann man ja gar nicht mehr reden."

11.1.4 Praxiserprobte Aktivierungsmodelle

Wenn der jetzt Bettlägerige zuvor an den Aktivierungsgruppen (in Heim oder Wohngemeinschaft) beteiligt war, ist es nicht schwierig, Anknüpfungspunkte zu finden: Der Aktivierungsbetreuer kennt sämtliche Vorlieben des Betreffenden wie Farben, Materialien, Musik und Lieder, Spiele etc. Daher können aktivierende Angebote von vornherein gezielt gesteuert werden. Manchmal ist es sogar möglich, den Bettlägerigen an der Gestaltung eines gemeinsamen Werkstückes zu beteiligen und so das Interesse an der Werkgruppe zu erhalten.

Ungleich schwieriger ist die Situation bei Bettlägerigen, die neu aufgenommen werden und entweder von zu Hause oder direkt aus dem Krankenhaus ins Pflegeheim kommen. Um eine möglichst rasche Integration zu erzielen, müssen die biographischen Hintergründe des Neuankömmlings erkundet werden. Vielleicht läßt sich dann sogar eine teilweise Anbindung an das Schaffen der Werkgruppe realisieren. – Für Betagte in häuslicher Pflege sind ebenfalls eine ganze Reihe von Aktivierungen möglich.

Einige praxisorientierte Aktivierungsmodelle sind in diesem Buch enthalten. Daraus lassen sich viele Aktivitäten für Bettlägerige ableiten und umsetzen.

11.1.5 Kommunikationstraining

Die meisten der Bettlägerigen warten darauf, angesprochen zu werden, sobald Pflegekräfte oder andere Personen das Pflegezimmer betreten. Darin liegt eine große Chance, und zwar für alle Beteiligten gleichermaßen. Die Kommunikation mit dem jeweiligen Bettlägerigen kann gezielt provoziert und gesteuert werden:

Das Pflegepersonal soll beim Bettlägerigen

- Gespräche in ermunterndem Ton beginnen (mit Namen anreden)
- Fragen auch wirklich fragend stellen (Stimmführung)
- Fragen provozierend stellen, damit sie zu Antworten reizen und diese herausfordern
- auf Fragen auch die Antworten, zumindest aber Reaktionen abwarten
- wenn Betagte nicht sprechen können, Fragen so stellen, daß mit ja oder nein geantwortet werden kann und der betreffende Bettlägerige bejahend mit dem Kopf nicken oder ihn verneinend schütteln bzw. drehen kann
- keine Gelegenheit auslassen, mit dem Betagten zu sprechen, Sinn und Zweck des Kommens zu erläutern
- Tätigkeiten, die situative Veränderungen herbeiführen (zur Person, am Bett, im Zimmer) stets erklären und Reaktionen des Bettlägerigen wahrnehmen
- auf einzelne geäußerte Silben achten (Artikulationsschwierigkeiten nach Schlaganfall), sie weisen unter Umständen auf einen wichtigen Zusammenhang hin, auf Gedankengänge, Beschwerden, Ängste, Wünsche etc.

11.1.6 Planungskriterien

Bettlägerige erfordern stets besondere Aufmerksamkeit:

personenbezogen	sachbezogen
- psychophysische Befindlichkeiten stets überprüfen (es können kurzfristig Veränderungen eintreten) - Brille - Hörgerät - Zahnprothese - Taschentuch - angenehme Lage im Bett - Bettfußstützen bei Bedarf	- sorgfältig vorbereitete Materialien vollständig mitbringen - optimale, individuelle Voraussetzungen schaffen, um jegliches Hantieren zu erleichtern - Lichtverhältnisse - Raumtemperatur - Bettjäckchen (der Oberkörper ist nicht zugedeckt) - angenehme Sitzposition im Bett - evtl. Handtuch zum Schutz des Deckbettes

Nach entsprechenden Aktivitäten sorgfältig überprüfen, ob die mitgebrachten Materialien noch vollständig oder ob Teile davon ins Bett gerutscht sind und möglicherweise Druckstellen verursachen.

Je nach Tätigkeit muß dem Bettlägerigen das Händewaschen ermöglicht werden.

12 Aktivierung bei häuslicher Pflege

Der Unterschied zur Aktivierung in der Altenhilfeeinrichtung (Heim) besteht lediglich darin, daß dort viele Aktivitäten innerhalb von Gruppen stattfinden, während es in häuslicher Pflege um eine oder maximal zwei pflegebedürftige Betagte geht. Vielleicht ist dieser Personenkreis zufriedener, weil ein Umfeldwechsel bis zu diesem Zeitpunkt erspart blieb. Die vertraute Umgebung läßt manche Verwirrungen und Irritationen erst gar nicht oder doch erst später entstehen. Doch auch in den eigenen vier Wänden lebt es sich nicht problemlos.

1. Durch körperliche Beeinträchtigungen und Pflegebedürftigkeit der Betagten entfallen auch im häuslichen Milieu viele Tätigkeiten. So mangelt es an Bewegung, wie sie mit hauswirtschaftlichem/handwerklichem Hantieren verbunden ist. Dadurch reduzieren sich auch die intellektuellen Anforderungen, den Haushalt zu organisieren, zu planen usw.

2. Zur Aktivierung bei häuslicher Pflege sind in folgenden Kapiteln dieses Buches manche Anregungen zu finden:

- Aktivierung der Sinne
- Sensorische Aktivierung
- Verbale Aktivierung
- Aktivierung im Alltagsgeschehen
- Klänge und Töne
- Aktivierung durch Bewegung
- Spiele
- Aktivierung für Bettlägerige
- Farben und bildhaftes Gestalten (damit verbunden Praxiserprobte Werkbögen)

12.1 Betreuung durch Familienangehörige

Durch die strenge, sicherlich notwendige Zeiteinteilung der Angehörigen besteht auch die Gefahr, daß die alltäglichen pflegerischen Tätigkeiten routinemäßig ablaufen. Und eine weitere Gefahr lauert: Angehörige meinen manchmal, die Mutter/den Vater/oder sonstigen Angehörigen bestens zu kennen. Dadurch werden bereits veränderte oder momentane Befindlichkeiten nicht immer richtig eingeschätzt. Daher ist es auch für betreuende Familienangehörige wichtig, sich mit den Grundlagen der Altenpflege, einer aktivierenden Altenpflege, vertraut zu machen.

Wer in der Familie oder Nachbarschaft einen Betagten betreut, sollte sich stets fragen, wie sein äußeres Erscheinungsbild hinsichtlich der Kleidung und ihrer

Farben auf den zu Betreuenden wirkt. Es gibt mehrere Möglichkeiten der gefühlsauslösenden Farbwirkung (zutreffend auf den mitteleuropäischen Kulturkreis):

traurig – durch schwarz
stumpfsinnig – durch Erd- und Schlammfarben
sonnig-strahlend – durch gelb
beruhigend – leuchtende Blautöne
trübsinnig – durch grau
steril – durch weiß
heiter – durch orange
anregend – hochrot
frühlingshaft-hoffnungsvoll – durch lichtes grün, aprikot, rosa

Personal ambulanter Pflegedienste sollte nach Möglichkeit die Angehörigen Betagter auf farbaktivierende Kleidung hinweisen.

12.2 Betreuung durch Freunde und Nachbarn

Für bewegungseingeschränkte oder bettlägerige Betagte können Freunde und Nachbarn von unschätzbarem Wert sein: Sie kommen zu Besuch, können kleine Handreichungen und Besorgungen übernehmen. Dadurch werden pflegende Angehörige manchmal entlastet. Allerdings: Sehr viele Menschen haben das sogenannte *Zahnarztsyndrom*: Kaum begegnen sie jemand, der Zahnschmerzen hat, beginnen sie auch schon in epischer Breite und mit allen Details von eigenen Zahnarztbesuchen zu erzählen, vom angeblichen Mut, mit dem Schmerzen durchgestanden wurden, und von der Gefährlichkeit der Eingriffe. Aber auch sonst dient für viele die Frage nach dem Gesundheitszustand nur dazu, selbst über sich und ihre physischen und psychischen Befindlichkeiten sprechen zu können.

Wenn pflegende Angehörige oder Mitarbeiter ambulanter Pflegedienste feststellen, daß Freunde/Nachbarn ihren Betagtenbesuch mit einem Zahnarztsyndrom koppeln, dann ist eine ernsthafte Unterredung mit den Besuchern unumgänglich. Diese müssen nachdrücklich darauf hingewiesen werden, bei Pflegebedürftigen belastende Gesprächsthemen unter allen Umständen zu meiden.

12.3 Ambulante Betreuung

Für ambulante Betreuung gibt es verschiedene Anbieter und Möglichkeiten: Sozialstationen, Diakoniestationen, Krankenpflegevereine, private Pflegedienste und die ambulanten Dienste von stationären Altenhilfeeinrichtungen. Betroffene Pflegebedürftige und deren Angehörige werden die Unterschiede in der Pflegepraxis schnell wahrnehmen und ihre Erfahrungen mit ambulanten Diensten untereinander austauschen. Letztendlich ist eine vorbildliche ambulante Betreuung weder vom Anbieter noch von seinem Emblem (d. h. Kennzeichen/Hoheitszeichen/Firmenlogo) abhängig, sondern von seinen pflegenden Mitarbeitern – wie in der stationären Pflege auch.

13 Eigensensibilisierung

Sämtliches berufliche Wissen und Können in der Altenpflege kann nur Stückwerk bleiben, wenn das betreuende Personal nur ausschließlich die Betagten im Blickfeld hat. Genauso wichtig ist es, die eigene Person immer wieder auf den Prüfstand zu stellen. Dabei geht es nicht nur darum: „Wie wirke ich nach außen?“, sondern weit mehr um die Frage: „Wie aufmerksam bin ich mir selbst gegenüber, wie gut habe ich die notwendige Eigensensibilisierung entwickelt, um gegebenenfalls korrigieren zu können?“ Gerade Altenpflegekräfte sollten sich bewußt machen, daß sie selbst von Betagten Tag für Tag erlebt und schlimmstenfalls ertragen werden müssen. Aus Gründen der erforderlichen Rücksichtnahme auf die ihnen anvertrauten Menschen werden daher Mitarbeiter im Pflegebereich immer sehr aufmerksam ihre eigenen Persönlichkeitsveränderungen beobachten.

13.1 Pflegekräfte als Emotionsauslöser

Ob geistig rüstig oder retardiert – Betagte entwickeln sehr rasch ein Gespür für die großen und kleinen Unterschiede menschlicher Eigenheiten, wie sie täglich in Berührung mit dem Personal erlebt werden. Die Stimme, der Tonfall, die Sprechweise und die Sprachinhalte sind starke Emotionsauslöser, positiv oder negativ. Wie die Stimme zu einem Menschen gehört, sozusagen ein tönender Ausweis von Pflegekraft, Pflegedienstleiter, Aktivierungsbetreuern, Heimleitern etc., so bringt der Betagte (auch wenn er sehschwach ist) die gehörte Stimme emotional mit der betreffenden Person in Verbindung.

Daher sollte sich das gesamte Personal selbstkritisch fragen, ob es nicht manchmal selbst Mißstimmungen, gar Aggressionen, bei manchen Betagten auslöst.

13.1.1 Ästhetische Kriterien

Der berufliche Umgang mit Menschen und gar noch in der Pflege erfordert ein hohes Maß an Selbstkritik in Sachen Ästhetik.

Das ist doch selbstverständlich, sagen fast alle, und dennoch fallen sie vielleicht auf durch

- fettiges, ungepflegtes Haar
- schwarze Lidschatten, die an Tod und Vergängnis erinnern

- ungepflegte Fingernägel
- zu lange Fingernägel (beim Körperkontakt sehr ungünstig!)
- angeschmuddelte Berufs- oder Privatkleidung
- unausgelüftete Kleidung (Gasthaus- und Rauchgeruch)
- Körpergeruch oder Schweiß von gestern
- Knoblauchgeruch (den manche Betagte nicht ausstehen können)
- ungepflegte Schuhe (Sandalen) mit schiefgelaufenen Absätzen
- Fußgeruch (trotz der Schuhe)
- schwere Parfumöle (Moschus, Patchouli)

Dabei vergessen manche, wie nahe die Tuchfühlung mit den Betagten in der täglichen Versorgung oftmals sein muß.

In einem Berufsstand wie dem der Pflege alter Menschen ist die Ästhetik der eigenen Person eine Verpflichtung.

Bei aller persönlichen Entscheidungsfreiheit sollten sich Pflegekräfte doch prüfen, ob sie nicht zugunsten Betagter Oberbekleidung in fröhlichen Farben tragen könnten. Zum Schutz derselben gibt es bei Berufskleidungsherstellern auch adrette weiße Schürzen (keine herkömmlichen Schwesternschürzen). Sie wirken auf bunter Oberbekleidung viel weniger streng und sind trotzdem für Betagte ein Orientierungsmerkmal. Bei sehr heiklen pflegerischen Tätigkeiten kann ja jederzeit der weiße oder getönte Kittel getragen werden (Kochwäsche).

13.1.2 Mentale Kriterien

Mental bedeutet: geistig, den Geist betreffend. Die Mentalität ist die gefühlsbedingte Denk-, Anschauungs- und Auffassungsweise, die Sinnes- und Geistesart. In ihrer sehr unterschiedlichen Ausformung prägt sie den Einzelmenschen. Daher müssen Betagte oft viele unterschiedliche „Geister" täglich erleben und ertragen. Es gibt kein Entrinnen. Deshalb ist ständige Selbstkontrolle des Pflegepersonals unerläßlich:

- Welche Berufsauffassung habe ich? Hat sie sich negativ verändert?
- Wie rede ich mit dem jeweiligen Betagten in seiner momentanen Befindlichkeit?
- Benutze ich immer dieselben Redewendungen?
- Kann ich dem Betagten zuhören?
- Lasse ich den Betagten überhaupt zu Wort kommen?
- Bemerke ich kleinste Veränderungen im Befinden des Betagten?
- Belaste ich den Betagten mit meinen Meinungen?
- Belaste ich den Betagten mit meinen Mißbefindlichkeiten?
- Wie gehe ich mit Meinungen, Denk- und Anschauungsweisen des Betagten um?

13.1.3 Situative Körpersprache und Körperhaltung

Durch Körpersprache und Körperhaltung des Menschen werden zumeist unbewußt Signale vermittelt und von den Mitmenschen bewußt oder unbewußt empfangen. Körpersprache und Körperhaltung sind unübersehbare Emotionsauslöser. Wer mit Menschen, insbesondere mit Alten zu tun hat, sollte sich gut kontrollieren, wie er durch seinen Körper auf andere wirkt, wie es um seine Körpersprache überhaupt bestellt ist und was er durch seine Körperhaltung vermittelt. Also nicht so: Eine Pflegekraft steht mit abstehenden Ellbogen, die Hände an den Hüften, am belegten Pflegebett, um dem Betagten zu sagen, daß er heute gebadet wird.
Andererseits gilt: Körpersprache, richtig eingesetzt, kann erfahrungsgemäß ausgesprochen aktivierend wirken!

13.1.4 Charakterliche und intellektuelle Anforderungen

Niemand kann sich seine Eltern und das Milieu aussuchen, in dem er aufwachsen soll. Kein Kind hat Einfluß darauf, ob es eine gute (oder keine) Kinderstube haben wird, in der charakterliche und intellektúelle Fähigkeiten entwickelt werden können. Sobald aber ein junger Erwachsener die Kinderstube hinter sich läßt, muß er eigenständig an seiner Entwicklung weiterarbeiten, unter Umständen Defizite ausgleichen. Wer dann noch einen verantwortungsvollen Beruf wie den der Altenpflege ergreift, muß sich zielbewußt weiterbilden. Kulturelle Interessen zum Beispiel bereichern die eigene Lebensart und kommen den Betagten auf vielfältige Weise zugute: In den „Grundlagen der Aktivierung" dieses Lehrbuches ist dargelegt, welch hohe Anforderungen charakterlicher und intellektueller Art in der Altenpflege und Aktivierung gestellt sind.

13.1.5 Kontrolle der Umgangsformen

Der Alltagstrott bringt es manchmal mit sich, daß Umgangsformen, also Anstand und Benehmen, nicht mehr so wichtig genommen werden. Insbesondere gefährdet sind Dienstgemeinschaften, die tagein, tagaus miteinander wirken und werken. Eine gewisse Vertrautheit hebt so manche Hemmschwelle auf. Daher sollten Mitarbeiter untereinander unbedingt darauf achten, daß gute Umgangsformen gewahrt werden. „Bitte" und „Danke" sollten keine Fremdwörter sein. Das Wörtchen „Bitte" bewahrt vor Befehlsgewalt und autoritärem Gehabe.

Eingefahrene Umgangsformen, ob positiv oder negativ, übertragen sich auf den Umgang mit den Betagten wie selbstverständlich. Bei fehlender Selbstkontrolle mancher Pflegekräfte wird der nächste Befehl lauten: „Sie (zur betagten Frau A), Sie gehen jetzt ins Zimmer, ich komme gleich mit der Spritze." Womöglich dieser Satz noch in einer scharfen, ungeduldigen Tonart ausgesprochen.
Angehende Pflegekräfte müssen sich davor hüten, derartige Umgangsformen zu übernehmen.

Betagte Menschen und selbst retardierte Persönlichkeiten unterscheiden sehr schnell zwischen den unterschiedlichen Umgangsformen des Personals. Manche erfinden sogar Tricks, um ungeliebten Umgangsformen seitens des Personals zu entgehen.

Gerade die heute Betagten sind mit völlig anderen Umgangsformen aufgewachsen. Formen, die als unbedingt zu befolgende Sozialnormen verbindlich waren und es in der Vorstellung vieler Betagter auch noch nach wie vor sind. Hier müssen Pflegekräfte besonders sensibel sein und versuchen, allzu saloppe Umgangsformen zu meiden. Was in Bistros, Schulen und Discos unter Gleichaltrigen vielleicht akzeptabel ist, hat im Umgang mit Betagten gewiß nichts zu suchen. Vor allem deswegen, weil die Betagten, mit ihrer Ansicht nach mangelnder Höflichkeit konfrontiert, unwillig oder gar resigniert reagieren können, und dies bewirkt wieder einen erheblichen Stimmungsabfall mit entsprechenden Reaktionen.

Teilnehmerlisten (vgl. Steite 212)

Teilnehmerliste

Station:

Name	kommt in Cafeteria/ Speisesaal	beibt im Zimmer	Diabetiker	Hilfe beim Essen/ Trinken	Rollstuhl	Gehwagen

Teilnehmerliste: Ausflug / Ausfahrt mit Bus

Station:

Name	Transport im Rollstuhl	Rollstuhl aber gehfähig	Deltarad Gehwagen	Fußgänger	Diabetiker	Hilfe b. Essen u. Trinken	Bedarfsmedikation
		X			X		X
		X					
	X				X	X	X
		X					
				X			
	X				X	X	X
	X					X	
			X		X		X
		X			X		X
		X					
	X					X	
11 Personen	4	5	1	1	5	4	5

Begleitpersonen: ______________________
____
____

Nachwort

Sozusagen in Einzelteilen haben Sie das gesamte emotionelle und intellektuelle Spektrum des Menschen kennengelernt. Aber erst die Summe der Einzelteile macht das Ganze. Mit diesem Wissen nun ist es für Sie wesentlich einfacher, erstens Menschen individuell zu analysieren, zweitens sehr bewußt Handlungsmuster zu entwerfen, die der Persönlichkeit des Mitmenschen gerecht werden, und drittens das eigene Leben freudvoller und intensiver zu gestalten. Nur wer sich mit sinnlicher Freude in seinem Lebensraum bewegt, wird auch allen seinen Mitmenschen, insbesondere aber den Betagten, diese Lebenslust zu verschaffen trachten, um ihr Dasein zu bereichern. Der Möglichkeiten gibt es viele. Wenn Sie bestens gewappnet allen Fährnissen des Pflegeberufs begegnen, besitzen Sie die innere Kraft, allen Widrigkeiten und Anfechtungen zu trotzen, und haben überdies Freude an Ihrem Beruf. Diese Freude noch zu steigern ist einfach: Jede Reaktion eines Betagten – und sei sie noch so unscheinbar – ist ein Erfolgserlebnis und Antrieb für neue Entdeckungsreisen, um Rätselhaftes und zunächst Unverständliches zu ergründen. Das wiederum gibt dem Pflegealltag Farbe und Spannung und ist persönlicher Zugewinn. Nutzen Sie die Gelegenheit!

Aus Platzgründen mußte im vorliegenden Schulwerk auf weiterführende Literaturangaben verzichtet werden.

Sachwortregister